Jomar F. P. Filho

A Identidade Secreta de Maria Madalena

A exclusão do feminino na origem do Cristianismo

ISIS

Supervisão Editorial:	Gustavo L. Caballero
Diagramação Digital:	Alexandre M. Souza
Criação da Capa:	Equipe técnica Editora Isis
Revisão de Textos:	Terezinha Fernandes Aurora Ayres
ISBN:	978-85-88886-39-1

EDITORA ISIS, LTDA.
contato@editoraisis.com.br
www.editoraisis.com.br

Agradecimentos

Para Terezinha Fernandes, minha esposa e mais que uma revisora cuidadosa – uma interlocutora lúcida e grande incentivadora deste Trabalho.
Para os meus filhos: Jomar Neto, Thiara Pereira, Eraldo Junior e Pedrinho – esperança num amanhã luminoso.
Para minha mãe, Tereza Garnier, uma guerreira.
Para Judsaer, amiga espiritual.
Para Isis, deusa do amor e da magia.
Para o meu Editor, Gustalo L. Caballero, pelo incentivo e pela crença.
Aos guardiões da linhagem no Brasil:
- Honra, Força e Segredo!

"Quem descobrir o sentido destas palavras, não provará a morte."

Prólogo do Evangelho de Jesus segundo Tomé.

Índice

Introdução

Ao iniciar a redação deste livro, primeiro de uma trilogia, mergulhei numa delicada reflexão acerca de como vim parar no meio de heresias, sociedades secretas, manuscritos antigos, cultos pagãos e suas relações com a vida de Jesus, a identidade de seus apóstolos, a história de Maria Madalena – o Cristianismo primitivo enfim – e o que tudo isso tem a ver com o universo psíquico do homem atual.

Nosso continente, desde o seu descobrimento, foi cristianizado por missionários europeus. Assim, os paradigmas do Cristianismo, na visão européia daquela época, foram historicamente incrustados na cultura e na emocionalidade do nosso povo, mesmo daqueles que se dizem ateus. Podemos dizer, usando uma linguagem "junguiana", que o Cristianismo faz parte do inconsciente coletivo do povo brasileiro[1].Nesse contexto, a *palavra* e o *exemplo de vida* de Jesus, o Cristo, são fortes mecanismos na formação da estrutura mental das massas, com conseqüências significativas no comportamento de cada um. O problema é saber quais as versões dessa *palavra* e desse *exemplo de vida* têm chegado até nós. Essa questão é de capital importância, uma vez que a cultura humana em qualquer tempo e lugar, sempre foi fortemente influenciada pela religião.

Ao longo das eras, a versão tem se sobreposto ao fato. A história – que é disputa permanente – sempre foi escrita pelos vencedores. Quem pode afirmar que sabe tudo sobre as origens do Cristianismo tendo por base ape-

1. O nascimento numa manjedoura – o presépio; o caminhar sobre as águas; a multiplicação dos pães; as bem aventuranças; a santa ceia; a paixão e ressurreição são extratos dos evangelhos que até os analfabetos sabem desde a infância. E todos guardam na parte ativa da memória, onde estão os mitos sagrados e profanos que deixam marcas em nosso inconsciente. Este, por sua vez, exerce forte influência em nossa vida objetiva. Na linguagem da Folosofia Univérsica, assim como o *Ego* impressiona a tela límpida do *Eu*, com base nessa impressão, o *Eu* cria realidades no dia a dia do *Ego*.

nas os evangelhos canônicos com suas grandes lacunas? O fato de se dizer cristão, diz tudo? Ou cabe a pergunta: qual o seu Cristianismo? Essa indagação faz muito sentido, pois as próprias igrejas cristãs vivem no pântano insalubre da discórdia doutrinária. Até as bíblias de católicos e protestantes são diferentes. Mesmo no meio de cada uma dessas duas vertentes, pululam divergências cada vez mais gritantes. No protestantismo, já existem centenas de linhas, entre denominações originais e suas variantes. No catolicismo ocidental há uma luta incessante entre conservadores e progressistas: tradição carismática/ Cristianismo contemplativo de um lado e teologia da libertação/Cristianismo militante de outro. Os primeiros, buscando a salvação celestial. Os últimos, engajados na história das comunidades carentes buscando dignidade já. No catolicismo ortodoxo a matriz grega não é mais unânime e as dissidências se acumulam. A própria Igreja Anglicana surgida na Inglaterra, em 1534, sob Henrique VIII, não conseguiu manter a unidade sequer na Europa. Existem divergências de fundo com os anglicanos da Irlanda, herdeiros da Igreja Celta e, em diversos outros países, surgiram "anglicanismos independentes". Há ainda a Igreja Copta do Egito, com sólidas ramificações na Etiópia e Eritréia, que comemora, por exemplo, o Natal em sete de janeiro. Encontramos no mundo de hoje, cristãos tão diferentes que custa acreditar que bebam da mesma fonte.

O que o Cristianismo traz consigo em sua jornada de quase dois mil anos? Ele chega até nós com a *palavra* original e o *exemplo de vida* verdadeiro de Jesus? Infelizmente não. Ele chega com uma série de adornos que funcionam como um alqueire, a eclipsar a luz viva da mensagem do Cristo. Ele traz junto a Bíblia Judaica; as interpolações a seus próprios evangelhos; os erros de tradução – acidentais e intencionais[2] –; os dogmas introduzidos pela hierarquia da Igreja; a teologia de Paulo com o peso de sua tradição greco-romana; uma hierarquia humana autodenominada "tradição apostólica", materializada no domínio dos papas com interesses seculares bem definidos. Ele traz, finalmente, a negação de outros evangelhos e chega até nossos dias com imensos e inexplicáveis vazios (como por exemplo, a vida de Jesus dos doze aos trinta anos ou, o que aconteceu com as mulheres procedentes da Galiléia que seguiam Jesus, inclusive Maria Mãe e Maria Madalena, depois da saída de cena do Mestre). Tudo isso somado tem feito das religiões, um conjunto de instituições que se comportam como empresas, brigando entre si por fiéis, tratados como clientes.

Com problemas recorrentes de ordem ético-financeira e de natureza moral, os intermediários entre Deus e os homens não têm conseguido cumprir suas funções de fazer a humanidade seguir a "*Regra de Ouro*" e obedecer ao "*Maior Mandamento*". Eles próprios não conseguem dar o exemplo. Aí sobram frustrações e psicopatias individuais e coletivas, pois,

---

2. Ver o excelente Trabalho do Ph.D. em teologia, **Bart D. Ehrman**, considerado uma das maiores autoridades em Bíblia do mundo: *O que Jesus disse? O que Jesus não disse? Quem mudou a Bíblia e por quê?* São Paulo: Prestígio, 2006.

sem o império do amor e da solidariedade, sobrevém a competição selvagem que leva ao desequilíbrio social! Com a fragilidade da liderança religiosa – que é humana – torna-se cada vez mais tênue a linha que separa o sagrado do profano. O progresso, os cientistas, os artistas, os desportistas, os políticos e até certos líderes religiosos populistas, são os novos *ídolos* da atualidade, especialmente a partir da implantação da sociedade midiática de meados do século XX para cá. O sagrado perde cada vez mais espaço para o realismo fantástico.

Não sendo o homem apenas matéria, o desenvolvimento tecnológico do nosso tempo, por si só, não lhe basta. Como a religião não está respondendo às angústias do seu lado espiritual, o homem moderno vive só, mesmo tendo construído grandes metrópoles. Quando procura uma igreja é para resolver um problema financeiro ou sentimental e não para buscar a centelha divina que está dentro de si, esquecendo-se das palavras do Mestre, que afirmou em *Lc 17:21*, "*o reino de Deus está dentro de vós*". Assertiva confirmada por Paulo em *1 Co 3:16*, "*Vocês não sabem que são templo de Deus e que o espírito de Deus habita em vocês?*". Maktub!

É preciso ***sarar a terra*** e isso só pode ser feito com a ***volta da mensagem original do Mestre Nazareno*** e a recuperação de verdades perdidas no tempo, que foram enterradas com o **sagrado feminino** – a outra face de Deus. O resgate dessa *mensagem original* e a restauração do *sagrado feminino* representam a direção geral do meu Trabalho. Embora minha Tese seja bastante específica, ela está indissoluvelmente ligada a esse todo. Agora, respondendo minha delicada reflexão inicial, faço uma pequena retrospectiva de como cheguei até aqui.

Fui líder estudantil e militante nos movimentos sociais. Minha área de estudo preferencial sempre foi a Economia Política. Em minha juventude bebi com sofreguidão nos clássicos do Marxismo. Fui buscar em suas três fontes – a economia política inglesa, o socialismo utópico francês e a filosofia clássica alemã (com a dialética hegeliana e o materialismo de Ludwig Feuerbach) – as bases para a compreensão do Materialismo Histórico e do Materialismo Dialético. Concomitantemente, mergulhei no estudo da realidade sócio-econômica do meu país. Passei noites lendo Caio Prado Júnior, Florestan Fernandes, Darcy Ribeiro, Milton Santos, Celso Furtado e tantos outros.

Quando ainda participava do movimento estudantil, no final dos anos 70, levado pela curiosidade com relação à cultura egípcia, passei a me interessar por outros assuntos, completamente distanciados dos temas de natureza política do meu dia-a-dia. Em termos abrangentes, posso dizer que esses assuntos giravam em torno das manifestações religiosas da humanidade. Integrei-me, então, a uma sociedade iniciática e descobri que havia um enorme continente a ser descoberto além dos limites da matéria densa. Passei a ter vidas intelectuais paralelas: o estudo do homem como animal político e o estudo do homem como imagem e semelhança de Deus. Em outras palavras: a física e algo próximo ao território da metafísica. Em termos filosóficos, deixei de me locomover apenas no espaço formal da epistemologia e passei a caminhar nas estradas enigmáticas da ontologia.

Há vinte anos, dentro desse paralelismo intelectual, estudo as religiões do mundo. Há exatos dez anos, sem nenhuma pretensão acadêmica, passei a dedicar especial atenção às origens do Cristianismo, suas relações com o Judaísmo tradicional, com a cabala judaica, com o antigo Egito, sua expansão pelo mundo na Antiguidade e na Idade Média e suas novas relações com a sociedade midiática dos dias de hoje. Em meio a tudo isso, uma constante me chamou a atenção: *a sempre tensa relação entre a mensagem original do Cristo e a doutrina decretada pelos papas a partir do século IV*. Huberto Rohden, em "*O Drama Milenar do Cristo e do Anti-Cristo*", trabalha essa questão de forma espiritualmente elevada.

Somente no final dos anos 90, comecei a ter acesso a obras de novos autores, que abriam uma discussão muito interessante sobre mitos e dogmas da religião cristã. Quando no ano 2000, li "*O Santo Graal e a linhagem Sagrada*" de Baigent, Leigh e Lincoln (1982), ampliei minha visão sobre as imensas possibilidades que *a moderna pesquisa histórica*, somada a um período de liberdade de expressão, pode oferecer ao mundo. Como é bom não existir mais a fogueira da inquisição! Depois dos evangelhos gnósticos de Nag-Hammadi (1945) e dos Manuscritos de Qumran (1947), veio o Papiro de Magdalen (redescoberto em 1994), lançando nova discussão sobre a origem dos evangelhos. Em 2006, o especialista em história das religiões, Michael Baigent, lançou um trabalho cujos desdobramentos poderão estremecer estruturas seculares: o intrigante "*Os Manuscritos de Jesus*". O título fala por si.

Em 2007, o polêmico documetário "*The Lost Tomb of Jesus*" (A Tumba Esquecida de Jesus), dirigido por Simcha Jacobovici e produzido por James Cameron, mostrou ao mundo a história de uma tumba descoberta em 1980, em Talpiot, Jerusalém, com ossários do século I d.C., seis deles com inscrições de nomes da família de Jesus. A divulgação massiva desse evento, antes restrito ao mundo da arqueologia, veio trazer mais combustível para a chama do debate, na esteira de uma pesquisa de quarenta anos do professor de estudos religiosos da Universidade da Carolina do Norte, James D. Tabor no seu instigante "*A dinastia de Jesus*". O horizonte se expandiu. Não há mais como prendê-lo numa redoma teológica. O debate precisa ser travado e a pesquisa deve seguir seu curso, sem as amarras de dogmas arbitrariamente impostos.

O Plano inicial desta obra se concentrava na historicidade de Jesus, na identidade dos seus apóstolos e no estudo das lacunas, contradições e limitações do Antigo Testamento – que pregava a salvação apenas do povo judeu, num xenofobismo sem par, com base ritualística assentada no sacrifício de animais –, em confronto com a Boa Nova do Cristo Jesus (voltada para o *mundo* e baseada no *amor*). O Plano definitivo deixou a parte relativa ao Antigo Testamento para o segundo livro da trilogia. Com isso pude me concentrar na busca da *mensagem original* do Mestre Nazareno, com o resgate do *sagrado feminino* nela contida e explicitado em sua prática e relacionamentos, que foram escondidos ao longo da história pela política humana dos dogmas, **que levou ao problema da "identidade dos apóstolos"**, objeto central do meu estudo.

Em função de minhas atividades pessoais no início do século XXI, meus estudos nessa área foram fragmentados e dispersos. Nesse período, eruditos do mundo inteiro escreveram intensamente sobre as questões levantadas na obra de *Baigent*, *Leigh* e *Lincoln*. Tive acesso a grande parte desses lançamentos, bem como a fontes primárias importantes, mas em nenhum desses trabalhos encontrei a Tese que construí, por isso mantive a decisão de escrever este livro.

A partir de novembro de 2006, iniciei o trabalho de sistematização da pesquisa e construção da redação final, em meio a um turbilhão de obras consistentes sobre o tema, lançadas quase que ao mesmo tempo em várias partes do mundo. Em todas elas um personagem se destaca: Maria Madalena. A fragilidade das fontes históricas favorece o salutar desenvolvimento de teorias sobre o papel dessa mulher nos primórdios do Cristianismo e suas relações com o Mestre Jesus. Inúmeras hipóteses são apresentadas ao público. Mas em nenhuma delas encontrei a conclusão que agora apresento. Minha Tese coloca um elo a mais na grande corrente de possibilidades que vem sendo forjada por uma geração extraordinária de desbravadores. Uma pequena contribuição ao grande debate hoje travado mundialmente. Um caminho a mais a ser percorrido pelos buscadores da *verdade*, único *valor* capaz de um dia unir fé e ciência. **O Mundo precisa descobrir a identidade sob a qual esconderam Maria Madalena e quem verdadeiramente foram os *Colunas* da Igreja primitiva**, dentre outras questões importantes que ainda estão submersas em um turvo lago de águas dogmáticas.

Minha premissa áurea é que **Jesus criou o verdadeiro Cristianismo.** A princípio essa afirmação parece uma obviedade infantil, mas vendo-se a doutrina que a Igreja Romana foi criando ao longo dos seus concílios, somos obrigados a concordar com Paul Sweezy, sobre a necessidade de utilizarmos obviedades, às vezes, ululantes[3]. A Regra de Ouro (*Mt 7:12*) e o Maior Mandamento (*Mt 22:37-40*), resumem não apenas a Lei e os Profetas, mas a Sua própria doutrina, superior e inigualável pela sacrossanta simplicidade e objetividade focadas no "AMOR INCONDICONAL" e no "FAZER O BEM". Isso se refletia integralmente em sua prática missionária e vida cotidiana – ambas sem discriminação a quem quer que fosse – pagãos, publicanos, adúlteras, escribas, prostitutas, fariseus, pescadores e pecado-

3. Sobre o **óbvio**, reproduzo a opinião do brilhante economista americano, **Paul M. Sweezy**: "*Tudo isso, dirão os leitores, é óbvio a ponto de ser banal, e assim é, na verdade. Mas é conveniente lembrar também que as coisas mais óbvias são freqüentemente as mais importantes. Os que negligenciam o óbvio o fazem correndo um risco.*" **Teoria do Desenvolvimento Capitalista**. São Paulo: Abril Cultural, 1983 (Os economistas), p. 17.

res. Sem preconceito, inclusive de gênero, impositivo na época. A todos o Mestre Nazareno tinha amor pra dar. Combateu o bom combate contra os aspectos humanos da Lei Mosaica, dizendo em *Mateus 5:17*: "*Não julgueis que vim abolir a lei ou os profetas. Não vim para os abolir, mas sim para levá-los à perfeição*."[4] Com isso, afirmou que a antiga Lei não levava à *perfeição* e inicia, a partir do verso *20* desse capítulo, um longo discurso pregando uma nova doutrina superior em todos os aspectos ao Código de Hamurabi do "dente por dente, olho por olho", substrato da velha Lei. Paradoxalmente, ensina "amar os inimigos"; "oferecer a outra face"; "dar a túnica e a capa"; "Não apenas não matar, mas não se irar"; "não insultar o irmão"; "se reconciliar com o desafeto". Esse longo e esclarecedor discurso termina no verso *48*: "*Portanto, sede perfeitos, assim como Vosso Pai celeste é perfeito*." Numa sutil repreensão à velha Lei, que ele veio para aperfeiçoar de tal maneira que pouca coisa dela sobrou no âmago de sua doutrina inovadora.

Pedro e Paulo, secundados pelos chamados "pais da Igreja" (São Policarpo de Esmira, Santo Hipólito, Orígenes de Alexandria, Ireneu de Lião, Clemente de Alexandria, e mais tarde, Santo Ambrósio, Eusébio de Cesaréia, e São Jerônimo) que atuaram a partir de meados do século II até o século V, criaram as bases heleno-romanas para a mundialização da religião cristã ou, pelo menos, dos seus pontos de vista sobre o Cristianismo. Constantino, o Grande (306-337 d.C.), deu liberdade de culto aos cristãos em toda a vastidão do império (Édito de Milão, 313 d.C.), e lançou as bases para uma religião híbrida com o culto pagão do *Sol Invictus*. A partir de 325 ele implantou uma hierarquia internacional com cargos, pompa e circunstância, fazendo surgir assim, sobre os escombros do Cristianismo Nazareno, o Cristianismo Romano, uma espécie de IGREJANISMO nas palavras de Laurence Gardner (2005).

Aos poucos, a religião que antes era clandestina, mística, pentecostal, comunitária, descentralizada e perseguida, passou a ser oficial, pragmática, ritualística, centralizada, imperial e perseguidora dos que discordavam da linha oficial vinda de Roma. O passo seguinte foi uma sequência histórica (e histérica) de ataques violentos às **heresias** – que nada mais eram que as dissidências teológicas de então. O cruel e inumano genocídio dos Cátaros no Languedoc (século XIII) representou o clímax tenebroso desses ataques.

---

4. Há traduções de *Mt 5:17* que dizem "...*vim para cumprir*", em vez de "...*para levá-los à perfeição*" Ora, o verso 20 diz "*se a vossa justiça não for maior que a dos escribas e fariseus, não entrareis no reino dos céus*." Isso deixa claro que os ensinamentos de Jesus vão além, em termos de busca da justiça, das práticas dos escribas e fariseus. E em que se baseavam essas práticas? – Na velha Lei e nos Profetas. Para não pairar dúvida que a tradução "...*para levá-los à perfeição*" é a que melhor se coaduna com o discurso de todo o capítulo *5*, o que vem a partir do versículo *21* é esclarecedor: um conjunto de fortes reprimendas à velha Lei e os Profetas, o que, no mínimo, pode ser colocado como uma cruzada para *levá-los à perfeição*. Na verdade, o discurso de Jesus deixa explícito muito mais que isso. Fica claro, no longo trecho de *Mt 5:20-48*, que Ele veio para modificar a velha Lei Mosaica (humana). A Lei que Ele não veio abolir e da qual não desaparecerá um *jota* ou um *til* é a Lei de Deus e essa sai de sua boca, desde o começo desse capítulo *5* com as bem-aventuranças. É essa Lei que "aquele que violar... será declarado menor no Reino dos céus".

O Novo IGREJANISMO teve a ver também com a busca de estabilidade política e unidade territorial nas extensas dimensões do Império. Cada povo tendo seu próprio credo causava tensões sociais e revoltas enfraquecendo-o por dentro, facilitando o assédio de povos chamados bárbaros que nunca deixaram de ameaçar as fronteiras romanas. Uma religião única, organizada em bases imperiais, com direção centralizada e estabelecida na capital, no suntuoso castelo de Laterano, cedido por Constantino, próximo do seu próprio palácio era, sem dúvidas, uma estratégia política de elevado quilate.

De *Religião do Império Romano* para *religião do império dos dogmas* foi um passo. Para substituir o idoso bispo Miltíades (310-314), Constantino indicou um próximo seu, Silvestre – primeiro bispo imperial de Roma. A partir daí, começou uma sequência de concílios mundiais, coincidindo com o fortalecimento dos papas. Desse grande movimento histórico surgiram decretos de "verdades divinas", sem que Jesus as tivesse anunciado em seu ministério. Foi assim que tornaram Maria mãe em virgem, antes, durante e depois do parto; foi assim que transformaram os irmãos e irmãs de Jesus em primos ou apenas irmãos por parte de pai, indo de encontro ao que está claramente escrito nos evangelhos canônicos; foi assim que fizeram do filho de Deus o próprio Deus, colocando uma fumaça mística sobre sua humanidade e fazendo do casamento, que é um sacramento da Igreja e base da família, algo bem menor que a virgindade, o celibato e a penitência[5]. Foram mais longe. O monoteísmo de origem judaica, base do Cristianismo, não se coadunava com os costumes politeístas pagãos do Império Romano. Dividiram, pois, o Deus único em três: Pai, Filho e Espírito Santo. Jesus,

---

5. São Jerônimo, por volta de 383 d.C. escreveu um Tratado contra Helvídio, onde defendeu a virgindade perpétua de Maria. Além dessa tese, ele afirma que os irmãos de Jesus citados nos evangelhos são primos ou apenas filhos de José com outra mulher. Por fim, a partir do capítulo XIX, ele apresenta outra tese *sui generis*, a de que *o estado virginal é superior ao estado matrimonial*. Ouçamos suas próprias palavras, na tradução de José Fernandes Vidal e Carlos Martins Nabeto (*Site* da Ecclesia) e vejamos sobre em que base doutrinária começou a marcha da Igreja Romana.

"Porque aquele que é solteiro está preocupado com as coisas do Senhor, de modo que poderá agradar ao Senhor; mas aquele que é casado está preocupado com as coisas do mundo, do modo como agradará a sua esposa. E aqui está a diferença também entre a esposa e a virgem. Aquela que é solteira está preocupada com as coisas do Senhor, porque será santa tanto no corpo como no espírito; mas aquela que é casada está preocupada com as coisas do mundo, do modo como agradará a seu marido."

"(...) Julga você que não há diferença entre uma que gasta seu tempo em oração e jejuns daquela que se sente impelida, ao aproximar-se seu marido, a arranjar sua aparência, andar com passos afetados, e demonstrar atos de carinho?"

"O objetivo da virgem é aparecer menos faceira; ela quer se guardar de modo a esconder suas atrações naturais. A mulher casada tem seu pincel preparado ante seu espelho, e em desacordo com seu criador, esforça-se para adquirir algo mais que sua beleza natural. Então lhe chegam a conversa de seus filhos, o barulho da casa, as crianças buscando sua palavra e pedindo seus beijos, a lista de despesas, o cuidado para acertar as despesas. De um lado você a vê na companhia dos cozidos, cercada de gritos e preparando o alimento; você ali ouve o barulho de uma multidão de fiandeiras. Enquanto isso, chega uma mensagem que o marido e seus amigos estão chegando. A esposa, como uma andorinha, voa por toda a casa. Ela deve cuidar de todas as coisas. Está o sofá arrumado? Está o piso varrido? Estão as flores nas jarras? E o Jantar está pronto?"

"Diga-me, rogo-lhe, onde entre tudo isso há lugar para pensar em Deus?".

de filho enviado e criado pelo Pai, passou a ser igual ao Pai[6], e aí, Maria humana se tornou não apenas a mãe de Cristo, mas a mãe de Deus. O jeito foi divinizá-la. Criaram, então, como reforço à doutrina da virgindade perpétua: o mito da Imaculada Concepção. Como se Maria, para ser grande e escolhida por Deus para ser a mãe física de Jesus, tivesse que ser como uma deusa mitológica e não uma mulher, que como o homem, já é "imagem e semelhança de Deus" por definição do próprio Antigo Testamento.

Desse modo, criaram preconceitos e frustrações em largas parcelas da humanidade, que passou os últimos séculos se remoendo em sentimentos de culpa, aprofundados quando a pessoa comum se confronta com os arquétipos principais do Cristianismo Romano: A MÃE ETERNAMENTE VIRGEM E O FILHO INEXPLICAVELMENTE SOLTEIRO. As pessoas precisam de exemplos que possam seguir. Se as mulheres ficarem eternamente virgens e seus filhos solteiros acaba-se a humanidade. Como esses exemplos estão fora do padrão humano, as pessoas sentem cortados seus caminhos espirituais. Sentindo-se incapazes de agir como deuses, voltam-se para a matéria, mergulhando em grandes vazios e ampliando as estatísticas dos maníaco-depressivos. O problema se originou na caracterização do sexo como pecado, resultado da interpretação errônea da narrativa da parábola da criação em Gênesis, quando mentes fracas e poluídas consideraram que o fruto que Eva deu a Adão foi sua vagina, criando assim, o mito do "pecado original". Nem de forma simbólica isto está escrito lá. Esse mito foi a maior loucura já criada pela mente dos bispos. Se fosse pecado fazer filhos, nada mais teria sentido e muito menos a ordem de Deus "*Frutificai e multiplicai-vos, enchei a terra*" (*Gn 1:28*), ainda que com a dor do parto (*Gn 3:16*) e com o ganho do pão com o suor do rosto (*Gn 3:19*).

Poderíamos nos perguntar: "por que não pensamos nisso antes?" Porque vivemos sob o domínio de paradigmas que só nos mostram algumas árvores, nunca a floresta!

O Cristianismo Nazareno e o Cristianismo Gnóstico foram derrotados quando o Cristianismo Pedro-Paulino se tornou a religião oficial do Império Romano. Nessa época, os nazarenos e gnósticos voltaram para as catacumbas. Suas práticas doutrinárias foram consideradas heréticas e se tornaram clandestinas sendo repassadas para algumas sociedades secretas e círculos de iniciados, que as fizeram sobreviver até os dias de hoje. Dias que começam a dar sinais (principalmente nas últimas três décadas), de uma ressurreição iluminada, fazendo o ocidente debater a velha máxima: "*conhece-te a ti mesmo*" e, sem medo, compará-la com a frase do Mestre para os judeus que queriam apedrejá-lo: "*vós sois deuses*" (*Jo 10:34*). Com

6. O próprio Jesus disse: *O Pai é maior que eu, Jo 14:28* e *Mt 6:9-13*. Em *Lucas 22:42* disse: "*não a minha vontade, mas a tua*". Em *João 17:3* é considerado um enviado de Deus: "*E a vida eterna é esta: que te conheçam a ti, o único Deus verdadeiro, e a Jesus Cristo, a quem enviaste.*" Em *Jo 11:27* Marta reconhece Jesus como filho de Deus. Em *1Tm 2:5*, Paulo afirma categoricamente: "*Porquanto há um só Deus e um só mediador entre Deus e os homens, Cristo Jesus, **homem**...*" (grifo nosso). Não há na Bíblia, nenhum versículo dizendo que Jesus é o próprio Deus. Isso foi definido no Concílio de Nicéia (325 d.C.) convocado por Constantino.

certeza, a humanidade está na soleira da porta de novas e reluzentes descobertas, prestes a entender o sentido mais profundo de *sua força interior*. Cristo está voltando, não apenas no sentido físico ou metafísico previsto nos evangelhos, mas na recuperação de sua mensagem original, que foi deturpada durante quase 20 séculos, por uma Igreja, que mesmo protestada, dividida e pseudo-reformada, não conseguiu apagar as marcas pungentes do materialismo, da inquisição e dos dogmas – assassinos da essência do Cristianismo primitivo.

Diante de tudo isso, uma luz amarela acendeu na cabeça de centenas de exegetas, historiadores sacros e profanos, etimólogos, arqueólogos, estudiosos e escritores do mundo inteiro. Maria Madalena começou a sair da sombra de um suposto e secular arrependimento, para o centro de um vigoroso debate teológico e acadêmico. Estamos diante de uma verdadeira cruzada pela busca da verdade sobre esse tabu inexpugnável para a Igreja de todos os tempos: a verdadeira relação entre Maria Madalena e o Mestre Nazareno e a natureza humana de Jesus.

O Código da Vinci precipitou esse debate para o nível das massas. Milhões de pessoas que leram o romance de Dan Brown ou assistiram ao filme, partiram em busca de suas fontes (BAIGENT, Michael; Richard LEIGH & Henry LINCOLN. ***The Holy Blood and the Holy Grail*** // PICKNETT, Lynn & Clive PRINCE. ***The Templar Revelation*** //STARBIRD, Margaret. ***The Woman with the Alabaster Jar***).

Acadêmicos das mais renomadas universidades do mundo resolveram aprofundar a pesquisa sobre Madalena. De 1982, quando do lançamento de *The Holy Blood and the Holy Grail*, para os dias atuais, centenas de livros, artigos e teses foram produzidos diretamente sobre o tema ou sobre questões correlatas e complementares. Uma nova geração de estudiosos resolveu quebrar paradigmas e ousar pensar, livre das amarras dogmáticas e do humor da hierarquia da Igreja.

Madalena se levanta de um silêncio de quase dois mil anos, amparada pelos evangelhos gnósticos de Nag-Hammadi; pelos trabalhos de Baigent, Leigh e Lincoln; Picknett-Prince e Margaret Starbird. Por Laurence Gardner, Dan Burstein, John Saul, Tiago de Voragine, James Carroll, Bruce Chilton, John Lamb Lash, James Tabor, Geza Vermes, Jean-Yves Leloup, Raymond Brown, Juan Arias, Dominic Crossan, Marcus Borg, James M. Robinson, dentre outros. Pela voz de mulheres eruditas como: Elaine Pagels, Deirdre Good, Jane Scharberg, Diane Apóstolos-Cappadona, Katherine Kurs, Susan Haskins, Barbara Thiering, Lesa Bellevie, Elizabeth Chare Prophet, Esther de Boer, Sandra Schneider, as brasileiras Fernanda de Camargo-Moro, Maria Helena de Oliveira Tricca e Ana Patrícia Chagas Bogado, dentre outras.

A Academia se volta para Madalena com uma sede milenar. A santa mais cultuada do sul da França e do norte da Inglaterra (nesses dois países há centenas de igrejas e monumentos em sua devoção). Venerada em todo o território do Cristianismo Ortodoxo. A santa do abade cisterciense *Bernardo de Clairvaux* e dos Templários. A santa do misterioso abade *Bérenger Saunière* de Rennes-Le-Chateau. A santa da *Legenda Áurea* e das lendas de Éfeso. Entre os seguidores de Jesus, a mais pintada pelos grandes mestres medievais, renascentistas e barrocos. Ela guarda alguns dos maiores segredos do Cristianismo, que somente no final do século XX começaram a ser desvendados. Mas não é só isso. Há a relação com Judas e com João Batista. Há a co-relação com Marta, a ligação com Lázaro e com o movimento Zelote. Há a luta subterrânea pela perpetuação da dinastia davídica – o *Sangréal.* E ainda a proximidade com mistérios egípcios, território percorrido pelos veneráveis pesquisadores *Christopher Knight* e *Robert Lhomas* em sua série sobre Hiram.

Desse modo, sobre Maria Madalena, não podemos falar apenas de um único grande segredo. Há sobre ela um denso véu, inclusive sobre sua verdadeira identidade, **ou sobre como esconderam sua atuação no ministério de Jesus na identidade de outro**. Seguindo pistas simples como as encontradas no final do Evangelho apócrifo de Tomé, fazendo uma releitura dos canônicos, buscando os escritos dos pais da Igreja e as poucas fontes históricas disponíveis além de indícios significativos na iconografia, na arqueologia, na arquitetura e na tradição, os últimos véus vão cair. E nos parece que desta vez a hierarquia não poderá impedir. Vamos às descobertas com mente livre e espírito elevado, sem as devastadoras paixões das ideias pré-concebidas e com muito respeito ao Cristo original, seus apóstolos e sua *companheira*. "*Porque não há coisa oculta que não acabe por se manifestar, nem secreta que não venha a ser descoberta*" (*Lc 8:17*).

Biblioteca Gnóstica de Nag Hammadi

"O Logos se estabeleceu primeiro, quando embelezou as totalidades, como um princípio básico [...] das coisas que vieram a exisitir."

(O Tratado Tripartido, BNH, I, 5)

Todos que estudam o Cristianismo primitivo, do após-guerra até os dias de hoje, já ouviram falar nos Códices de Nag Hammadi, mas o grande público não lida diretamente com essas informações. A Dra. Odete Mainville nos dá o seguinte conceito de códice:

> *"Os textos escritos no papiro (vegetal) ou no pergaminho (pele de animal), eram primeiramente reunidos em rolos que podiam chegar a dez metros de comprimento. Tempos mais tarde, por volta do fim do primeiro século e começo do segundo, surgiu o codex (códice), que podia ser confeccionado com papiro ou pergaminho, no formato de livro de folhas costuradas, que facilitava a consulta mais rápida do texto. Ele também permitia que se juntassem em um só volume vários livros bíblicos, e até mesmo toda a Bíblia". (MAINVILLE, 1999, p.17).*

A Descoberta

Em dezembro de 1945, dois camponeses egípcios estavam procurando adubo natural – terra de adubação – na encosta de Jabal al-Tarif, um local escarpado com cerca de 150 cavernas na margem direita do Nilo, próximo à cidade de Nag Hammadi. Muitas dessas cavernas haviam servido de túmulos para faraós da sexta dinastia que reinou entre 2350 e 2200 a.C.

Ao escavar encontraram um pote cerâmico de quase um metro de altura, lacrado com betume. Os camponeses eram Muhammad'Ali al-Salmman e Khalifah'Ali. A princípio ficaram com medo de abrir o pote pela crença na existência de gênios do mal selados em recipientes enterrados, mas a ambição pela possibilidade de encontrar ouro foi mais forte e o pote foi quebrado à picareta. Para decepção dos irmãos camponeses, não havia ouro ou outro metal precioso, mas apenas 12 códices encapados em couro, contendo papiros com textos antigos. Muhammad enrolou os 12 códices em sua capa e voltou para casa no povoado de al-Qasr.

Lá chegando, guardou sua descoberta junto com a lenha perto do fogão. O ano de 1946 foi terrível para sua família. Seu pai assassinou um salteador que tentou roubar material de irrigação. Os parentes do salteador assassinaram seu pai. Muhammad se envolveu na vingança da morte de seu pai e passou a ser perseguido pela polícia e pela família do morto. Nesse intervalo, a mãe de Muhammad, pensando que os manuscritos traziam má sorte, queimou parte deles (provavelmente o códice XIII do qual sobraram apenas algumas páginas fragmentadas).

Muhammad preocupado com o possível confisco do seu achado, entregou para o padre da comunidade, *Basilius Abd al-Masih*, guardá-lo em sua paróquia. Lá, o irmão da esposa do padre (os padres coptas podem casar), um professor de Inglês e História *Raghib Andrawus*, que dava aulas nas comunidades rurais da região viu os manuscritos e levou parte deles – o Códice III – para um especialista no Cairo, que o conduziu ao Departamento de Antiguidades. Em 4 de outubro de 1946 foi registrada no Museu Copta a entrada do Códice III. Enquanto isso, os outros códices foram roubados e aí teve início um roteiro misto de aventura e suspense, com outros roubos, seqüestros, contrabando, tudo girando em torno do perigoso mercado negro de objetos antigos que prolifera no Oriente Médio. Parte dos códices foi parar nos Estados Unidos e lá foi comprada pela Fundação Jung de Zurique, mas, pouco a pouco, o governo do Egito foi recuperando todo o material e, em 1948 toda a Biblioteca de Nag Hammadi já se achava guardada no Museu Copta do Cairo, onde permanece até os dias atuais.

A Batalha pela Publicação

A partir da década de 1950 iniciou-se um esforço pela tradução e publicação dos Manuscritos de Nag Hammadi. Mas surgiram problemas, pois muitos eram os detentores de cópias dos mesmos que reivindicavam direito de publicação. Depois de muita polêmica, foi publicado o primeiro livro da biblioteca: O Evangelho de Tomé, em 1959, que surpreendeu o mundo científico e religioso, com suas palavras de abertura: "*Essas são as palavras secretas que Jesus o Vivo, proferiu, e que seu gêmeo, Judas Tomé, anotou.*"

Descobertos em 1945, os Manuscritos de Nag Hammadi ficaram dispersos, como já vimos, até 1948, quando foram recuperados pelo Museu Copta do Cairo. Entre 1948 e 1956, eles ficaram sob a responsabilidade de um grupo de exegetas franceses. A coisa praticamente não andou. Nessa época teve início a crise do Canal de Suez e mais uma vez houve atraso na divulgação. Em 1966, foi formada uma equipe, patrocinada pelo *Institute for Antiquity and Christianity* (Instituto de Antiguidade e Cristianismo) da Claremont Graduate School, Califórnia. Em 1970, aconteceu o passo decisivo: o Ministério da Cultura do Egito e a UNESCO nomearam conjuntamente uma equipe internacional para tradução e publicação da chamada *Biblioteca Gnóstica Copta*. Essa equipe foi coordenada pelo professor americano James M. Robinson.

Em 1977, foi publicada uma edição completa em *fac-símile* de todos os Manuscritos de Nag Hammadi, denominada "*The Facsimili Edition of the Nag Hammadi Códices*". Dessa edição foi feita uma tradução para o Inglês por E.J. Brill com título original "*The Nag Hammadi Library in English*". Foi daí que surgiu a tradução para o português de Teodoro Lorent, publicada pela Madras Editora em 2006, sob o título: *A Biblioteca de Nag Hammadi*, uma edição comentada e coordenada pelo próprio Dr. James M. Robinson, da qual extraímos as citações referentes que constam neste livro.

O Conteúdo da Biblioteca

São os seguintes, os códices integrantes da Biblioteca de Nag Hammadi:

Códice I

I,1 A Prece do Apóstolo Paulo
I,2 O Apócrifo de James (Thiago)
I,3 O Evangelho da Verdade
I,4 O Tratado sobre a Ressurreição
I,5 O Tratado Tripartido

Códice II

II,1 O apócrifo de João (a) [versão longa]
II,2 O Evangelho de Tomé
II,3 O Evangelho de Felipe
II,4 A Hipóstase dos Arcontes
II,5 Sobre a Origem do Mundo
II,6 A Exegese da Alma
II,7 O Livro de Tomé, o Contendor

Códice III

III,1 O Apócrifo de João (b)
III,2 O Evangelho dos Egípcios (a)
III,3 Eugnostos, o Abençoado (a)
III,4 A Sophia de Jesus Cristo
III,5 O Diálogo do Salvador

Códice IV

IV,1 O Apócrifo de João (b) [versão curta]
IV,2 O Evangelho dos Egípcios (b)

Códice V

V,1 Eugnostos, o Abençoado (b)
V,2 O Apocalipse de Paulo
V,3 O Primeiro Apocalipse de Thiago
V,4 O Segundo Apocalipse de Thiago
V,5 O Apocalipse de Adão

Códice VI

VI,1 Os Atos de Pedro e dos doze Apóstolos
VI,2 O Trovão: A Mente Perfeita
VI,3 Ensinamento Autoritário
VI,4 O Conceito de Nosso Grande Poder
VI,5 Platão, A República
VI,6 Discurso sobre a Oitava e a Nona
VI,7 A Prece de Ação de Graça
7a Nota Escriba
VI,8 Asclepius 21-29

Códice VII

VII,1 Paráfrase de Shem
VII,2 O Segundo Tratado do Grande Seth
VII,3 O Apocalipse de Pedro
VII,4 Os Ensinamentos de Silvanus
VII,5 As Três Estrelas de Seth

Códice VIII
VIII,1 Zostrianos
VIII,2 A Carta de Pedro a Felipe

Códice IX
IX,1 Melquisedeque
IX,2 O Pensamento de Norea
IX,3 O Testemunho da Verdade

Códice X
X Marsanes

Códice XI
XI,1 A Interpretação do Conhecimento
XI,2 Uma Exposição Valentiniana

2a Sobre a Unção
2b Sobre o Batismo A
2c Sobre o Batismo B
2d Sobre a Eucaristia A
2e Sobre a Eucaristia B
XI,3 Alogenes
XI,4 Hypsiphrone

Códice XII
XII,1 As Sentenças de Sexto
XII,2 O Evangelho da Verdade
XII,3 Fragmentos

Códice XIII (oito páginas dobradas na capa do Códice X)
XIII,1 Protenoia Trimórfica
XIII,2 Sobre a Origem do Mundo

Temos um total de doze códices completos e oito páginas do 13º, perfazendo cinqüenta e dois tratados. Seis deles são repetidos: *O Apócrifo*[7] *de João* (duas vezes); *O Evangelho dos Egípcios*; *O Apocalipse de Paulo*; *O Evangelho da Verdade* e *Sobre a Origem do Mundo*. Ficamos com quarenta e seis

7. **Apócrifo**: 'coberto'; 'escondido'; sem autoria definida ou secreta. Hoje adquiriu a conotação de texto não canônico, não inspirado, não oficial, de origem duvidosa. Os protestantes chamam os apócrifos de pseudoepígrafos (literalmente 'falsos escritos'), escritos falsamente atribuídos a pessoas de notável autoridade, como Adão, Enoch, Moisés, Pedro, Felipe, Tomé, etc. Os apócrifos, na tradição protestante, são os livros excluídos do cânon judaico. A tradição católica incluiu esses livros na sua versão grega do Antigo Testamento e os chamou de "deuterocanônicos". São eles: Tobias, Judite, Sabedoria, 1 e 2 Macabeus, Eclesiático e Baruc mais um acréscimo em Daniel e outro em Ester. A palavra 'apócrifo' significa oculto, e com toda probabilidade foi o termo primitivamente empregado por certas seitas a respeito de livros seus, que eram guardados para uso próprio e reservado. No ambiente teológico, o termo 'apócrifo' é, agora, restritivo aos livros não canônicos. No geral tem também a conotação de escrito sem autoria determinada ou de autoria camuflada.

Tratados. Desses, seis já haviam sido descobertos antes, em outras partes do mundo (II,1; III,4;VI,5; VI,7; VI,8; XII,1), restando um total de quarenta tratados inéditos, dos quais temos trinta em estado de razoável a bom e o restante bem fragmentado.

Os principais tratados, do ponto de vista do Gnosticismo Cristão com fortes implicações na origem do Cristianismo, são: *O Evangelho de Tomé*; o *Evangelho de Felipe*; *O Evangelho de Maria* [*Madalena*]; *A Sophia de Jesus Cristo* e *O diálogo do salvador*. Nos capítulos finais vamos discutir o conteúdo desses tratados e algumas das implicações de sua leitura para compreensão do nascimento do Cristianismo. Os apócrifos do Novo Testamento têm antiguidade comprovada. Alguns deles foram citados pelos "pais da Igreja" como Ireneu, Clemente e Eusébio. Seu valor teológico é inquestionável. Sua linha doutrinária é o Gnosticismo. Entre os canônicos, só encontramos algo parecido, no Evangelho de João. Muitas informações que não estão no Novo Testamento e que fazem parte da tradição cristã vieram dos apócrifos, como os nomes dos pais de Maria Mãe; os nomes dos "dois ladrões" crucificados ao lado de Jesus; o nome da mulher que enxugou o rosto do Cristo durante a paixão, e muitas outras.

Para os autores dos evangelhos e demais tratados de Nag Hammadi, a verdadeira mensagem de Jesus era gnóstica – apontava para a busca da *gnósis*, o conhecimento de si mesmo, que levava à comunhão com Deus. Nesses evangelhos, Maria Madalena ocupa lugar de destaque como mestra e companheira de Jesus, mas sempre enfrentando forte resistência masculina, capitaneada por Pedro que disputava com ela a liderança do movimento. Os Manuscritos de Nag Hammadi nos mostram um outro Jesus e uma outra Madalena, usando as palavras do Frei Jacyr Freitas. Se somarmos a eles, o *Pistis Sophia*, descoberto para o mundo ocidental na segunda metade do século XVIII, e o *Evangelho de Judas*, publicado agora em 2006, vamos ter uma visão mais enriquecida da mensagem de Jesus, com sua vertente esotérica, apenas insinuada nos evangelhos canônicos. Mais que isso, vamos nos defrontar com detalhes dos bastidores de seu ministério e de sua relação com os discípulos de um modo que os escritos do Novo Testamento só tratam nas entrelinhas.

Manuscritos Do Mar Morto

"E Deus observou suas obras, e viu que eles o buscavam com o coração íntegro, e Ele suscitou um Mestre da Retidão para guiá-los."

(O Preceito de Damasco, CD, Séc. I a.C.)

A descoberta dos Manuscritos do Mar Morto possui versões que variam muito nos detalhes. A mais corrente é que, no início de 1947, três beduínos[8] da tribo dos Taamirech vigiavam suas cabras, que procuravam resíduos de pasto em meio à aridez do deserto na base da grande falésia a noroeste do Mar Morto. Uma das cabras subiu as íngremes escarpas, deixando *Jum'a Muhammed* e seus primos *Muhammed el-Hamed* e *Khalil Musa* preocupados. *Jum'a* escalou a escarpa em busca da cabra e deparou-se com uma fenda estreita na rocha, que parecia ser a entrada de uma caverna. Atirou pedras na fenda e, ao invés de ouvir a cabra, ouviu um som de cerâmica se quebrando. Aquilo lhe chamou a atenção. Com esforço, colocou parte de seu corpo na fenda, mas como já estava anoitecendo não conseguiu ver nada. Resolveu descer e levar o rebanho de volta pra casa.

Jum'a Muhammed contou a seus primos o acontecido, mas no dia seguinte não tiveram tempo de ir explorar a caverna. Dois dias depois da descoberta inicial, seu primo mais novo, *Muhammed el-Hamed*, apelidado de *Edh-Dhib* (o lobo), saiu ainda de madrugada e entrou na caverna, en-

8. Beduínos: pastores nômades dos desertos da Palestina e do Egito.

contrando muito caco de cerâmica quebrada e vários jarros inteiros, alguns com tampa. Começou a revistá-los e encontrou três embrulhos de tecidos deteriorados sobre capas de couro contendo rolos com escrita antiga. Ele acabava de encontrar os Manuscritos do Mar Morto naquela que depois os estudiosos chamariam de Caverna 1. Ele havia encontrado o *Grande Pergaminho de Isaías*, o *Comentário de Habacuc* e o *Manual da Disciplina* (ou Regra da Comunidade).

Voltou para casa e contou aos primos o que havia encontrado. A decepção se somou à desconfiança, afinal todos esperavam encontrar um tesouro. Voltaram então ao local e lá encontraram mais quatro rolos, depois identificados como sendo outra cópia do livro de *Isaías*, o *Pergaminho de ação de Graças*, o *Apócrifo de Gênesis* e o *Manual da Guerra dos Filhos da Luz contra os Filhos das Trevas*. Assim aconteceu a maior descoberta arqueológica dos tempos modernos em termos de manuscritos antigos. Um fato cujos desdobramentos estão longe de acabar.

Em abril de 1947, Jum'a e Edh-Dhib foram a Belém e lá venderam os rolos que encontraram na Caverna 1 a um comerciante dono de uma sapataria, Khalil Iskander Shain, conhecido como Kando. Envolvido com o comércio clandestino de antiguidades, Kando percebeu que os Manuscritos poderiam ter um valor bem acima do couro sob o qual repousavam. Comprou tudo por cinco libras e, juntamente com seu amigo George Isaiah, levou um dos Manuscritos, o Manual da Disciplina, para o Metropolita[9] da Igreja Ortodoxa Síria de Jerusalém Athanasius Yeshue Samuel, do Mosteiro de São Marcos. Samuel percebeu que estava diante de hebraico antigo e não de siríaco como pensava Kando e mais, comprovou que eram pergaminhos (escritos em pele de cabra) e não papiros e aí começou uma verdadeira caça ao tesouro. Um verdadeiro roteiro de aventura e suspense, parecido com o ocorrido com os Manuscritos de Nag Hammadi, só que com um agravante: o cenário era a guerra pela reconstrução do Estado de Israel.

A descoberta dos Manuscritos do Mar Morto em 1947 está repleta de simbolismo, pois nesse ano, em 29 de novembro, a ONU decidiu, por maioria, criar o Estado de Israel. No dia 14 de maio de 1948, o Conselho Judeu proclamou a independência do país que até então, era colônia britânica. No dia seguinte, a Inglaterra anunciou o fim do seu Mandato na Palestina e os países árabes reagiram militarmente, invadindo Israel. O cessar-fogo só veio em 7 de janeiro de 1949. Pelo tratado assinado na ocasião, a região de Qumran no Mar Morto, assim como a parte oriental de Jerusalém, ficaram com a Jordânia.

O Museu Arqueológico da Palestina, conhecido como *Museu Rockefeller* ficava justamente na parte oriental de Jerusalém. Lá estavam vários manuscritos adquiridos clandestinamente de beduínos e comerciantes de

9. Metropolita. Algo como arcebispo ou bispo metropolitano. Na parte oriental do Império as sedes regionais da Igreja constituíam patriarcados. Os metropolitas chefiavam esses patriarcados. A função foi regulamentada pelos cânones 4 e 5 do Concílio de Nicéia.

antiguidades bem como outros encontrados por uma equipe de pastores e arqueólogos coordenados pelo padre dominicano francês Ronald de Vaux, diretor da *École Biblique* de Jerusalém. Sua equipe encontrou outras cavernas contendo manuscritos. Vaux foi indicado pelo governo jordaniano, para coordenar os trabalhos de aglutinação e tradução daquele material.

As Comissões Paralelas

Em 1954, havia duas comissões independentes trabalhando na tradução dos pergaminhos. Uma israelense, no lado ocidental de Jerusalém coordenada por Eleazar Sukenik, chefe do Departamento de Arqueologia da Universidade Hebraica. Outra, jordaniana, no lado oriental sob a coordenação do padre de Vaux. Elas trabalhavam sem nenhum tipo de colaboração ou mesmo comunicação. A situação de guerra entre os dois países impedia qualquer tipo de relação entre as equipes.

Em 1949, o Metropolita Samuel havia levado os manuscritos em seu poder para os Estados Unidos onde os colocou a venda. No dia 1 de junho de 1954, foi publicado um anúncio inusitado nos classificados do *Wall Street Journal*:

> *"Vendem-se manuscritos bíblicos, datando de pelo menos 200 a.C. Ideal para doação, pessoal ou em Grupo, a instituições educaicionais e religiosas. Ofertas para o nº F206."*

Um jornalista israelense radicado nos Estados Unidos avisou o ex-chefe do Estado-Maior das Forças de Defesa de Israel, Yigael Yadin, filho do professor Sukenik, sobre o estranho anúncio do jornal. Yadin viajou imediatamente para América e, com a ajuda de um misterioso bem feitor, comprou os quatro manuscritos por US$ 250 mil. A compra foi concretizada em 1 de julho de 1954 e assim, o novo Estado de Israel, sete anos após sua re-fundação, estava de posse de sete dos primeiros manuscritos descobertos nas cavernas do Mar Morto: três adquiridos inicialmente por Sukenik em Belém e os quatro comprados por Yadin em Nova Iorque. Esse tesouro foi guardado no Santuário de Livro em Jerusalém, onde se encontra até hoje.

A Polêmica Equipe Internacional

Antes de analisarmos o processo de constituição da equipe internacional, é importante vermos um rápido histórico da descoberta das outras cavernas de Qumran. Quando o padre de Vaux se deu conta da importância dos manuscritos, ele chamou o arqueólogo G.L. Harding, diretor de

Antiguidades Jordanianas e com ele montou uma equipe, auxiliada por beduínos locais conhecedores do terreno para explorar a região de Qumran em busca de mais manuscritos. A equipe começou a trabalhar em 1949, mas somente em fevereiro de 1952, descobriu a chamada Caverna 2, com 17 Manuscritos bíblicos e outros não-bíblicos num total de 187 fragmentos. No dia 14 de março, achou a Caverna 3 que, além de fragmentos, continha o famoso Pergaminho de Cobre. Três folhas finas de cobre de aproximadamente 30x80 cm cada uma, contendo a indicação de 64 locais onde estariam enterrados os tesouros do Templo, sendo 63 de prata e ouro e um com as vestes rituais do Sumo Sacerdote. É óbvio que esse Pergaminho suscitou muito interesse e a equipe internacional tratou de minimizar sua importância, afirmando tratar-se de um "tesouro hipotético". O receio de haver uma "corrida do ouro" na região de Qumran e arredores assustava os arqueólogos. Muitos sítios poderiam ser destruídos. Mas o que desencorajou os caçadores de tesouros foi a obscuridade da descrição dos locais. Nem cientistas nem leigos foram capazes de entender onde estariam os tais depósitos de ouro e prata, a não ser os indicados no subsolo do Templo, mas esse local, os Templários já tinham vasculhado por ocasião da primeira Cruzada no final do século XI, antes de se tornarem a organização mais rica e poderosa do período final da Idade Média.

Em setembro de 1952, foi descoberta (por beduínos) a caverna 4. A mais fascinante de Qumran. Nela foram encontrados cerca de 15 mil fragmentos de aproximadamente 500 documentos diferentes. O maior depósito de fragmentos de pergaminhos do Mar Morto. Ainda em setembro, foram encontradas as cavernas 5 e 6 também contendo textos bíblicos e não-bíblicos. Aí houve um intervalo de três anos. Somente em fevereiro de 1955, foi encontrada a caverna 7 e até abril, foram descobertas as cavernas 8, 9 e 10, todas contendo manuscritos. Em janeiro de 1956, quando as buscas estavam sendo encerradas, beduínos encontraram a caverna 11, onde estava o famoso *Pergaminho do Templo*, com 8,3 metros de comprimento – o mais longo pergaminho do Mar Morto, superando o *Manuscrito de Isaías*, até então o maior com 7 metros.

Em todo esse período de descobertas – 1947-1956 – a região de Qumran esteve sob domínio jordaniano. Desse modo, a equipe do padre Vaux ficou com maior parte do material para estudo, catalogação, tradução e publicação. Com a descoberta da caverna 4 em 1952, a tarefa se tornou gigantesca. O Padre Vaux e o Departamento de Antiguidades da Jordânia resolveram formar uma equipe internacional para dar mais agilidade e credibilidade aos trabalhos. Essa equipe começou a trabalhar em 1953. Para resumir, sua composição era a seguinte:

Prof. Frank More Cross, americano, do McCormick Theological Seminary de Chicago e colaborador do Instituto Albright de Jerusalém que o indicou. Cross ficou responsável pelos comentários (pesher) de textos bíblicos da caverna 4.

Monsenhor Patrick Skehan, Americano, diretor do *Instituto Albright*, ligado a *American School of Oriental Research* (ASOR) com a mesma função. Faleceu em 1980 e foi substituído pelo professor **Eugene Ulrich** da Universidade de Notre Dame, de Indiana.

Padre Jean Starcky, francês, indicado pela Ècole Biblique et Archéologique Française de Jerusalém e especialista em aramaico. Tinha a função de trabalhar os textos nessa língua. Antijudeu, não pisou mais em Israel depois da Guerra dos Seis Dias de 1967. O Padre Jean Starcky foi substituído pelo Padre **Émile Puech**, da École Biblique.

Dr. Clauss-Hunno Hunzinger, alemão, ficou com a responsabilidade de trabalhar o *Pergaminho da Guerra dos Filhos da Luz contra os Filhos das Trevas*. Foi logo substituído pelo **padre Maurice Baillet**, francês, indicado pela École Biblique.

Padre Jozef Milik, polonês radicado na França, indicado pela École Biblique, muito ligado ao padre Vaux, ficou responsável pelo material mais importante: apócrifos, pseudo-epígrafos e o chamado "material da seita", textos importantíssimos sobre a vida, as crenças, os costumes, regras e as lutas do povo da Comunidade de Qumran. Além de referências gerais sobre os Manuscritos. Mudou-se para Paris, levando consigo fotografias de parte dos Manuscritos que só ele possui e não permite o acesso de ninguém a elas, nem mesmo aos membros da Equipe. As publicações do material sob sua guarda são as mais atrasadas.

John Marco Allegro, inglês, único agnóstico da equipe. Fazia doutorado em Oxford e já tinha vários trabalhos divulgados em publicações científicas. Tornou-se dissidente do consenso que o Padre Vaux tentou estabelecer no grupo. Ficou com a responsabilidade sobre o *Comentário (Pesher) de Habacuc* e o *Pergaminho de Ação de Graças*, com hinos salmos e exortações morais. Seu material, aparentemente periférico, se revelou o mais explosivo, pois é no *Comentário de Habacuc* que se encontra material capaz de ligar Qumran às origens do Cristianismo. Em 1956, Allegro concede entrevistas na Inglaterra, divulgando sua interpretação dos Manuscritos do Mar Morto, afirmando que eles apontavam para a quebra da Singularidade de Jesus. O Padre Vaux e os outros membros da equipe o desautorizaram publicamente e ele foi afastado. Faleceu em 1988, isolado e "exilado" da vida acadêmica.

John Strugnell, inglês, também doutorando em Oxford, foi o substituto de John Allegro. Veio a ser discípulo de Frank Cross. Assumiu a coordenação da equipe, após a morte do padre Pierre Benoit (da *École Biblique*) em 1987, que havia substituído o padre Vaux falecido em 1971. Manteve a linha conservadora de Vaux e não publicou nada de importante sobre os Manuscritos. Revelou-se depois, anti-semita radical. Após explosiva entrevista contra os judeus, foi afastado da direção da equipe.

Como se vê, aos poucos, a *École Biblique* foi assumindo o controle da chamada equipe internacional. Até 1971, com a mão firme do padre de

Vaux. Depois, com a ocupação de quase todos os postos por indicados seus. Através da *École Biblique*, a ortodoxia da Igreja controlou e controla todos os trabalhos em torno dos Manuscritos do Mar Morto, apesar de todos os protestos da comunidade científica internacional, contra o domínio ditatorial de um pequeno grupo de pessoas, sobre um material que pertence à cultura da humanidade.

A retomada de Jerusalém Oriental por Israel

Em 1967 aconteceu a "Guerra dos seis dias" entre Israel e uma liga de países árabes. Israel venceu e conquistou o direito sobre a parte oriental de Jerusalém, bem como sobre as cavernas nas proximidades de Qumran. Com isso, o Museu Rockefeller passou a ser propriedade israelense como despojo de guerra. O padre Vaux ficou desesperado com a possibilidade de perder o controle sobre os Manuscritos, mas aí aconteceu algo aparentemente inexplicável. As maiores autoridades israelenses nos Manuscritos do Mar Morto, Eleazar Sukenik e Yigael Yadin, permitiram que o Padre Vaux continuasse coordenando os estudos e traduções dos Manuscritos.

O Padre Vaux aceitou e não chamou um único israelense para compor a equipe. Como isso foi possível? Os documentos eram judeus. Israel tinha vencido a guerra com os árabes. Mesmo assim deixou o controle de tudo nas mãos de Vaux que trabalhava para o Departamento de Antiguidades Jordanianas. A verdade é que Vaux trabalhava para o Vaticano e não para a Jordânia. Israel estava reconstruindo seu Estado Nacional perdido desde a fracassada revolta de Simão bar Kochba (132-135 d.C.), e se encontrava numa situação de risco constante pelo cerco árabe imposto pela própria geografia da Palestina. Precisava de todo apoio internacional que pudesse conseguir e assim, deixou que tudo continuasse como estava, sob o controle de padres católicos, só pedindo brevidade nas publicações, no que não foi atendido.

Para se ter uma ideia do atraso na publicação do material do Mar Morto, vamos fazer uma comparação com a publicação da Biblioteca de Nag Hammadi. Mesmo considerando as diferenças de tamanho e complexidade que são bem maiores nos Manuscritos do Mar Morto, a equipe responsável por Nag Hammadi, liderada pelo professor James M. Robinson assumiu em 1966 e publicou todos os manuscritos em 1977. Onze anos depois da montagem da equipe e vinte e dois anos após a descoberta no Egito.

Em relação aos Manuscritos do Mar Morto, a equipe internacional do Padre Vaux começou a trabalhar em 1953. Em 2007, cinqüenta e quatro anos depois da formação da equipe e 60 anos depois da descoberta em Qumran, menos de trinta por cento do material foi publicado.

Desde o final da década de 1960, que vários estudiosos vêm protestando contra o atraso na publicação. Nos anos 70, essa crítica continuou crescendo. Em 1977, o Dr. Geza Vermes lançou um livro sobre Qumran[10], onde alertava que após 30 anos da descoberta dos Manuscritos, o que tinha sido publicado era insignificante e previu que o mundo poderia estar diante do grande escândalo acadêmico do século XX. Em 1985, em artigo para uma revista científica, Dr. Vermes confirmou que sua profecia tinha se cumprido. A equipe internacional continuava manipulando um material pertencente a toda a humanidade como se fosse propriedade sua. Não reagia às críticas e trabalhava abertamente para minimizar a importância dos Manuscritos, procurando fazer uma desvinculação arbitrária dos mesmos em relação às origens do Cristianismo e ao próprio Judaísmo. O problema continua até hoje.

Os chamados "Textos da Seita" como *O Comentário de Habacuc, Regra da Comunidade, Pergaminho da Guerra* e *Documento de Damasco*, abrem largas avenidas para o debate teológico sobre as origens do Cristianismo. Esses textos falam de três personagens emblemáticos: *O Mestre da Justiça*, o *Sacerdote Ímpio* e o *Mentiroso*, além dos dois messias: um da Casa de Aarão da Tribo de Levi e outro da Casa de Davi da Tribo de Judá, que deveriam governar juntos, lado a lado e em harmonia. Se esses textos são dos séculos II e I a.C., apontam apenas para uma tradição anterior que foi absorvida em parte pelo Cristianismo. A conseqüência seria apenas a quebra da singularidade do Cristianismo. Mas se eles são do século I d.C. aí a coisa fica mais complicada, pois poderemos estar diante de personagens do Novo Testamento como Jesus, Paulo, João Batista, Tiago o Justo e Anás, como sugerem alguns estudiosos em versões verdadeiramente explosivas. Se o avanço da tecnologia vier a nos proporcionar uma datação precisa, os Manuscritos do Mar Morto poderão nos dizer muito mais.

---

10. VERMES, Geza. *The Dead Sea Scrolls: Qumran in Perspective* (Os Manuscritos do Mar Morto: Qumran em perspectiva). Londres, 1982.

O Conteúdo Da Biblioteca do Mar Morto, Por Caverna

As quantidades se referem a textos completos e fragmentos de textos

Caverna	Textos Bíblicos	Textos não Bíblicos	Destaque
1	17	36	Sete grandes pergaminhos em bom estado: dois manuscritos de Isaías (sendo um completo); Regra da Comunidade; manual (ou Regra) da Guerra dos Filhos das Trevas; Comentário do Livro de Habacue; Pergaminho de Ação de Graças e Apócrifo de Gênesis.
2	18	15	Fragmentos de 33 pergaminhos incluindo porções de Eclesiastes, em hebraico original.
3	3	7	O Pergaminho de Cobre, três folhas finas de cobre, contendo a localização de 64 locais onde estariam guardados os tesouros do Templo, em prata, ouro e peças rituais. Mais fragmentos.
4	171	431	Cerca de 15.000 fragmentos de aproximadamente 500 a 600 documentos diferentes. Quantidade de material maior que todas as outras cavernas somadas.
5	8	17	Restos do pergaminho da "Descrição da Nova Jerusalém", um trabalho misterioso escrito em aramaico, descrevendo cerimônias secretas no Templo e diferentes elementos de arquitetura, relacionados ao misticismo numérico (provavelmente de inspiração pitagórica).
6	6	24	Trinta fragmentos, a maioria escrita em papiro. Estado precário.
7	0	17	Quatro fragmentos em grego: Êxodo, na versão Septuaginta; epístola de Jeremias (não incluída na versão judaica da Bíblia, apenas na Septuaginta); uma versão em grego do livro de Enoch; diversos fragmentos não identificados.

8	4	1	Fragmentos do livro de gênesis, Salmos, Filactários (Tefilin), uma mezuzá e tiras de couro para unir os pergaminhos.
9	6	1	Um solitário fragmento de papiro, não identificado, consistindo em três linhas em hebraico.
10	0	0	Nesta caverna não foram encontrados pergaminhos, mas os escavadores encontraram uma óstraca, um caco de cerâmica de um jarro com as duas primeiras letras do nome do proprietário (YS).
11	9	16	Rolo do Templo, medindo 8,3 metros. O mais longo pergaminho descoberto. Depois de achado por beduínos em 1956, foi vendido a Kando que o escondeu, sendo recuperado em 1967, após a guerra dos seis dias, por Yigael Yadin. Hoje está exposto na coluna central do Santuário do Livro em Jerusalém. Ele contém a descrição detalhada da arquitetura e dimensões do Templo, seus sacrifícios, rituais, calendário e leis. Outros três manuscritos importantes foram encontrados: um Levítico escrito em paleo-hebraico, uma versão desconhecida dos Salmos em hebraico e uma tradução ao aramaico de Jó mencionado na literatura rabínica.

**Fonte: http://universalproduçoes.com.br/marmorto/pergaminho06.htm Acesso:23/08/2005*

O mundo espera ansioso por uma atitude do governo de Israel. O material deve ser distribuído para estudiosos respeitáveis em várias partes do mundo ou a equipe internacional deve ser profundamente ampliada. Se o mundo estivesse trabalhando em cooperação, já teríamos a tradução e a publicação de toda a biblioteca do Mar Morto, inclusive dos fragmentos. O Mistério parece rondar o conteúdo da Caverna 4. De lá já vazou um trecho de um fragmento onde é usada a expressão "*Filho do Altíssimo*" que em todo o Novo Testamento só aparece em Lucas. Também foi encontrada a expressão "*Filho de Deus*", que se julgava também ser original do Cristianismo. Os Manuscritos provam que no século I a.C. uma seita judaica já usava essas expressões e esperava a vinda de dois messias para a redenção de Israel. No capítulo sobre "*Antecedentes judaicos do Cristianismo*", abordaremos mais amiúde essas questões.

O Evangelho Q

"Cada árvore se conhece pelo fruto"
(Jesus segundo o Evangelho Q)

O século XX trouxe à luz importantes descobertas arqueológicas relativas ao Judaísmo e Cristianismo. O Papiro de Nash descoberto por W.L. Nash em 1902 no Egito, os evangelhos gnósticos de Nag Hammadi descobertos também no Egito, perto de Luxor, em 1945 e os Manuscritos do Mar Morto achados em Israel nas proximidades de Qumran, em 1947, são os exemplos mais destacados. No entanto, o século XX foi palco de uma outra descoberta extraordinária: um evangelho inteiro com sentenças de Jesus, o chamado EVANGELHO Q!

O Evangelho Q não foi encontrado em jarros de barro enterrados no deserto ou sob ruínas antigas. Não estava em bibliotecas – empoeiradas ou sofisticadas – de mosteiros cristãos, ordens iniciáticas pagãs ou antigas universidades européias. Ele estava esse tempo todo – quase dois mil anos – escondido nos evangelhos de Mateus e Lucas, numa intrincada relação com o Evangelho de Marcos, no âmago do chamado "problema sinóptico"[11].

No século XIX houve um grande alvoroço pela busca do Jesus histórico. Alguns querendo negar a existência de Jesus. Outros, empurrados pelos ventos do Iluminismo do século XVIII e pelo corrente avanço das ciências sociais, buscavam elementos que provassem a ação histórica de Jesus,

11. **Problema Sinóptico**. A palavra "sinóptico" vem do grego *synopsis* que significa "olhar em conjunto", "visão de conjunto", "similaridade". Deu-se o nome de evangelhos sinópticos aos livros de Marcos, Mateus e Lucas, por terem um grande número de passagens comuns (beberam nas mesmas fontes) o que fica bem evidenciado quando os colocamos lado a lado em *colunas*, diferentemente do Evangelho de João que tem uma linha narrativa completamente diferente dos três. O chamado problema sinóptico pode ser resumido no estudo da ordem cronológica de elaboração, na correlação entre os três e na busca de suas fontes.

separando-a do que julgavam ser aditivos mitológicos construídos depois, como a narrativa dos milagres. Muitos especialistas queriam descobrir a mensagem original do homem Jesus. O que realmente ele teria dito e que ficou guardado a princípio, apenas na tradição oral. A teoria é que alguém ou algum grupo deve ter escrito os provérbios pronunciados por Jesus, mas esse texto não chegou até nós.

O Que é o Evangelho Q

Partindo-se da premissa de que o primeiro Evangelho escrito foi o de Marcos, verifica-se que Mateus e Lucas o usaram como fonte. Mas há muito material em Mateus e Lucas que não está em Marcos. Os especialistas passaram a levantar a hipótese de que Mateus e Lucas usaram, além de Marcos, uma outra fonte com sentenças de Jesus. Assim, em linhas gerais, o Evangelho Q **é o material que é comum a Mateus e Lucas e não está em Marcos**, denotando ser de uma fonte independente que deve ter desaparecido no final do século I. A denominação "Q" vem de *Quelle*, que significa *fonte* em alemão, país onde se concentram os principais estudiosos que descobriram Q.

Resumo Histórico da Descoberta de Q

Vamos abordar apenas os eventos mais importantes da trajetória de Q do século XIX até nossos dias. Em 1835, **Karl Lachmann** estudando os três evangelhos sinópticos, verificou que Mateus e Lucas só compartilhavam a ordem de suas narrativas quando seguiam Marcos. Naquela época era forte o entendimento de que o Evangelho de Mateus era o mais antigo. As descobertas de Lachmann apontavam a precedência de Marcos. Ele observou ainda que o Evangelho de Marcos não tinha a característica de evangelho de sentenças, o que era presente em Mateus e Lucas, principalmente no primeiro. Três anos depois, **Christian Wilke** chegou à conclusão de que Marcos foi realmente escrito primeiro. Através de uma exegese meticulosa, provou que Mateus e Lucas dependem de Marcos. Ainda em 1838, **Christian Weisse** propôs a "*hipótese das duas fontes*". Para ele Mateus e Lucas teriam escrito seus livros de forma independente, mas usaram as mesmas duas fontes escritas: o Evangelho de Marcos e o Evangelho Q. Este último contendo principalmente sentenças de Jesus. Para **Weisse,** Mateus e Lucas juntaram ainda materiais próprios – que só constam em cada um de seus livros.

No início do século XX duas discussões ainda impediam uma concentração dos estudiosos na busca de Q: a datação dos evangelhos e o debate sobre os milagres de Jesus. Por outro lado, não havia nenhum documento, dentre os livros cristãos conhecidos, que tivesse o formato de um "livro de sentenças" como é o Tao-Te-King de Lao-Tsé, por exemplo. A existência de Q ainda era uma suposição teórica. A exegese não dispunha de ferramentas mais modernas para chegar a uma proposta aceitável de um texto unificado para Q. Quando o Evangelho de Tomé foi descoberto junto com a Biblioteca de Nag Hammadi, em 1945, os biblistas – católicos, protestantes e leigos – voltaram a se dedicar ao estudo de Q. O Evangelho de Tomé era um "livro de sentenças" de Jesus. Estava provado que as primeiras comunidades cristãs produziam escritos na forma simples e objetiva dos provérbios.

Em 1907, aconteceu um fato excepcional. **Adolf Von Harnack** publicou um pequeno livro intitulado "As Sentenças de Jesus". Ele separou o material comum a Mateus e Lucas que não consta em Marcos e publicou separado do contexto dos evangelhos. Desse material não constam os milagres e a pregação divinatória sobre Jesus, mas apenas seus ditos com sua doutrina ética e social o que indica que a mitificação foi obra posterior. Harnack foi o primeiro a divulgar uma versão do que seria o Evangelho Q. Essa publicação contribuiu para uma conclusão posterior de que o "texto mínimo" de Q deve ter pelo menos 225 versículos. Fala-se em "texto mínimo" porque até hoje, já foram descobertas três camadas em Q, uma vez que há material que só consta em Mateus ou que só consta em Lucas e que não são considerados partes do livro original de Q, a primeira camada, mas podem pertencer a uma segunda ou terceira camadas do evangelho perdido.

Q vem à Luz

Nas últimas três décadas vários especialistas deram contribuições decisivas para o resgate de Q. Destacamos **Wolfgang Schenk** (1981), **Athanasius Polag** (1982) e **Dieter Zeller** (1984) que legaram à humanidade refinados trabalhos de crítica textual, compostos de crítica das fontes, crítica do gênero literário, crítica da redação, além do método comparativo aplicado à história da tradição. Todos esses trabalhos culminaram numa obra de referência: "*As Paralelas de Q*" de **John Kloppenborg**, publicada em 1988. Kloppenborg seguiu a sequência de Lucas, considerada mais próxima do original de Q, e reconstruiu os textos em grego, em linhas paralelas numeradas, que alimentaram Mateus e Lucas. Fez ainda uma concordância grega, apontou referências em textos não bíblicos e traduziu tudo para o inglês. Resumiu numa obra o acúmulo de mais de 150 anos de estudos da humanidade na busca da fonte mais antiga dos escritos cristãos. As Paralelas de Kloppenborg são hoje referência para todos os que se dedicam ao estudo de Q.

Dr. Burton L. Mack, partindo das "Paralelas", reconstruiu a partir de uma tradução própria, o livro de Q em sua versão completa (com as três camadas) e a publicou sob o título "*The Lost Gospel: the book of Q & Christian Origins*" (O Evangelho Perdido: o livro de Q e as origens cristãs), traduzido para o português por Sérgio Alcides. Esse excepcional trabalho de Mack é a principal referência que temos em língua portuguesa para um contato direto com o texto original de Q[12].

A publicação definitiva da reconstrução acadêmica do texto grego do Livro Q está a cargo do *International Q Project*, da Sociedade de Literatura Bíblica, sob a direção do prof. James M. Robinson do Instituto de Antiguidade e Cristianismo de Claremont. O mesmo que coordenou com sucesso os trabalhos de tradução dos Manuscritos de Nag Hammadi entre 1966 e 1977. Para Burton Mack "*Quando esse importante documento for divulgado, terá sido concluído o resgate de Q das camadas de história textual sob as quais ele permaneceu literalmente soterrado por tanto tempo*" (MACK, 1994, p. 32).

Na visão do prof. James D. Tabor, o Evangelho de Q permite um encontro com Jesus e seu povo e não com o chamado movimento cristão, construído a partir da doutrina edificada por Paulo em nome de uma visão mística que teria tido de Jesus.

> *"A fonte Q nos leva de volta aos ensinamentos originais de Jesus, sem muito do arcabouço teológico acrescentado posteriormente pelos evangelhos. Talvez a mais impressionante característica da fonte Q, em termos de reconstrução das origens cristãs, seja o fato de não incluir coisa alguma da teologia de Paulo, especialmente sua cristologia ou concepção de Cristo" (TABOR, 2006, p. 289).*

Apesar da fonte Q estar contida em Mateus e Lucas, quando apresentada de forma independente do contexto mítico dos evangelhos, ela nos traz informações muito importantes sobre a pessoa de Jesus. O Jesus dos evangelhos sinópticos é miraculoso. O Jesus de João é um deus preexistente que vivia antes da criação do mundo. O Jesus de Paulo (que não o conheceu pessoalmente) é um ser divino que quase não pisa no chão. **O Jesus de Q** é um Mestre preocupado com seu povo, com os pobres e desvalidos: leprosos, cegos, aleijados, endemoniados, prostitutas, funcionários públicos, estrangeiros, tudo que a elite religiosa judaica considerava impuro. Os ditos de Jesus que estão em Q e no Evangelho de Tomé, nos mostram um outro Jesus, um reformador da Lei e um pregador de um mundo novo baseado no amor e na justiça. Um mestre que ensinava que o Reino de Deus está dentro de nós! Quem sabe seja esse o verdadeiro Mestre Nazareno?

12. MACK, Burton L *O evangelho perdido: o livro de Q e as origens cristãs*. Tradução de Sérgio Alcides. Rio de Janeiro: Imago, 1994.

Jesus: Homem ou Mito?

Seria o Cristo uma síntese de mitos antigos criada por reformadores judaicos para representar o amor de Deus encarnado entre os homens?

Para trabalharmos essa questão, comecemos pelo estudo da historicidade dos evangelhos canônicos[13], pois é nesse conjunto de livros com antiguidade comprovada e um elevado grau de aceitabilidade, que se encontram as maiores referências escritas sobre Jesus. Mas haveria nos evangelhos história real ou estamos tratando de textos literários dotados apenas de destinação teológica? Os evangelhos canônicos são efetivamente aceitos pela comunidade científica como prova da existência histórica de Jesus?

13. **Cânon**: vem do grego *kanonónos*, que significa haste de junco, 'cana', vara de medir, régua, regra. Pode significar lista, coletânea, catálogo. No Direito Litúrgico, significa decreto, norma relativa à fé e à ordem religiosa (os cânones da Igreja). Também significa lista oficial dos livros da Bíblia reconhecidos como de inspiração divina, por terem sido "medidos" e atestados como autênticos pelos bispos da Igreja.

Quando Começou o Questionamento da Existência?

O questionamento da historicidade dos evangelhos começou a ser feito com mais intensidade, a partir do século XIX, quando a história ganhou caráter de ciência social, superando uma longa etapa onde predominava a cronologia e narrativas épicas e românticas (quase sempre míticas) da vida de reis e heróis. A Inquisição não tinha mais força e homens como **Marx** e **Nietzsche** atacaram o possível papel desempenhado pelos deuses na história, denunciando as religiões como mecanismos de manipulação das massas por alguns poucos autodenominados "profetas" e "apóstolos", quase sempre perfilados ao lado do poder – dos reinos dos homens e não do reino de Deus.

Os novos sistemas exegéticos[14] – com a utilização conjunta do centenário método histórico-crítico, aí incluído a crítica das fontes – e os enfoques sincrônicos atuais, têm aberto novas e amplas fronteiras na exploração do objeto formado pelos fatos bíblicos. Odette Mainville em seu conciso, mas meticuloso trabalho "*A Bíblia à Luz da História*", nos diz a respeito:

> *"Embora praticada de maneira esporádica e isolada desde meados do século XV, a crítica das fontes só se tornou verdadeiro método científico no século XIX. Dois tipos de pesquisa de grande envergadura contribuíram para sua sistematização: no Antigo Testamento, a hipótese documental aplicada ao Pentateuco, e, no Novo Testamento, o problema sinóptico."*[15]

O método histórico-crítico foi de fundamental importância para o combate a uma leitura dogmática da Bíblia. A religião judaica é conhecida como a "religião do livro" e esse "livro" – contendo ou não símbolos e fábulas mitológicas – foi escrito por homens, num determinado contexto histórico. O mesmo ocorreu no caso dos evangelhos e das cartas paulinas. A busca de suas fontes com as ferramentas científicas disponíveis, tendo por

14. **Exegese**: é o estudo interpretativo minucioso da literatura bíblica, que vai além da hermenêutica (interpretação literal), buscando o sentido doutrinário, o fundamento ideológico e até o contexto histórico envolvido na produção do mesmo. Um mesmo texto pode ter várias exegeses, embora partindo de uma mesma hermenêutica.

15. **MAINVILLE, Odette**. *A Bíblia à luz da História: guia de exegese histórico-crítica*. Tradução: Magno Vilela. São Paulo: Paulinas, 1999, p.65.

base uma visão crítica e não o fundamentalismo[16], representa um grande avanço nos estudos sobre a Bíblia nos dias de hoje.

A hipótese documental aplicada ao Pentateuco[17], aponta a possibilidade de quatro fontes distintas para os cinco primeiros livros da Bíblia. O *problema sinóptico* do Novo Testamento busca encontrar a fonte dos evangelhos. A hipótese com mais adeptos hoje é a de que as fontes de Mateus e Lucas foram o Evangelho de Marcos e um documento perdido chamado Evangelho Q[18].

A historiografia moderna tem feito um estudo crítico-comparativo – interno e externo – dos fatos bíblicos. Internamente comparando as narrativas dos quatro evangelhos canônicos, buscando em suas congruências e discordâncias, uma linha de coerência – ou a ausência dela. Externamente, buscando nos registros históricos da época, dados e informações que venham corroborar ou negar fatos narrados nos livros da Bíblia. No caso do Novo Testamento, essa busca se dá especialmente nos trabalhos de historiadores, cronistas e líderes religiosos que atuaram entre os séculos I e IV da Era Comum[19].

As descobertas dos Manuscritos de Nag Hammadi, no Egito, em 1945 e dos Manuscritos do Mar Morto, Israel, em 1947 – que revelou o código dos antigos escribas – vieram trazer aos biblistas, teólogos e historiadores do século XX novas e poderosas ferramentas de análise. Somaram-se a isso, as descobertas arqueológicas dos últimos 150 anos e o avanço científico na utilização cada vez mais precisa do carbono 14, fator que trouxe mais luz a este terreno, especialmente na datação de manuscritos, materiais, utensílios e até despojos humanos, eliminando algumas dúvidas importantes num universo repleto de incertezas históricas.

O questionamento sobre a existência histórica de Jesus surgiu de uma série de fatores dos quais três se destacam: a imprecisão e o conjunto de contradições dos evangelhos, a falta de registros nas obras de historiadores

16. **Fundamentalismo**. É um movimento que segue unicamente o que considera "princípios fundamentais" de uma crença ou ideologia, sem abrir-se para o diálogo com outras interpretações, ainda que de integrantes do mesmo grupo. O fundamentalista mantém-se fiel ao alicerce – que considera imutável – de sua fé. Seus princípios são dogmas indiscutíveis, verdades absolutas e irrefutáveis. Atualmente o termo fundamentalismo refere-se a grupos étnicos ou religiosos intransigentes e extremistas, que chegam a recorrer ao terror para fazer valer os fundamentos que acreditam. Geralmente são grupos dissidentes de uma maioria que eles acusam de ter se desviado das normas e ensinamentos originais. Todos aqueles que não concordam com seus fundamentos são considerados infiéis. Por extensão, o termo fundamentalismo passou a ser empregado nas ciências para denotar uma posição dogmática, exagerada, irracional e, até mesmo, fanática, em relação a determinado assunto ou objeto.

17. **Pentateuco**: os cinco primeiros livros da Bíblia, atribuídos a Moisés: Gênesis, Êxodo, Levítico, Números e Deuteronômio. Integram a Torá (a Lei) judaica. O Pentateuco mais os livros dos profetas, constituem o que Jesus chamava de "A Lei e os Profetas".

18. Sobre o **Evangelho Q**, ver capítulo 3.

19. **Era Comum**. É o mesmo que "depois de Cristo" (d.C.). Refere-se ao tempo contado a partir do ano um do Calendário Gregoriano. Muitos autores o preferem ao termo "depois de Cristo" justamente pela ausência de conotação religiosa. Sua notação é E.C. Para os anos antes de Cristo, usa-se AEC (Antes da Era Comum). Há ainda outra notação alternativa: *Anno Domini*, latim que significa "no ano do (Nosso) Senhor". Sua abreviação é AD e só é usada para os anos da Era Comum. A maioria dos autores estrangeiros utiliza essas notações – AEC, EC ou AD – em lugar das tradicionais "a.C." e "d.C." mais usadas no Brasil.

antigos sobre sua história e o fato dessa história ser repleta de elementos de diversas religiões pagãs, como os mitos de Mitra, Krishna e Hórus[20], dentre outros, que contribuíram para a formação básica da estrutura mitológica do Cristianismo.

Também a academia, a partir do século XIX, começou a desvencilhar-se, com mais desenvoltura, das amarras de mil e quinhentos anos de dogmatismo ditado pelo Vaticano e, em grande parte, corroborado pela Reforma. É óbvio que com certo cuidado, pois muitos cientistas ainda sentiam o cheiro da carne de Giordano Bruno ardendo numa fogueira da Inquisição. Outros não esqueciam o constrangimento com que Galileu, para não arder no mesmo fogo, teve que negar suas próprias descobertas científicas.

O século XIX foi ímpar na história da humanidade. Cem anos de efervescência científica, cultural e política. Darwin falava da origem e evolução das espécies como algo natural, não místico. Marx falava de revolução social ante um capitalismo predatório que surfava nas ondas da revolução industrial, apoiada em um sem número de novas descobertas, especialmente nos campos da eletricidade e da mecânica. O Materialismo Histórico tratava da evolução das sociedades humanas sem o concurso dos deuses, sejam eles Jeová, Alá, Brahma, Júpiter, Apolo, Thor ou o próprio Tao. Foi nesse contexto que a crítica das fontes veio armar de instrumentos científicos os exegetas bíblicos, especialmente aqueles não subordinados ao Vaticano, para uma busca independente dos fatos que realmente marcaram o início do Cristianismo.

Não há descontinuidade na história. Os acontecimentos de um século têm suas raízes mais visíveis na última quadra do século anterior. Assim, os questionamentos sobre a existência de Jesus começaram na década final do século XVIII. Entre 1790 e 1794, os historiadores franceses *Constantin François Voney* e *Charles François Dupuis*, levantaram dúvidas quanto a existência real de Jesus, mesmo diante do imenso legado teológico construído em torno do seu nome.

Seguindo essa linha e alimentados pelo ambiente racionalista predominante, principalmente na segunda metade do século XIX, vários estudiosos começaram a questionar por que toda a grandiosa atividade de Jesus narrada nos evangelhos, não teve repercussão nos escritos dos historiadores

---

20. A maioria dos mitos pagãos antigos possuem um roteiro quase idêntico ao adotado pelo Cristianismo. Seus deuses geralmente são filhos de uma virgem com um deus ou um ser mitológico, vieram para salvar a humanidade e tiveram uma morte sacrificial. **Mitra** nasceu de uma virgem em 25 de dezembro. Era chamado o Bom Pastor. Era considerado a Luz, a Verdade e a Vida. Era relacionado com o Leão e o Cordeiro. Tinha 12 companheiros. Fazia Milagres, morreu e ressuscitou três dias após sua morte. Seu dia sagrado era o domingo. Era considerado o Salvador. **Krishna** nasceu da virgem Devaki, era chamado de Deus-Pastor e considerado a segunda pessoa da Trindade indiana. Um tirano, na tentativa de eliminá-lo ainda menino, mandou matar milhares de crianças. Executava milagres, era um mestre moral e espiritual subiu aos céus. **Hórus** nasceu de uma virgem (Ísis) com o deus Osíres em 25 de dezembro. Era considerado a Luz, a Verdade, a Vida, e filho de Deus. Executava milagres. Ressuscitou um homem chamado El-Azar-Us. Era chamado de "o Ungido". Essas três divindades eram cultuadas há mais de mil anos antes de Cristo. Como elas, existem dezenas de outras com histórias parecidas. Como se pode ver, a história Cristã tem muito em comum com os mitos pagãos. Isso é fato, mas não é prova da inexistência do Jesus histórico, ainda que este tenha sido revestido de uma roupagem mitológica.

judeus e romanos da época. Depois de extenuante pesquisa, vamos encontrar apenas as citações de Flávio Josefo (37-96 d.C.), um judeu romanizado, que em sua obra *Antiguidades Judaicas*, concluída em 94 d.C., cita Jesus em duas passagens e uma citação de Tácito (55-120 d.C.), historiador pagão, senador romano sob o governo de Domiciano, que escreveu *Os Anais da Roma Imperial* no início do século II, onde Cristo é citado como aquele que deu origem a uma seita que ele chama de "depravados cristãos". De testemunhas que viveram no século I é só isso: duas citações em uma mesma obra de Josefo e uma citação deslocada em Tácito.

Há ainda uma citação tardia em *Quinto Septímio Tertuliano* (160-225 d.C.), escritor eclesiástico romano convertido ao Cristianismo, que em sua obra "*Apologeticum*", cita em poucas linhas um relatório que teria sido enviado por Pilatos a Tibério sobre as coisas que teriam sido feitas a um certo "Cristo"[21], que é na verdade um título e não um nome próprio.

O que mais dá argumentos aos defensores da não existência histórica de Jesus é a ausência de qualquer menção à sua pessoa e à sua atividade na obra de dois escritores judeus praticamente contemporâneos. Refiro-me a *Filo de Alexandria*, filósofo judeu-helenista e *Justo de Tiberíades*, cronista judeu da Galiléia. O primeiro também conhecido como *Filon de Alexandria*, morreu por volta do ano 50 d.C. e deixou um grande legado literário do qual, 50 manuscritos chegaram até os dias de hoje. Em nenhum deles há qualquer menção a Jesus ou a seus discípulos. Erudito de formação platônica, *Filo* procurou interpretar o Judaísmo a partir de categorias da filosofia grega. Na parte histórica de sua obra, discorreu com ênfase sobre a intensa atividade das seitas judaicas na primeira metade do século I. Seu silêncio em relação à existência de Jesus e ao movimento cristão é perturbador. *Filo* cita Pilatos, governador romano da Judéia. Fala dos fariseus, saduceus e essênios, mas não cita Jesus Cristo em uma linha sequer. O caso de *Justo de Tiberíades* é ainda mais intrigante: ele escreveu a história da Palestina de Moisés até a década de 60 d.C., e também não fez referência a Jesus ou a quaisquer dos seus apóstolos ou seguidores.

Como a citação de ***Tácito*** é uma narrativa da atividade de uma seita no final do século I, onde é feita apenas uma referência a seu fundador – um messias judeu sem nome destacado. E a de ***Tertuliano*** escrita tardiamente no início do século III, trata do envio de um relatório de Pilatos a Roma, sobre o que teria sido feito "a Cristo" (a um messias também sem nome),

21. **Cristo**. A palavra *Christos* é a **tradução** do termo aramaico *meshiha* para o grego. Significa, "o ungido", "o consagrado". Trata-se de um título e não de um nome próprio. Para Michael Baigent em "Os Manuscritos de Jesus" o nome Jesus, que deriva do aramaico *Yeshua* que deriva de *Joshua* (Josué), era também um título, "o libertador" ou "o salvador". Assim, o nome Jesus Cristo seria algo como: "o salvador ungido" ou "o libertador consagrado", mas essa tese não é bem aceita, uma vez que registros históricos da época apontam para o uso comum do nome Jesus na Judéia e Galiléia. Dizem que não poderia haver, numa mesma época, tantos "libertadores" em Israel e por isso, Jesus seria um nome próprio e não um título. Entretanto, sabemos da veneração dos judeus pelos seus patriarcas e líderes do passado. Assim, as pessoas comuns poderiam dar a seus filhos os nomes desses líderes. O nome Jesus, seria uma homenagem ao grande Josué, "0 libertador" e, ao mesmo tempo, um nome comum.

só resta de citação direta sobre Jesus Cristo por escritores contemporâneos, *Fávio Josefo*, cujas passagens sobre o tema são amplamente questionadas por exegetas de diversos matizes.

Agora vamos conhecer as únicas (e polêmicas) citações sobre Jesus feitas pelos eruditos citados: *Flávio Josefo*, *Tácito* e *Tertuliano*. Citaremos as passagens originais, para que o leitor, acima dos comentários, possa tirar suas próprias conclusões.

Flavius Josephus, nascido Iossef Ben Matitiahu

As citações de *Josefo* representam algumas linhas numa obra de vinte volumes. A primeira fala de Jesus de modo indireto, quando narra a morte de Tiago. A segunda é tão elogiosa e reconhecedora dos dotes sobrenaturais de Jesus, que os estudiosos concordam ser uma interpolação introduzida por adeptos do movimento cristão, tal o grau apologético[22] da mesma, em total contradição com o conjunto da obra e com a sequência da narrativa onde se encaixa.

Flávio Josefo escreveu no final do século I na Palestina, duas grandes obras: *Guerra dos Judeus* (79 d.C.) e *Antiguidades Judaicas* (94 d.C.). É em *Antiguidades Judaicas* que aparecem as duas menções a Jesus. A primeira citação está no capítulo 4, parágrafo 772 do Livro XVIII. Ela é a mais questionada pelos estudiosos. Diz o seguinte:

> *"Nesse mesmo tempo, apareceu JESUS, que era um homem sábio, se é que podemos considerá-lo simplesmente um homem, tão admiráveis eram suas obras. Ele ensinava os que tinham prazer em ser instruídos na verdade e foi seguido não somente por muitos judeus, mas também por muitos gentios. Ele era o CRISTO. Os mais ilustres entre os de nossa nação acusaram-no perante Pilatos, e este ordenou que o crucificassem. Os que o haviam amado durante a sua vida, não o abandonaram depois da morte. Ele lhes apareceu ressuscitado e vivo no terceiro dia, como os santos profetas haviam predito, dizendo também que ele faria muitos outros milagres. É dele que os cristãos, os quais vemos ainda hoje, tiraram o seu nome."*[23]

22. **Apologia**. Discurso em que se elogia uma pessoa, ação, obra, instituição ou doutrina. Defesa apaixonada de alguém ou algo. Elogio exacerbado, enaltecimento, justificação.

23. JOSEFO, Flávio. **Antiguidades Judaicas**. Tradução de Vicente Pedroso. Rio de Janeiro: Casa Publicadora da Assembléia de Deus, 1990. Liv. XVIII, cap.4, § 772, p.832.

As dúvídas sobre a autenticidade desse parágrafo vêm de vários fatores. Exegetas destacam a falta de contextualidade. O parágrafo parece ter sido introduzido. Não há ligação dele com o parágrafo anterior, nem continuação de qualquer aspecto do seu assunto no parágrafo seguinte. Os dois parágrafos anteriores ao 772 tratam, respectivamente, de dois episódios distintos. O primeiro – 770 – narra o fato em que as tropas de Pilatos entraram em Jerusalém portando estandartes do Imperador, o que era contrário aos preceitos da religião judaica. Houve protesto dos judeus e Pilatos mandou retirar os estandartes para Cesaréia. O segundo – 771 – trata de um projeto de Pilatos para construção de aquedutos com mais de duzentos estádios de comprimento. O problema é que Pilatos queria utilizar o dinheiro do "tesouro sagrado", e os judeus não concordaram. Dessa vez, Pilatos mandou reprimir violentamente e houve muitas mortes entre os judeus. Depois da narração desses fatos, surge o parágrafo que cita e enaltece a figura de Jesus. Em seguida, no parágrafo 773, *Josefo* passa a narrar um escândalo acontecido em Roma, onde sacerdotes corruptos do culto de Ísis lançaram na história, as bases para um filme rodado no século XX chamado "Proposta Indecente". Assim, o parágrafo 772 está realmente fora de contexto.

Outro aspecto que questiona a autenticidade da citação é o doutrinário. *Josefo* era um adepto declarado da religião judaica e ele deixa isso claro em algumas passagens dessa obra. No capítulo 5, parágrafo 774, livro XVIII ele narra porque Tibério mandou expulsar todos os judeus de Roma e, no meio do texto, fala sobre "*a nossa religião*".

> *"Um judeu, que era um dos piores homens do mundo e que havia fugido do seu país para evitar o castigo pelos seus crimes, juntou-se com três outros que não eram melhores que ele. Em Roma, exerciam a profissão de intérpretes da Lei de Moisés. Então, uma mulher da sociedade, de nome Fúlvia, que abraçara a nossa religião, tomando-os por homens de bem, pôs-se sob a sua direção"*[24].

No final do Livro Vigésimo, que é também o final da obra "*Antiguidades Judaicas*", *Josefo* explicita sua filiação aos costumes e tradições judaicas:

> *"Ouso afirmar que nenhum outro, quer judeu, quer estrangeiro, teria podido dar esta história aos gregos com tanta exatidão. Os da minha nação estão de acordo em que sou bem instruído no que se refere aos nossos costumes e às nossas tradições"*[25].

Os partidários da autenticidade da citação argumentam que *Josefo* teria se convertido ao Cristianismo e por isso fez a menção elogiosa. Isso não

24. Ibid. Liv. XVIII, cap. 5, § 774, p.834.

25. Ibid. Liv XX, cap. 9, § 866, pp. 930-931.

procede. No final do último capítulo de *Antiguidades Judaicas*, como vimos acima, ele se declara íntimo dos costumes e tradições do judaísmo. Em sua grandiosa autobiografia, intitulada *A vida de Josefo por ele mesmo*, ele deixa claro que nasceu em Jerusalém, em uma família de sacerdotes e permaneceu fiel ao judaísmo. Não há nenhum sinal de que se tornou cristão.

Assim, provado por ele mesmo que não houve conversão de sua parte, como ele poderia - sendo um judeu convicto da seita dos fariseus - fazer apologia de Jesus como o Cristo (o messias, o ungido) e até dar crédito à sua possível ressurreição?

No final do capítulo 9 do Livro Vigésimo de "*Antiguidades Judaicas*", *Josefo* nos revela que concluiu essa obra no 13º ano de Domiciano (81-96 d.C.) e que tinha então, 56 anos de idade. Com esses dados, concluímos que ele nasceu em 37 d.C., pouco tempo depois dos episódios da crucificação. Pedro, Paulo e os autores dos evangelhos viveram no mesmo período e mesma região que ele. *Josefo* é, pois, a testemunha mais importante sobre a existência do Jesus histórico, já que outros historiadores da época, nada citam sobre o Mestre Nazareno. Esse fato - de um historiador de peso do século I citar Jesus - tornou-se de fundamental importância para o Cristianismo. Exegetas católicos reconhecem que o texto pode ter sido manipulado, mas não admitem que ele tenha sido totalmente adicionado. Se admitirem cai a única evidência concreta, fora dos evangelhos, da existência do Mestre Nazareno. A polêmica persiste.

Os livros naquela época eram copiados à mão. Não chegou ao nosso tempo nenhum original (autógrafo) da obra de *Flávio Josefo*. Tivemos acesso apenas a cópias, geralmente feitas em mosteiros cristãos. Existe, pois, a possibilidade de que adulterações tenham sido feitas, mesmo assim, não podemos descartar *outros fatos* narrados na obra de *Josefo* que merecem consideração e apontam no sentido de uma historicidade dos evangelhos.

Antes de enveredarmos nesses *outros fatos*, vamos à segunda citação sobre Jesus, feita de forma indireta no capítulo 8, parágrafo 856 do Livro XX de "*Antiguidades*":

> *"Ele aproveitou o tempo da morte de Festo, e Albino ainda não tinha chegado, para reunir um conselho, diante do qual fez comparecer Thiago, irmão de Jesus, chamado Cristo, e alguns outros; acusou-os de terem desobedecido às leis e os condenou ao apedrejamento"*[26].

Se *Josefo* tivesse se convertido ao Cristianismo, como sugerem alguns, essa segunda citação seria bem mais apologética que a primeira, no entanto, ela é fria, não contendo nenhum sinal de adesão teológica à doutrina pregada por Jesus. Entretanto, quando se analisa sua autenticidade, com as ferramentas da crítica textual, constatamos que a citação está perfeitamente

26. Ibid. Liv. XX, cap. 8, § 856, p. 925.

integrada à narrativa. Josefo começa o capítulo 8 falando das peripécias políticas de Anano, em sua luta para se tornar sumo sacerdote. Diz-nos ele que: "*morrendo Festo, Nero deu o governo da Judéia a Albino e o rei Agripa tirou o sumo sacerdócio de José para dá-lo a Anano...*"[27]. Em seguida *Josefo* informa que esse Anano era da seita dos saduceus e um dos mais severos julgadores entre todos os judeus. Como sumo sacerdote, "*Ele aproveitou o tempo da morte de Festo...*"[28]. E aí segue a segunda citação sobre Jesus – acima grafada – totalmente dentro do contexto da história que vinha sendo contada no capítulo.

Na sequência, *Josefo* narra o retorno de Albino a Jerusalém, que fica enfurecido com o fato de Anano ter reunido o conselho em sua ausência, sem sua permissão. A citação está perfeitamente dentro do contexto, mas ela também apresenta problemas. Jesus era um nome muito comum na Palestina do século I. Só como exemplo, no final do parágrafo que estamos tratando, *Josefo* nos fala que Agripa retirou o sumo sacerdócio de Anano e o deu a um certo Jesus, filho de Dineu. Em toda a obra, ele cita várias pessoas que atendiam pelo nome de Jesus. Que Jesus era um nome muito comum tanto na Galiléia como na Judéia, isso já está provado pela história com forte auxílio da arqueologia. Se trabalharmos com a tese de manipulação do texto, é bem plausível que no momento em que *Josefo* citou: "*Tiago, irmão de Jesus, chamado Cristo*", houvesse citado apenas "*Tiago, irmão de Jesus*" e que a expressão "*chamado Cristo*" (ungido em grego) tenha sido interpolada posteriormente, talvez pelos mesmos que teriam feito a primeira interpolação no capítulo 4. É possível, mas novamente não há provas e o que subsiste é a polêmica.

Publios Cornelius Tacitus

Tácito (55-120 d.C.) foi senador de Roma e Pró-Consul da Ásia. Político, burocrata e historiador, não escondia seu desprezo pelos cristãos, os quais considerava a escória da sociedade. Deixou duas obras principais: *Histórias*, escrita por volta de 109 d.C. e, a mais importante, *Anais da Roma Imperial*, lançada em torno de 117 d.C. Passemos à análise da citação que fala do Cristo.

> *"Então, para acabar com os boatos, Nero apontou novos réus e os puniu com exagerados requintes de crueldade, uma classe de homens, repudiados por seus vícios, a quem a multidão intitulava como depravados cristãos. Cristo, o fundador do nome, tinha sido condenado à morte no reino de Tibério, por*

27. Ibid.Idem.

28. Ibid.Idem.

> *sentença do procurador Pôncio Pilatos. Mas a despeito desse revés passageiro, a superstição mortal brotara novamente, não apenas na Judéia, onde havia começado, mas até mesmo em Roma[29]".*

G.A. Wells em *The Historical Evidence for Jesus*, faz o seguinte comentário sobre essa passagem:

> *"[Tácito escreveu] num período em que os cristãos acreditavam que Jesus tinha padecido sob Pilatos. Há três razões para se afirmar que Tácito aqui está simplesmente repetindo o que os cristãos disseram a ele. Primeiro, ele chama Pilatos pelo título de procurador, o que se tornou corrente apenas a partir da segunda metade do século primeiro. Se tivesse consultado arquivos que registravam eventos mais antigos, teria certamente encontrado Pilatos, designado pelo seu título correto: prefeito. Em segundo lugar, Tácito não se refere ao nome de Jesus, o homem executado, mas usa o título Cristo (messias) como se fosse um nome próprio. Mas ele dificilmente teria encontrado nos arquivos uma frase dizendo 'o Messias foi executado esta manhã'. Em terceiro lugar, como ele era hostil ao cristianismo, certamente estava feliz em aceitar dos cristãos seu próprio ponto de vista de que o cristianismo tinha uma origem recente, visto que as autoridades romanas toleravam apenas cultos antigos[30]".*

Frank R. Zindler, autor do polêmico artigo "Jesus existiu?" acrescenta um comentário às observações de Wells:

> *"Há mais problemas com a estória de Tácito. Ele mesmo nunca mais mencionou a perseguição de Nero aos cristãos em nenhum dos seus volumosos manuscritos, e nenhum outro autor pagão sabia qualquer coisa desse sofrimento também. O fato mais significativo, no entanto, é que os antigos apologistas cristãos não fizeram uso dessa estória em sua propaganda – uma impensável omissão para partidários motivados que eram, bem versados nos trabalhos de Tácito. Clemente de Alexandria, que tomou por profissão justamente colecionar estes tipos de citações, ignora qualquer perseguição de Nero, e mesmo Tertuliano, que citou muito Tácito, nada conhecia desta estória. De acordo com Robert Taylor, o autor de outro clássico do pensamento livre, "O Diegesis" (1834), a passagem não era conhecida antes*

29. TÁCITO. *The Annals of Imperial Rome*. Tradução de Robert Graves. Londres: Harmondsworth, 1979. XV, 44.
30. WELLS, G.A. *The Historical Evidence for Jesus*. New York: Prometheus Books, 1982, p.13.

> *do século XV, quando Tácito foi publicado pela primeira vez em Veneza por Johannes de Spire. Taylor acreditava que o próprio Spire tenha sido o falsificador*"[31].

Contrapondo-se aos defensores da teoria da falsificação do texto, especialistas afirmam que o estilo da passagem é o mesmo de Tácito em todo o conjunto de sua obra, mas a polêmica permanece.

QUINTO SEPTÍMIO FLORENTE TERTULIANO

Vamos à citação de Tertuliano – considerada a menos densa de todas – em sua obra *Apologeticum*: "*Todas essas coisas que Pilatos fez a Cristo... ele mandou um relatório a esse respeito ao César reinante, que, à época, era Tibério*". Novamente temos uma referência ao título Cristo (messias, ungido) e não ao nome Jesus – que para Baigent é também um título oriundo de Josué (*Joshua*), significando "redentor" ou "salvador". Tertuliano faz simplesmente uma referência ao envio de um relatório de Pilatos a Tibério em que o nome/título "Cristo" é citado.

Os críticos da historicidade de Jesus atacam essa passagem com dois argumentos principais. O primeiro é que Tertuliano não identifica se o citado Cristo era realmente o Jesus dos evangelhos. Entre os judeus vários foram os que se reivindicaram messias (cristo em grego, língua internacional da época). O segundo, bate frontalmente na singularidade de Jesus e vem de um dos manuscritos descobertos em Qumran, no Mar Morto, em 1947 e que revela que no século I a.C. existiu um líder judeu que era tido como messias. Em suma, querem dizer que o título Cristo, não era propriedade unicamente de Jesus. Outras pessoas poderiam estar se reivindicando messias.

Há ainda citações sobre o movimento dos cristãos em Plínio, o Jovem, discípulo de Tácito que também teria interrogado os adeptos da seita. Segundo ele, em informação enviada a Roma, há referências de cristãos entoando cânticos a um certo CHRISTUS, reverenciado como um deus. Suetônio, no século II, narra uma insurgência popular ocorrida em Roma sob o governo de Cláudio, instigada por CHRESTUS. Dois escritores pagãos, também do século II – Celsus e Lucian – apresentam Jesus como feiticeiro e rebelde, de acordo com estudos de Robert Eisler em sua obra *The Messiah Jesus and John the Basptist*, Londres, 1931.

Sintetizando, há citações de Jesus, o Cristo ou só o Cristo em Josefo, Tácito e Tertuliano (séculos I e II) e há referências ao movimento cristão e a um certo CHRISTUS ou CHRESTUS, em Plínio o Jovem, Suetônio, Celsus e Lucian (séculos II e III). Todas essas citações são polêmicas. Algumas são

31. ZINDLER, Frank R. *Jesus Existiu*. Publicado na Internet: http://www.Atheists.org/church/didjesusexist.html. . Tradução: Edson de Carvalho. Revisão: Ronaldo Cordeiro (acesso: fevereiro de 2005).

consideradas interpolações e outras padecem da falta do mínimo rigor na identificação do Cristo citado.

A Lista de Remsburg

O pesquisador John E. Remsburg, em sua obra de 1909 *The Christ: a critical review and analysis of the evidence of his existence* (O Cristo: uma revisão crítica e análise das evidências de sua existência), elaborou uma lista de escritores judeus e pagãos, que viveram na época, ou até um século após o período da suposta vida de Jesus:

JOSEFO
FILON DE ALEXANDRIA
PLÍNIO, O VELHO
ARRIANO
PETRÔNIO
DION PRUSEUS
PATERCULUS
SUETÔNIO
JUVENAL
MARCIAL
PÉRSIO
PLUTARCO
PLÍNIO, O MOÇO
TÁCITO
JUSTO DE TIBERÍADES
APOLÔNIO
QUINTILIANO
LUCANUS
EPTECTUS
HERMÓGENES
TEÃO DE SMYRNA.
SILIO ITALICO
STATIUS
PTOLOMEU
APIANO
FLEGON
FEDRO
VALÉRIO MÁXIMO
LUCIANO
PAUSÂNIAS
FLORO LÚCIO
QUINTINO CÚRCIO
AULO GÉLIO
DION CRISÓSTOMO
COLUMELLA
VALÉRIO FLACO
DÂMIS
FAVORINO
LÍSIAS
PONPÔNIO MELA
APIANO DE ALEXANDRIA

Ao término da relação, Remsburg afirma:

> *"o que resta dos autores mencionados na lista acima é suficiente para compor uma biblioteca. Apesar disso, nessa massa de literatura Pagã e Judia, fora duas passagens falsificadas de um autor judeu e duas passagens discutíveis em trabalhos de au-*

tores romanos, não foi encontrada nenhuma menção a Jesus Cristo.[32]"

Como fica evidente aqui, nos defrontamos não apenas com uma busca histórica, mas com uma batalha de cunho ideológico, onde a condição de crente ou agnóstico influencia e muito o resultado da pesquisa. Remsburg é um dos defensores da tese de que Jesus não existiu. Ele precisa de provas concretas para acreditar no contrário e, realmente, elas não estão nos trabalhos que chegaram até nós, desses autores acima listados.

Quando iniciamos uma pesquisa, temos algumas teses pré-estabelecidas, e vamos a campo em busca de indícios e provas para sua confirmação. Infelizmente é assim que acontece na maioria das vezes. Teoricamente o que deve prevalecer sempre é o princípio da honestidade intelectual, mas as condicionantes ideológicas e culturais são, no mínimo, muito fortes. Uma análise científica dos evangelhos aponta para um conjunto de narrativas sem nenhum compromisso histórico (no sentido moderno da palavra). Quatro livros tratando do mesmo assunto e, no entanto, com inúmeras divergências e até contradições. Mas isso não prova que todos os fatos narrados no Novo Testamento são uma invenção de um grupo de teólogos judeus, dissidentes do Judaísmo ortodoxo, que inventaram um messias chamado Jesus, para renovar sua religião, ou mesmo formar uma nova, baseada num Deus de amor e não num Deus de ira e vingança como o Deus do Antigo Testamento.

Até aqui, mostrei os argumentos mais utilizados por aqueles que defendem a não existência histórica de Jesus. Busquei-os, de mente aberta, sem nenhum receio de encontrar uma prova concreta, mas atendendo ao princípio da honestidade intelectual, afirmo que não a encontrei. Os defensores do Jesus Mito dizem, com propriedade, que o ônus da prova cabe aos defensores da tese do Jesus histórico e afirmam que, vasculhando a história com as ferramentas hoje existentes, não encontraram elementos para afirmar que Jesus existiu de fato. Como não há provas de um lado nem de outro, vamos agora ver os indícios que fundamentam a tese da existência real de Jesus, utilizando a mesma base documental usada para negá-la.

Há História nos Evangelhos?

Como já vimos, há uma obra de um historiador judeu que se tornou cidadão romano, nascido em 37 d.C., contemporâneo do final da vida de muitos apóstolos e adepto declarado do Judaísmo. Essa obra cita duas vezes um Jesus chamado Cristo. Há questionamento sobre a autenticidade

32. REMSBURG, John E. *The Crhist: A Critical Review and Analysis of the Evidence of His Existence.* New York: Prometheus Books, 1994, cap. 2. [Livro disponível na Internet: http://www.positiveatheism.org/hist/msbrg00.htm (acesso em março de 2006)] (acesso em março de 2006)]

das citações, principalmente da primeira. É aqui que entra o princípio da honestidade intelectual. Se em toda obra de Josefo, as únicas referências a personagens do Novo Testamento, fossem essas duas citações sobre o Mestre Nazareno, ficaria mais forte a tese da manipulação total, mas há outras abordagens bem contextualizadas, que falam da vida de personagens extremamente importantes na literatura evangélica. Reporto-me a Pôncio Pilatos e João Batista. Se tomarmos as citações do Cristo em referência cruzada com as citações de Pilatos e João Batista, teremos aí uma indicação clara e objetiva de que há uma historicidade nos evangelhos. Jesus, o Cristo, Pôncio Pilatos, prefeito romano da Judéia sob o imperador Tibério (14-37 d.C), João Batista, caracterizado como "*homem de grande piedade que exortava os judeus a alcançar a virtude, a praticar a justiça e a receber o batismo*"[33], sem falar em Tiago, o irmão de Jesus. Esse rol de narrativas mostra que há um fundamento histórico para os fatos descritos nos evangelhos. Se houve mitificação posterior, é uma outra discussão que vamos tratar no capítulo sobre a divindade de Jesus. Flávio Josefo, não pela especificidade das citações do Cristo e sim pelo conjunto de sua narrativa, dá ao historiador moderno a confirmação que os evangelhos não são uma criação unicamente teológica.

Sobre isso Michael Baigent, especialista em história das religiões e coautor de *O Santo Graal e a linhagem Sagrada*, também levanta em sua obra *Os Manuscritos de Jesus*, inúmeras contradições nas narrativas bíblicas, mas reconhece que há um pouco de história no Novo Testamento, embora questione a quantidade:

> *"... se aceitarmos que essas histórias contenham alguma história, embora truncada, temos de buscar os fatos que possam ter sobrevivido sob a posterior construção mitológica. Como mencionado antes, os próprios historiadores pagãos, em especial Tácito e Plínio, o Jovem, apesar de espartanos em suas informações, relatam – e ao fazê-lo confirmam – que um messias judeu foi crucificado no período em que Pôncio Pilatos era prefeito da Judéia. E mais: que um movimento religioso, centrado nesse específico messias e batizado com seu nome, existia no final do século I d.C. Conseqüen-*

33. "Vários judeus julgaram a derrota do exército de Herodes um castigo de Deus, por causa de João, cognominado Batista. Era um homem de grande piedade que exortava os judeus a abraçar a virtude, a praticar a justiça e a receber o batismo, para se tornarem agradáveis a Deus, não se contentando em evitar o pecado, mas unindo a pureza do corpo à da alma. Como uma grande multidão o seguia para ouvir sua doutrina, Herodes, temendo que ele, pela influência que exercia sobre eles, viesse a suscitar alguma rebelião, porque o povo estava sempre pronto a fazer o que João ordenasse, julgou que devia prevenir o mal, para depois não ter motivo de se arrepender por haver esperado muito para remediá-lo. Por esse motivo, mandou prendê-lo numa fortaleza em Manquera, de que acabamos de falar, e os judeus atribuíram a derrota de seu exército a um castigo de Deus, devido a esse ato tão injusto". JOSEFO, Flávio. *Antiguidades Judaicas*. Liv. XVIII, cap. 7, § 781, p.838.

> *temente, temos de admitir, que há um pouco de história real nos evangelhos; mas quanto?".*[34]

Como são encontradas poucas referências históricas sobre a vida de Jesus nos escritos extrabíblicos dos séculos I e II, voltemos ao estudo da historicidade dos livros do Novo Testamento que, para a Igreja, representam além da boa nova, a própria biografia de Jesus. Tanto os evangelhos quanto as cartas de Paulo, efetivamente não foram escritos como tratados históricos. Esse fato, a partir do século XVIII, vem sendo reconhecido até por exegetas católicos e protestantes. Não podemos, pois, exigir desses textos o rigor da historiografia moderna. Eles foram redigidos com uma destinação teológica, moral e escatológica[35] mas, ainda assim, suas contradições representam um fato intrigante.

O Novo Testamento deveria manter uma unidade narrativa bem maior que a existente no Antigo Testamento, que foi escrito ao longo de um período de mais de mil anos (de Moisés a Esdras), em países diversos e contextos culturais distintos. O Novo Testamento foi escrito ou teve suas notas tomadas, num período máximo de um século (meados do século I a meados do século II), na mesma região e num mesmo contexto histórico e cultural. O Antigo Testamento trata de diversos personagens, que em cada um de seus livros, ocupam uma posição central – patriarcas, reis, profetas, líderes religiosos, políticos e militares. O Novo Testamento é todo ele construído em torno da figura de Jesus, como o Cristo de Deus. No entanto, há tantas divergências e contradições no Novo Testamento que, à primeira vista, só se justificam se não estiverem tratando de fatos reais.

Buscar uma unidade em termos de narrativa e doutrina no Novo Testamento, teoricamente, seria bem mais fácil que encontrá-la no Antigo Testamento. Afinal, estamos lidando com escritos feitos num curto espaço de tempo histórico, numa região pequena e com apenas cinco autores principais: os quatro evangelistas – dentre eles um seria o autor de Atos e outro do Apocalipse – e Paulo, tido como autor de 66,6% das cartas. Mesmo tratando-se de poucos autores, trabalhando numa pequena região do planeta, num curto espaço de tempo, com um único personagem central; mesmo os autores sendo contemporâneos, ou separados por apenas uma geração desse personagem, as versões e os relatos sobre o que ele disse e o que ele fez, são incrivelmente destoantes. Isso tudo dá munição aos adeptos da tese da não existência.

Tanto pela hermenêutica (análise literal) como pela exegese (análise interpretativa de cunho moral-doutrinário) encontramos tantas divergências, a ponto de parecer que os autores estão tratando de fatos completa-

34. BAIGENT, Michael. Os *Manuscritos de Jesus: revelando o maior segredo da história.*Tradução Regina Lira. Rio de Janeiro: Nova Fronteira, 2006, p.123.

35. **Escatologia**. É o ramo da teologia que estuda as coisas relativas ao fim do mundo; as últimas coisas; julgamento final; morte.

mente diversos. Vejamos como os quatro canônicos – Mateus, Marcos, Lucas e João, tratam a ressurreição de Jesus. Escolhi este tema para iniciar a avaliação das discrepâncias (que apontam para a falta de historicidade dos evangelhos) por se tratar de evento central na formação do Cristianismo.

A Ressurreição

Sem a ressurreição não existiria o Cristianismo, pelo menos como o conhecemos hoje. Por incrível que pareça é numa obra como *O Anticristo: maldição do Cristianismo*, de *Friedrich Nietzsche*, que encontramos a observação mais cristã, sobre a falta de compreensão dos apóstolos acerca da morte de Jesus:

> *"É evidente que a pequena comunidade não entendeu precisamente o essencial, a exemplariedade dessa morte, a liberdade, a superioridade sobre todo sentimento de ressentimento: um sinal que o compreenderam tão pouco! Por ele próprio, com sua morte, Jesus não deve ter desejado outra coisa senão dar, publicamente, a prova mais forte, a demonstração de sua doutrina... Mas seus discípulos estavam longe de perdoar essa morte, o que teria sido evangélico em seu sentido mais alto; ou de oferecer-se a uma morte igual com o coração pleno de suave e doce paz... Era impossível que a causa terminasse com essa morte: queriam "vingança", "julgamento" (não há nada mais antievangélico do que "vingança", "condenação", "pronunciar uma sentença"!).... os olhares se voltaram para o momento histórico: o "reino de Deus" vem para julgar seus inimigos...como isso tudo foi mal interpretado: o "reino de Deus" como ato final, como promissão! Mas o Evangelho já havia sido exatamente a existência, a realização, a realidade desse "reino".*[36]

Considerando-se que os autores dos evangelhos moravam num mesmo espaço – o perímetro formado pela Judéia-Samaria, Galiléia, Decápole, e Peréia – e provavelmente todos nasceram no século I, já que se estima que os quatro evangelhos canônicos foram escritos ou suas notas tomadas entre 50 e 100 da Era Comum, era de se esperar que a narrativa da ressurreição tivesse uma abordagem mais homogênea. A menos que **não** se tratasse de fato histórico determinado. Assim sendo, cada comunidade produziria uma versão particular.

Essa possibilidade esbarra na quantidade de escritos sobre Jesus, concentrados nos séculos I e II – centenas, se considerarmos apenas os

36. NIETZSCHE, Friedrich. *O Anticristo: maldição do Cristianismo*. Tradução Mário Fondelli. Rio de Janeiro: Compton Brasil Ltda, 1996. pp. 62-63.

canônicos e os apócrifos que chegaram até nós. Por que tantas pessoas e comunidades diferentes escreveriam tantos evangelhos, cartas e crônicas sobre um personagem que não existiu? Isso não parece coerente com a realidade de um país que tinha uma religião, na prática, questionada pelo personagem Jesus. Por quais motivos tantos judeus resolveram fazer apologia de um personagem fictício que criticava vários aspectos da sua Lei e enfrentava as lideranças do seu Templo? Pelo contexto político-religioso da Palestina do século I, essa tese não faz sentido.

Existem várias hipóteses para as divergências dos evangelhos. Uma delas pode ser o fato de as testemunhas oculares não terem escrito nada, passando por via oral e de forma fragmentada suas lembranças a grupos diversos, originando dezenas de livros. O problema é que, mesmo com apenas quatro deles sendo oficializados pela Igreja, nos detalhes mais importantes, eles discordam em quase tudo.

Vamos voltar à crítica das fontes evangélicas. Vejamos como cada evangelista nos apresenta os fatos da ressurreição. Fica claro quando fazemos uma leitura desapaixonada, que eles tiveram acesso a fontes completamente diferentes quando trataram desses eventos. As narrativas que vamos analisar se encontram, pela ordem, em: *Mateus 28:1-20*; *Marcos 16:1-20*; *Lucas 24:1-53*; *João 20:1-29* e *21:1-23*. Citamos para que o leitor possa acompanhar nossos comentários com sua Bíblia na mão.

Devemos levar em conta que os evangelhos não são textos assinados, por isso se diz: Evangelho segundo Mateus e não: Evangelho de Mateus. Os quatro canônicos são textos anônimos que os pais da Igreja, especialmente Papias, Ireneu e Clemente, todos citados por Eusébio de Cesaréia em sua obra *História Eclesiástica*, relacionaram com Mateus, Marcos, Lucas e João. Vamos considerar, para efeito de uma análise, que esses sejam realmente os autores dos quatro evangelhos. João e Mateus foram discípulos diretos de Jesus. Marcos teria trabalhado com Pedro e Lucas com Paulo. Todos, portanto, muito próximos das fontes primárias. Como é que se explica então, tantos desencontros e consideráveis contradições?

Comecemos por Mateus e João que conviveram diretamente com Jesus, tanto no seu ministério como no período pós-ressurreição. Eles estavam lá, mas parece que cada um viveu uma experiência diferente. Mateus fala que havia um anjo (descido do céu) sentado sobre a pedra (porta) do sepulcro (*Mt 28:2*). João afirma que eram dois e que estavam dentro do túmulo (*Jo 20:12*). Lucas concorda com João no número de dois personagens, mas, para ele, não são dois anjos, mas dois homens com vestes resplandecentes (*Lc 24:4*). Marcos concorda com Mateus no número de personagens. Mas para ele não é um anjo e sim um "jovem vestido de branco" – em algumas traduções "jovem luminoso" (*Mc 16:5*).

A divergência maior está nas aparições de Jesus ressuscitado. Para Mateus, Jesus só apareceu uma vez aos onze (Judas Iscariotes não estava mais no grupo). Isso se deu num monte na Galiléia. A narrativa é simples e direta. Não há nada de extraordinário. Não há data ou detalhes sobre o local. Jesus apareceu, os discípulos o adoraram e alguns duvidaram (*Mt 28:16-17*). Jesus os manda fazer discípulos em todas as nações e batizar em nome do Pai, do Filho e do Espírito Santo (*Mt 28:18-19*).

João nos conta uma história completamente diversa. Segundo seu Evangelho Jesus apareceu quatro vezes em três lugares diferentes. A primeira, em Jerusalém, Judéia, próximo ao sepulcro no domingo pela manhã, para Maria Madalena, que a princípio não o reconhece (*Jo 20:13-16*). Ele manda que ela avise seus **irmãos**. Ela aparentemente desobedece e avisa aos discípulos (*20:17-18*). A segunda aparição se dá na noite desse domingo. Os apóstolos estão reunidos trancados, temendo represálias dos judeus, quando Jesus extraordinariamente aparece no meio deles, que acreditam. Mas Tomé não está e depois, ao saber, duvida (*Jo 20:19-23*). Uma semana depois, Jesus aparece mais uma vez aos discípulos. Desta vez Tomé está e é repreendido pelo Mestre por sua falta de fé (*Jo 20:26-29*). "Algum tempo depois" Jesus aparece pela quarta vez, desta feita a um grupo menor de discípulos: Simão Pedro, Tomé o Dídimo, Natanael, os filhos de Zebedeu (João e Tiago) e dois outros discípulos que o evangelista não identifica, num total de sete. Essa aparição, cheia de fatos fantásticos, é no Mar de Tiberíades, na Galiléia (*Jo 21:1-23*).

Marcos já apresenta outra versão. Segundo ele, Jesus aparece primeiro no domingo para Maria Madalena. Sem mais detalhes ela vai avisar os discípulos que não acreditam (*Mc 16:9-11*). Depois, "manifestou-se de *outra forma* a dois deles que estavam a caminho do campo", nas cercanias de Jerusalém, (bem longe da Galiléia citada por Mateus). Estes anunciaram o fato aos demais, que também não acreditaram (*Mc 16:12-13*). Finalmente, apareceu Jesus aos onze e pronunciou o famoso "ide por todo o mundo e pregai o evangelho a toda criatura" (*Mc 16:14-15*).

Lucas nos conta uma história exclusiva, mas que parece ter relação com *Mc 16:12*. Jesus aparece a dois discípulos em circunstâncias estranhas. Um deles é nominado Cleópas e o outro não é identificado. Esses dois discípulos caminham e conversam com Jesus por cerca de 60 estádios (12 quilômetros), sem reconhecê-lo. Quando chegam a uma cidade chamada Emaús (mistério para historiadores e arqueólogos), na região de Jerusalém, Judéia, eles o reconhecem pelo gestual de partir o pão no jantar daquela noite (seria um "sinal" conhecido apenas pelos iniciados), depois do que Jesus, inexplicavelmente, **sumiu** (*Lc 24:13-31*). Na sequência Lucas nos diz que o Senhor apareceu aos onze na cidade de Jerusalém. A aparência de Jesus devia estar bastante alterada, pois os discípulos ficaram "perturbados e espantados, pois pensaram estar vendo um espírito" (*Lc 24:36-37*) e depois de dizer para eles ficarem nessa cidade (*Lc 24:49*), estranhamente os levou (como que por tele-transporte) para a vila de Betânia, onde os abençoou e voltou a sumir, desta vez na direção do céu (*Lc 24:50-52*).

Resumindo estas primeiras discrepâncias, temos as seguintes aparições de Jesus:

Mateus: Aos onze em um morro não identificado na Galiléia.

João: No sepulcro a Maria Madalena na presença de dois anjos; aos dez (sem Tomé) numa casa fechada; aos onze, também numa casa fechada, tudo em Jerusalém na Judéia; a sete discípulos no Mar de Tiberíades, na Galiléia.

Marcos: A Maria Madalena no sepulcro, a dois num campo próximo a Jerusalém e aos onze numa casa não identificada em Jerusalém, Judéia.

Lucas: a dois discípulos em Emaús e aos onze, provavelmente em uma casa em Jerusalém, na Judéia.

Três evangelistas – Marcos, Lucas e João – apesar das divergências em suas narrativas, falam de uma aparição de Jesus, aos onze, em uma casa em Jerusalém. Mateus era um desses onze, mas seu Evangelho conta uma história completamente destoante. Como já vimos, para ele, Jesus ressurreto apareceu apenas uma vez em uma colina na Galiléia. Dois citam que o Mestre apareceu primeiro para Maria Madalena (Marcos e João) e há o fato, extremamente relevante, abordado por Marcos, Lucas e João, sobre o não reconhecimento de Jesus por parte de Maria Madalena e outros discípulos, fato que exegetas ortodoxos querem distância, mas que significa que Jesus se apresentou aos apóstolos com uma aparência que lhes era totalmente estranha. Três casos são por demais expressivos: Maria Madalena não o reconhece na frente da tumba na manhã de domingo; dois discípulos andam com ele por 12 quilômetros a caminho de Emaús e também não o reconhecem; Jesus aparece a sete discípulos no lago de tiberíades "*...estava Jesus na praia; todavia os discípulos não reconheceram que era ele*". (*Jo 21:4*). Depois de Jesus ensiná-los a encher o barco de peixes, "*aquele discípulo a quem Jesus amava disse a Pedro: É o Senhor!*" (*Jo 21:7*). Depois de tudo isso, vem o mais estranho. O versículo *12* apresenta uma situação que não tinha razão de ser entre pessoas tão íntimas e que tinham estado distantes apenas por alguns dias: "*...Nenhum dos discípulos ousava perguntar-lhe: Quem és tu? Porque sabiam que era o Senhor*". Parece que eles sabiam de alguma forma que aquela pessoa era Jesus, mas não o estavam reconhecendo. Madalena o reconhece pela voz. Os discípulos a caminho de Emaús, pelo gesto de partir o pão e os do lago Tiberíades, só o reconhecem porque o Discípulo Amado afirmou que era "o Senhor". Como se explica tudo isso? É sem dúvida, assunto para um livro inteiro, ou para muitos livros.

Juan Arias, em seu livro *Jesus, esse grande desconhecido*, ao tratar deste tema, depois de levantar várias contradições nas narrativas evangélicas sobre a ressurreição, nos diz:

> *"Por exemplo, da narração dos fatos ocorridos durante o julgamento de Jesus pelas autoridades judias e romanas, de sua morte e de sua suposta ressurreição, existem, como muito bem*

> *observou Paul Winter em "Sobre o processo de Jesus", mais de sete versões diferentes. E uma pergunta nos assalta: como é possível que haja tantas diferenças e até contradições entre fatos tão importantes para os primeiros cristãos que os apóstolos, suas testemunhas oculares, deveriam tê-los transmitido com grande exatidão? Justamente porque quem escreveu os evangelhos não pretendia fazer um trabalho de cunho histórico e sim teológico. Assim, cada evangelista adaptou os acontecimentos a seus interlocutores – o que não significa falseá-los maliciosamente como pensam alguns – para melhor defender a tese de fé teológica que desejava transmitir."*[37]

A CHAMA DA VERDADE

Não há como compatibilizar essas narrativas. Se continuarmos a análise crítica, vamos evidenciar mais contradições. Mas é nesse território aparentemente incerto que devemos procurar a *chama da verdade*, que está colocada nas entrelinhas dessas histórias literalmente controversas. Em outras palavras, vamos sair da hermenêutica para entrarmos na exegese. Obviamente que não falo de uma exegese ortodoxa, mas uma que recolha, sem preconceitos, os ventos interpretativos de todas as correntes que hoje vivem, estudam e debatem o Cristianismo. O Catolicismo Ocidental; o Ortodoxo; o Anglicanismo; o Protestantismo com suas diversas denominações; os cristãos cooptas da África; os cristão batistas do sul do Iraque; os Mórmons; as Testemunhas de Jeová, além do Kardecismo. Todas essas tradições têm muito a oferecer na busca da verdade sobre a gênese do Cristianismo e a mensagem original do Cristo.

Essa análise exegética plural vai nos revelar que a *chama da verdade* que salta das entrelinhas dos evangelhos – onde se escondeu por séculos – é a ***sobrevivência do espírito*** que, independentemente da morte do corpo físico, é eterno. Se a ressurreição do corpo é um baú de dúvidas e o principal entrave para que a mensagem do Cristo seja aceita por todos os povos da Terra, a existência de um espírito eterno é fato cada vez mais aceito, até pela ciência moderna, na esteira da Física Quântica. Embora esta discussão também esteja fora do continente da ciência História, se não trabalharmos com novos paradigmas na busca da verdade, não vamos descobrir novos continentes do saber.

O Cristianismo Paulino possui características místicas muito fortes, mas foi interpretado com um viés altamente materialista. Muitos exegetas acham que Paulo pregava a ressurreição da carne. Nessa linha, a **tradição**

37. ARIAS, Juan. *Jesus, esse grande desconhecido.* Tradução Rubia Prates Goldoni. Rio de Janeiro: Objetiva, 2001, p. 37.

de Jesus só tem valor se sua ressurreição tiver ocorrido no corpo físico. Para esses intérpretes, se foi seu espírito que apareceu para Madalena e para os outros discípulos – embora com a densidade que pode ser conseguida pelos seres superiores – o Cristianismo não teria nenhum valor. E nós perguntamos: como pode uma religião se estruturar em cima de algo perecível como o corpo humano? No capítulo "Enfrentando Paradigmas" abordaremos com mais profundidade essa questão.

Para o espírito de um enviado de Deus do porte de Jesus, o corpo físico funcionou como uma verdadeira prisão. E é isso que ele nos diz no Evangelho de Judas, recentemente descoberto. No verso *56* Jesus se dirige a Judas nestes termos:

> **"Mas tu [Judas] *Suplantarás a todos eles. Pois sacrificarás o homem que me veste*"38**

Os editores do Evangelho de Judas, os eminentes cientistas *Rodolphe Kasser*, *Marvin Meyer* e *Gregor Wurst*, com a colaboração de *François Gaudard* e de *Bart Ehrman*, escreveram uma nota de pé de página para esse dito de Jesus, que faço questão de reproduzir aqui:

> *"Jesus diz a Judas que ele fará o que nenhum outro discípulo fez: ajudará Jesus por meio do sacrifício do seu corpo de carne ("o homem"), que veste ou carrega o verdadeiro eu espiritual de Jesus. A morte de Jesus, com a assistência de Judas, é considerada a libertação da pessoa espiritual ".*[39]

Peço que o leitor cristão se coloque diante do seguinte questionamento: se forem achadas as provas de que o corpo de Jesus está enterrado em uma tumba em Israel, você deixará de ser cristão? Pela sua resposta, você descobrirá se sua fé reside na *essência* ou na *forma*? No espírito imortal ou no corpo corruptível. Pense nisso.

O grande debate que o Evangelho de Judas trouxe à tona é que, se a missão de Jesus passava pela sua morte sacrificial por toda a humanidade, a chamada "traição de Judas" fazia parte do roteiro do movimento messiânico liderado pelo Mestre Nazareno. Como já disse reiteradas vezes, muita coisa que encontramos abertamente nos apócrifos está pelo menos indicado nos canônicos. No capítulo *13* do Evangelho de João, que narra a ceia da páscoa, depois de Jesus ter dito que Judas seria o traidor (*Jo 13:26*), o próprio Jesus diz a Judas: "*O que pretendes fazer, faze-o depressa*" (*Jo 13:27*). Parece que Jesus está mandando Judas ir entregá-lo. Com a descoberta do Evangelho de Judas, que ficou perdido por mais de 1600 anos, essa instru-

38. KASSER, Rodolphe; MEYER, Marvin; WURST, Gregor (Editores). *O Evangelho de Judas*. Tradução de Ana Ban. São Paulo: Prestígio, 2006. p.43.

39. Ibid.Idem.

ção aparentemente obscura de *João* ganha clareza, quando Jesus diz que Judas *suplantará a todos*, por ajudá-lo a se livrar do corpo físico.

Cada autor é contaminado por suas crenças e isso se traduz na vontade de provar sua tese. Quando lemos um livro, principalmente neste campo polêmico da busca de verdades sobre as origens do Cristianismo, não raro flagramos o autor na tentativa de forçar a barra – como se diz aqui no Brasil – para que suas teses organizem as poucas provas descobertas, de modo que essas provas corroborem ou, pelo menos, não venham refutar por inteiro seus postulados. Não estou livre da contaminação das crenças pessoais. No início deste trabalho, achava muita fragilidade na tese da existência de um Jesus Histórico. Entendia que ele só podia ser aceito pela fé, como a figura mitificada do filho de Deus, semelhante em muitos aspectos a diversos outros mitos pagãos.

Depois de uma leitura atenta dos vinte volumes de *Antiguidades Judaicas* e dos sete volumes de *Guerra dos Judeus*; depois da leitura de fontes antigas de outros historiadores pagãos e das principais obras dos chamados "pais da Igreja"; depois do estudo dos evangelhos apócrifos, especialmente o de Tomé (que é tão ou mais antigo que os evangelhos canônicos), o de Felipe, o de Maria Madalena, o *Pistis Sophia* e o recém descoberto Evangelho de Judas; depois do estudo de exegetas e historiadores modernos, cheguei à conclusão que seria muito difícil alguém na Judéia, ter a capacidade de inventar uma figura sobre a qual tantos e tão diferentes homens e comunidades, escrevessem a respeito, numa época onde poucos sabiam ler, onde os livros eram escritos à mão e a dificuldade de transporte e comunicação eram imensas.

Se Jesus não existiu de fato, só há uma pessoa no século I que poderia tê-lo inventado: esse alguém seria, indiscutivelmente, Paulo de Tarso. São seus os primeiros escritos cristãos, mas não encontramos neles, praticamente nada sobre a vida do Jesus histórico. Encontramos uma força teológica inquestionável que ele teria recebido diretamente do espírito de Jesus, já que não conheceu o Mestre em vida. Os evangelhos foram escritos depois que as primeiras cartas paulinas já circulavam no Oriente Médio e na Europa Mediterrânea. Teoricamente, os evangelhos podem ter sido escritos para preencher a lacuna biográfica das cartas de Paulo e para dar mais consistência ao mito. Outra hipótese colocada no bojo do debate é a que afirma a existência de Jesus como espírito evoluído nas esferas celestes, mas que não teria encarnado na Terra no século I. Apenas ditou, do além, sua doutrina de paz e amor diretamente para Paulo, que escreveu as cartas e delas, se formaram as comunidades que escreveram os evangelhos, o que justificaria tantas divergências e contradições que encontramos no Novo Testamento. Mas continuamos trabalhando com hipóteses.

"N" Hipóteses

Como se vê, "n" hipóteses podem ser construídas, pois são poucas as evidências materiais existentes, mas duas conclusões podem ser tiradas hoje, sem sombra de dúvidas. A **primeira** é que um messias judeu foi crucificado na Judéia, no governo de Pôncio Pilatos, no reinado do Imperador Tibério; **a segunda** é que a mensagem atribuída a um messias chamado Jesus, o Cristo existe e é algo de muito sublime como nenhum outro sistema religioso jamais construiu na Terra. Alguém foi a fonte dessa mensagem – isso é fato, pois a mensagem existe – e esse alguém pode ser chamado de A, B ou C, mas Ele é o que é. A tradição o chama de Jesus!

Para os que exigem provas cabais, é preciso levar em consideração que a história não acabou e que novas descobertas acontecem todo dia. Sabia-se muito pouco sobre Tutancâmon até que, em 26 de novembro de 1922, o arqueólogo inglês Howard Carter descobriu sua tumba intacta enterrada no Vale dos Reis no Egito, desde aproximadamente 3244 anos atrás. Amanhã, provas irrefutáveis da existência do Jesus histórico podem ser encontradas. O fato delas não estarem ao nosso alcance hoje, não indica que elas não existam escondidas em algum lugar. *A tumba de Talpiot*, recentemente apresentada ao mundo através de documentário exibido pelo *Discovery Channel*, apresenta indícios fortíssimos da existência física de Jesus e sua família. No entanto, essa possível prova é totalmente refutada, a *priori*, pela Igreja, pois se os restos de Jesus se acham numa tumba em Israel, isso prova, por um lado, que Jesus existiu fisicamente, mas prova também, que ele não ressuscitou na carne – dogma para católicos e protestantes. Mas a verdade terminará por se impor. Durante séculos a Igreja ensinou que a Terra era o centro do sistema solar. Hoje isso soa absurdo e o mundo não acabou!

Realmente não há provas da existência de Jesus, mas também não há provas de sua não existência. No entanto, as referências, diretas e cruzadas, a Jesus e ao movimento cristão, em textos canônicos, apócrifos e de historiadores judeus e romanos, mesmo com todos os questionamentos existentes, não podem ser desconsideradas em seu conjunto. Naquela época o forte era a tradição oral. A tradição oral reproduz doutrinas, mas também fatos. Não há indicadores de que a mentira era uma instituição da sociedade judaica do século I. Se o movimento cristão já era razoavelmente forte no final daquele século a ponto de ser citado por historiadores romanos como Tácito, é porque a história da vida de Jesus era fato marcante na tradição oral da região e uma tradição oral tão forte sobre fatos tão recentes só se justifica a partir de uma realidade preexistente.

Um mito totalmente criado do nada precisaria de um intervalo de no mínimo quatro gerações, para se estabelecer na ausência de testemunhas oculares da época apontada como origem do ser mitificado. Jesus foi crucificado entre 30 e 37 da Era Comum e no final do século já havia um movimento com seu nome e de tal importância que o Senador Tácito se refere a ele como: "*superstição mortal [que] brotara novamente, não apenas onde tinha começado, na Judéia, mas até mesmo em Roma*". Outras fontes pagãs confirmam a existência do movimento cristão no final do século I, início do século II. Esse movimento se organizava sobre três pilares (não estou falando dos *Colunas* de Atos): os Nazarenos, liderados por Tiago, irmão do Senhor que permaneceu em Jerusalém com a mãe de Jesus e outros apóstolos; os gnósticos de Simão o Mago e depois Valentino e Marcião e os Paulinos, seguidores de Paulo e Pedro, que trabalhavam entre os gentios desde a Síria, Turquia, Grécia até Roma e seus domínios ocidentais e que se tornaram vitoriosos na luta interna pela liderança da nova religião.

Uma tese que justificaria a quase total ausência do Mestre Nazareno nos registros judeus e romanos da época é que o ministério de Jesus pode não ter tido a repercussão que os evangelhos indicam. Não teria tido importância alguma para o Império Romano e, como seita dissidente do Judaísmo, também não mereceu registro nos escritos rabínicos. De fato, um movimento que, num país de milhares de habitantes, recrutou apenas 12 dirigentes e que não se alinhou ao movimento nacionalista-revolucionário dos Zelotes, não deve ter causado impacto político digno de nota nos anais do Império. Houve atritos com o Templo judeu, que solicitou do poder romano a eliminação do seu líder. Líder que morreu sozinho, entre dois ladrões (ou rebeldes), acompanhado apenas por algumas mulheres e por um misterioso "Discípulo Amado". Até os chamados apóstolos abandonaram seu Mestre na hora do seu máximo sacrifício.

Assim, com uma atuação pública de pequenas dimensões que não chamou a atenção dos cronistas da época, o Mestre Nazareno não deixou marcas históricas evidentes. Restou a mensagem, de inegável valor doutrinário, mas esta, segundo os céticos, pode ter sido produzida por um grupo de judeus dissidentes. É verdade, mas pode também vir dos ditos de um homem conhecido por Jesus, o Cristo. Um homem de vida simples, mas de espírito elevado, que combateu os aspectos humanos da velha Lei e pregou o amor acima de tudo. Uma análise de conjunto aponta para a existência do Jesus histórico, que foi deificado depois, mas que pisou nas areias da Palestina como homem, se dizendo apenas filho de Deus ou *Bani Meshiha* – o Messias dos filhos de Israel – como está escrito nos chamados *Manuscritos de Jesus* citado na obra do mesmo nome de Michael Baigent.

Este longo debate não é conclusivo, mas aponta numa direção: Jesus existiu fisicamente. Teve uma vida pública de um ano segundo Marcos, Mateus e Lucas e de três anos segundo João. Recrutou poucos seguidores. Passou a eles ensinamentos abertos e outros secretos, que o povo "não estava preparado para receber". Reabilitou as mulheres, numa sociedade institucionalmente masculina. Não confrontou Roma. Recusou a espada dos zelotes e não foi contra o maior interesse do Império que era o tributo: "*dai a César o que é de César...*". Esteve com os discípulos depois da crucificação.

Para alguns ressuscitado em corpo, para outros, em espírito. Apareceu depois, em espírito, para Paulo e lhe passou toda uma doutrina que deu início à expansão mediterrânea do movimento cristão. Sua terra, a Judéia, não aderiu. Lá, até hoje Jesus nunca foi aceito como o messias prometido pelos profetas, mas no final do século I desta era, um movimento com seu nome já era conhecido em Roma.

Inversão do ônus da prova. Como os defensores da não existência não provaram cientificamente sua tese, as referências históricas existentes (embora poucas); o imenso legado doutrinário e a fortíssima tradição em lugares tão díspares como a Etiópia e o sul do Iraque[40], apontam na direção de um Jesus histórico. A não existência de um personagem tão presente na cultura mundial por quase dois mil anos, é que precisa ser provada. Até agora, essas provas não foram apresentadas.

40. Ainda hoje existem grupos cristãos com tradições que remontam aos fatos do Antigo Testamento e das origens do Cristianismo. Na Etiópia, por exemplo, a hierarquia da Igreja Copta acredita ter a posse da Arca da Aliança e outras relíquias mais recentes, da época de Jesus. É importante ver os estudos de Lynn Picknett e Clive Prince em *A Revelação dos Templários*, sobre os *mandeus* no sul do Iraque e sudoeste do Irã que asseguram ter um livro de João Bastista trazido da Palestina no final do século I. Há pouca pesquisa de campo sobre essas tradições tão díspares em termos doutrinários, como separadas em termos geográficos, mas elas apontam para uma origem histórica da religião cristã.

Antecedentes Judaicos do Cristianismo

"Deverá haver no Conselho da Comunidade doze homens e três sacerdotes..."

(Preceito da comunidade, 1 QS, 100 a.C.)

Partindo da premissa que Jesus existiu e tomando por base os relatos dos evangelhos canônicos, durante séculos e séculos considerou-se que a religião erigida sob os seus ensinamentos era uma construção original, no máximo com alguns elementos da cultura helenística que desde Alexandre, o Grande, influenciava toda a vida em torno do Mediterrâneo.

A partir da descoberta dos Manuscritos do Mar Morto, surgiu uma forte discussão nesse sentido, em todo o meio acadêmico. Essa discussão ficou conhecida como o debate sobre *a singularidade de Jesus*. O que é isso? Trata-se de saber se Jesus foi um líder religioso original, único, exclusivo – em suas ideias, doutrinas, forma de organização de sua comunidade e práticas rituais – ou se foi apenas uma expressão da continuidade de uma caminhada messiânica anterior, de uma tradição preexistente.

Como já vimos, os Manuscritos do Mar Morto foram descobertos em onze cavernas entre 1947 e 1956. São fragmentos de mais de 800 textos, contendo os livros da Bíblia Hebraica (menos o Livro de Ester)[41] e mais Comentários (*pesher*) de livros bíblicos, Regras, Hinos, Apócrifos e Normas da

41. **Ester** é o único livro da bíblia que não tem a palavra Deus.

comunidade. A língua principal é o hebraico, mas há textos em aramaico e grego. A datação aponta para um período entre os séculos II a.C e I d.C. Os estudiosos afirmam que os últimos escritos de Qumran foram produzidos por volta do ano 68 d.C.[42] no período da guerra dos romanos contra os judeus que resultou na destruição do Templo de Jerusalém em 70 d.C.

Os principais lotes estavam nas Cavernas 1Q, 4Q e 11Q com destaque para a caverna 4Q, onde foram encontrados fragmentos de cerca de 500 textos, todos em estado muito precário. A grande maioria dos quais não foi publicada até hoje. A Biblioteca de Qumran se compõe de 20 a 25% de textos bíblicos e o restante de textos de seita ou de costumes, que nos dão uma ideia de como vivia, o que pensava e com quem disputava uma importante comunidade de judeus do período do nascimento do Cristianismo.

Em termos históricos, esses manuscritos são de uma relevância ímpar. Eles são muito mais antigos que os códices conhecidos[43] e não sofreram alterações (através de copistas manipuladores) ao longo de mais de 2000 anos. Alguns foram escritos no início do século II a.C., depois selados em potes cerâmicos e guardados em Cavernas próximas a Qumran, nas cercanias do Mar Morto de onde só foram retirados a partir de 1947 d.C.

Na Caverna 1 foram encontrados sete manuscritos completos e em bom estado: *Dois manuscritos de Isaías*; *Regra da comunidade* (também conhecido como Manual da Disciplina); *regra da Guerra dos Filhos da Luz contra os Filhos das Trevas*; *Apócrifo de Gênesis* e *Hinos de ação de Graças*. Esses primeiros manuscritos foram traduzidos com certa brevidade e publicados no início da década de 50, desencadeando o lançamento de uma série de livros com interpretações diversas, que aqueceram desde então o debate sobre a singularidade de Jesus.

Quem escreveu os Manuscritos do Mar Morto? Quem eram os integrantes da Comunidade de Qumran? Essa é outra polêmica da atualidade. Nos alinhamos à grande maioria dos estudiosos que consideram ser os **es-**

42. Até agora, dos textos já traduzidos da biblioteca do Mar Morto, não foi encontrada uma única referência a Jesus. A comunidade de Qumran esteve ativa pelo menos até o ano de 68 d.C, período posterior aos episódios da crucificação. Não se sabe, no entanto, se eles produziram textos até esse período nem se todos os textos produzidos já foram encontrados. Como quem está de posse dos manuscritos são estudiosos católicos, em sua maioria ligados ao Vaticano, se encontraram material explosivo, estão escondendo. Apesar de tudo, acredito que a verdade, agora ou depois, virá à tona.

43. **Códices *Vaticanus* e *Sinaiticus*.** O Códice ou Codex *Vaticanus*, também chamado de Manuscrito B, pertence ao século IV e apareceu pela primeira vez no catálogo da biblioteca do Vaticano em 1475. Essa biblioteca havia sido fundada em 1448 pelo papa Nicolau V. O *Vaticanus* é o melhor manuscrito grego do Novo Testamento. É uncial, ou seja, escrito em letras maiúsculas. O Codex *Sinaiticus*, um pouco mais novo que o Codex *Vaticanus*, foi descoberto em 1859, por Constantin Von Tischendorf, em sua terceira visita ao Mosteiro Ortodoxo de Santa Catarina, no sopé do Monte Sinai, Egito. Na primeira viagem, em 1844, ele havia descoberto fragmentos. O Imperador da Rússia, Alexander II, o mandou de volta por mais duas vezes. O manuscrito estava sob a guarda do comissário do Mosteiro, numa cela transformada em depósito de textos antigos. É chamado de Manuscrito *Aleph* (primeira letra do alfabeto hebraico) e é um composto de unciais gregos. Hoje, tem uma parte em São Petsburgo e outra em Leipzing, na Alemanha.
Além desses dois Codex que são os mais completos, existem o Codex *Alexandrinus*, do século V, que contém a Septuaginta e parte do Novo Testamento. Encontra-se no Museu Britânico; o Codex *Ephrain*, século V, com fragmentos do Novo Testamento, hoje em Paris; e o Codex *Bezaf* (ou *Bezae*), também do século V em grego e latim, lançados em duas *colunas* colocadas em lados opostos de cada página. Conserva os quatro evangelhos canônicos e parte de Atos. Encontra-se em Cambridge, Inglaterra.

sênios – seita judaica de existência comprovada pelas citações de Josefo, Plínio, o Velho e Fílon – que habitaram Qumran entre aproximadamente 250 a.C. e 68 d.C. e que escreveram os manuscritos, copiando livros da Bíblia hebraica preexistentes e produzindo centenas de outros textos não bíblicos, de inestimável valor histórico. A polêmica sobre quem era a comunidade de Qumran se assenta no fato de que evidências arqueológicas recentes apontam para um povo com características diferentes das listadas pelos historiadores citados, quais seriam o monasticismo, o pacifismo e o isolamento social. Ainda neste capítulo justificaremos esta opção pelos essênios.

O Messias Duplo

Os essênios deixam bem claro, no manuscrito *Regra da Comunidade*, que esperavam a vinda de dois messias[44]: um sacerdotal de linhagem levítica e outro real, do ramo de Davi, que eles chamavam "os messias de Aarão e Israel". Para eles, o mais importante era o messias sacerdotal, que presidiria o "banquete messiânico" e exerceria sua autoridade tendo a seu lado o messias régio.

Essa tradição não se encontra apenas na parte extrabíblica da biblioteca do Mar Morto, mas também na literatura apócrifa do Antigo Testamento, o que comprova que era corrente em várias tradições judias. No *Testamento dos doze Patriarcas*, documento escrito por volta do século II a.C., encontramos a outorga divina para o sacerdócio de Levi e para a realeza de Judá e depois, o anúncio de que a salvação de Israel virá de descendentes dessas duas Casas: "*Meu filho* [Levi]! *Alegro-me que foste escolhido para o sacerdócio sagrado e que te cabe oferecer sacrifícios ao senhor.*" (...) "*A tua estirpe, meu filho Levi, será bendita sobre a terra pelas gerações de todos os tempos.*" // "*E Isaac, pai do meu pai, deu-me esta bênção de ser rei em Israel. E Jacó abençoou-me da mesma forma. Eu sei que de mim* [Judá] *procede a realeza.*" (...) "[O senhor] *conservará o poder do meu reino para sempre. O Senhor jurou-me que jamais tiraria a realeza de minha* [Judá] *estirpe.*" // "*Portanto, meus filhos, honrai Levi e Judá! Deles procederá a salvação de Israel.*" (PROENÇA, 2005, pp. 352-353; 361-362; 396). Esse texto é uma das bases da crença de que a salvação de Israel viria através de dois messias, respectivamente das tribos de Levi e Judá e afirma que o mais importante seria o messias sacerdotal.

---

44. **Messias**. A palavra messias é a **transliteração** da palavra aramaica *meshiha* para o grego e significa a mesma coisa que Cristo: "o ungido", "o consagrado". No Judaísmo, o conceito de messias – *mashiach* – está ligado à profecia da vinda de um homem descendente do rei Davi que iria reconstruir a nação israelense, restaurando a grandeza dos reinos de Davi e Salomão, trazendo paz à Terra. No Antigo Testamento, a palavra "messias" (ungido) aparece apenas duas vezes, ambas em Daniel; 9:25 e 9:26. No Novo Testamento, essa palavra também só aparece duas vezes, ambas em João: 1:41, quando André conta a Pedro que encontrou o Messias e 4:25, quando a samaritana diz a Jesus que sabe da vinda do Messias e Jesus confessa a ela que o Messias era ele.

Até na Bíblia Hebraica antiga e aceita, encontramos a expectativa por dois messias. O Profeta Zacarias, que escreveu no século VI a.C., previu que de um homem chamado *Ramo* (em outras traduções, rebento, gérmen, renovo) iria germinar uma linhagem, para depois afirmar: "*Ele é que reconstruirá o templo do Senhor: usará insígnias reais e sentar-se-á como rei sobre o seu trono; terá um sacerdote à sua direita, e reinará a perfeita paz entre eles.*" (*Zc 6:13*). Vê-se aqui duas coisas: que o rei previsto é do Ramo, linhagem de Davi e que não governaria sozinho mas com "*um sacerdote à sua direita*".

Por tudo isso que já estava na Bíblia e que os Apócrifos e os Manuscritos do Mar Morto vieram explicitar, é que podemos entender melhor o comportamento dos judeus perante João Batista: "*Ora, como o povo estivesse na expectativa, e como todos perguntassem em seus corações se talvez João fosse o Cristo*" (*Lc 3:15*). Lembremos que a palavra Cristo é uma tradução grega do termo hebraico *mesiha*, que significa "o ungido". Para muitos judeus, Deus mandaria dois messias. O clima escatológico e messiânico que imperava na Judéia no final do século I a.C. e início do século I d.C. fez com que muitos vissem em João Batista o esperado messias sacerdotal – já que ele era da tribo de Levi[45]. E em Jesus, o esperado messias real – já que ele era da Tribo de Judá. Assim João Batista e Jesus representariam o messias duplo tão decantado na literatura de Qumran e em vários outros documentos judeus.

Embora os cristãos posteriores tivessem se fixado no aparecimento de um único messias, se observarmos melhor, não foi o que realmente ocorreu nos primórdios do movimento cristão. Jesus foi batizado por João, que era seu primo e apenas seis meses mais velho. Essa atitude denota o respeito do jovem Mestre pela pessoa do batizador. Observem que Jesus foi se batizar com João e não o contrário. Essa passagem evidencia a já citada prevalência do messias sacerdotal sobre o real. Como Jesus conhecia bem as tradições judaicas, agiu de acordo com elas, aceitando humildemente o batismo ministrado pelo filho de Isabel. A partir daí, tudo se encaminhava para uma ação conjunta. Até dentre os apóstolos que Jesus recrutou, alguns eram discípulos de João (*Jo 1:35-37*). João havia se identificado com a profecia de Isaías[46] e foi para o deserto, nas cercanias de Qumran, preparar os caminhos do messias real que era Jesus.

O Mestre Nazareno era da linhagem de Davi, tanto pela genealogia do seu pai adotivo José como está em Mateus (*Mt 1:1-16*), como pela de sua

45. A tribo de Levi era a tribo dos sacerdotes judeus. *Lucas 1:5* nos confirma que João Batista era filho de um sacerdote chamado Zacarias.

46. Isaías 40:3 "*Voz que clama no deserto: preparai o caminho do Senhor; endireitai suas veredas*".

mãe Maria, como consta em Lucas (*Lc 3:23-38*)[47]. Tudo se encaminhava para que o povo Judeu, oprimido pela dominação romana, tivesse a sua libertação realizada pela liderança de dois poderosos messias, como ditava a Bíblia Hebraica e a tradição de vários grupos e seitas.

Aconteceu, porém, um fato extraordinário: JOÃO BATISTA FOI ASSASSINADO. É aí que Jesus assume integralmente o papel dos dois messias. Como João Batista não deixou herdeiros e Jesus era seu primo, ele passou a ser tanto o messias real como o messias sacerdotal. O capítulo *1* de Marcos deixa isso bem claro. Marcos não começa falando de Jesus, mas de João. Ele não cita nada sobre o nascimento, a infância e a juventude de Jesus que só aparece no seu Evangelho no momento em que é batizado por João (*Mc 1:9*). João é apresentado como o cumpridor de uma missão sacerdotal, profetizada por *Isaias 40:3* e *Malaquias 3:1*. Ele é o homem que veio preparar "*o caminho do Senhor*" de Israel. Depois do batismo Marcos informa que Jesus se retirou para o deserto, para uma penitência de preparação. A história de Jesus só é retomada com a prisão de João (*Mc 1:14*), quando o Mestre Nazareno retorna para a Galiléia e inicia a pregação do "Evangelho de Deus".

Jesus, o Batista?

Há um fato narrado no Evangelho de João que poucos estudiosos observaram: Jesus também batizava, quando João Batista ainda estava vivo: "*Depois disto, foi Jesus com seus discípulos para a terra da Judéia; ali permaneceu com eles e batizava.*" (*Jo 3:22*). Em *Jo 4:1*, vê-se que esse fato era de conhecimento até dos fariseus, mas em *Jo 4:2* vem uma afirmação contraditória. Algumas bíblias até colocam entre parênteses e muitos estudiosos afirmam que se trata de uma adição posterior: "*se bem que Jesus mesmo não batizava, e sim os seus discípulos*". Estamos acostumados com as contradições entre os diversos livros da Bíblia, mas esta é entre o que está dito claramente nos verso *3:22* e *4:2* de um mesmo livro, no caso João. Qual dos dois versos está certo? A crítica textual não tem dúvidas que o correto é

47. O professor James Tabor nos dá a seguinte explicação sobre a descendência davídica de Maria: "... *ela [a genealogia de Lucas] começa com uma qualificação surpreendente. Uma tradução literal diria: 'E Jesus tinha por volta de trinta anos quando começou [seu ministério], sendo, como se supunha, filho de José, de Eli' (Lucas 3:23)... o que ressalta dessa página é a expressão 'como se supunha'. Lucas está dizendo duas coisas ao leitor: que José era apenas o pai 'suposto' ou 'legal' de Jesus e que Jesus tinha um avô chamado Eli. Mas, segundo Mateus, o pai de José se chamava Jacó. Quem era, então, Eli?" "... O que Lucas nos fornece em seu capítulo 3:23-38 é o outro lado da família de Jesus, retraçada ao longo de sua verdadeira linhagem, a partir de sua mãe, Maria. Maria só não é citada porque Lucas adere à convenção e inclui apenas os homens em sua lista. Uma vez que Lucas não reconhece nenhum pai biológico para Jesus, ele começa com José como um 'substituto', mas qualifica as coisas com a expressão 'como se supunha'. Uma tradução mais livre daria o seguinte: 'E Jesus tinha cerca de trinta anos quando começou seu trabalho, sendo supostamente filho de José, mas, na verdade, sendo da linhagem de Eli'. Se os pais de Maria se chamavam na verdade Joaquim e Ana, como afirma a tradição cristã primitiva, é bem possível que Eli seja uma abreviação de Eliaquim, uma forma do nome tradicional Joaquim.*" (TABOR, 2006, p. 67).

o *3:22*, que concorda, inclusive, com a notícia que corria entre os fariseus narrada no versículo *4:1*.

Jesus passou um bom período batizando, ao mesmo tempo em que João, numa ação conjunta inexplicavelmente omitida pelos outros evangelhos. Por algum motivo ainda desconhecido, introduziram o verso *4.2* negando que Jesus também era um batizador. Após a morte de João, Jesus chamou a responsabilidade integral para si e preparou sua entrada triunfal em Jerusalém. Para cumprir a profecia de *Zacarias 9:9* "*...Eis que teu Rei vem a ti; ele é justo e vitorioso; vem humilde, montado em um jumento...*" Jesus entrou na cidade montado num jumento, foi aclamado por muitos mas a repercussão não foi grande o suficiente para que ele assumisse o controle como o Ungido de Israel. A partir daí, as relações com o Templo Judaico e com o governo romano se estrangularam e os fatos seguintes levaram à crucificação.

O Cristianismo e a Tradição Judaica

Os Manuscritos do Mar Morto deixam claro que havia já no século I a.C. um movimento messiânico dentro do Judaísmo com muitos elementos que vieram caracterizar o Cristianismo. Exemplos: a comunidade de Qumran era dirigida por um conselho de doze homens, tendo à frente três sacerdotes principais. Eles praticavam a "refeição da congregação" um ritual gastronômico coletivo ao estilo do que ficou conhecido nos meios cristãos como "a última ceia" e, segundo alguns fragmentos, já utilizavam, antes de Cristo, as expressões "*filho do Altíssimo*" e "*filho de Deus*" que antes se julgava exclusivas do Cristianismo. Se todos os Manuscritos do Mar Morto são de antes de Cristo, como afirmam os integrantes da equipe internacional, o Cristianismo é a sequência de um movimento judaico já existente quando do nascimento de Jesus. A ligação do movimento cristão com Qumran fica evidente, numa intrincada relação entre essênios ("povo de Qumran", "povo do caminho", 'guardiões da aliança"), zelotes e nazarenos (nazireus, nazirenos, nazoarenos ou nazorenos), como era conhecida a seita do Rabi Jesus. Agora, se os chamados "textos de seita" (encontrados principalmente nas cavernas 1 e 4) são do século I – alguns defendem que a comunidade Qumran sobreviveu até a revolta de Simão bar-Kochba, 132-135 d.C. – as análises precisam ser amplamente reformuladas e o restante dos manuscritos da Caverna 4 precisam ser urgentemente divulgados, para que se possa ter a visão do quadro de coexistência do Cristianismo primitivo com os redatores finais de Qumran. As perspectivas na direção desta última hipótese são fascinantes. Sua confirmação colocaria todos os estudiosos na busca da identificação do *Mestre da Justiça*, do *Mentiroso* e do *Sacerdote Ímpio*, personagens principais do *Pesher Habacuc*.

Quem Era o "Povo de Qumran"?

Segundo especialistas modernos, várias das denominações de seitas e grupos existentes na Palestina do século I, representavam apenas facções de um mesmo movimento. Na minha avaliação, os Zelotes (zelosos da Lei) eram simplesmente o braço armado do "povo do caminho" ou "comunidade da aliança", cujo núcleo habitava Qumran. Nas áreas urbanas, a ramificação militar era conhecida como "Movimento Zelote". Havia também uma ramificação teológica dissidente, chamada de "Movimento Nazareno", que tinha em comum com os essênios a vida simples e despojada e a oposição aos maiorais do Templo, mas que não concordava com o isolamento social em um acampamento no deserto. Michael Baigent e Richard Leigh nos apresentam o resultado de uma interessante pesquisa sobre o assunto:

> *"Entre as expressões usadas pela comunidade de Qumran para se referir a si mesma, temos 'Guardiões da Aliança', que no original hebraico, é 'Nozrei ha-Brit'; daí deriva a palavra 'Nozrim', uma das antigas designações hebraicas para a seita subsequentemente conhecida como dos 'cristãos'. A palavra em árabe moderno para cristãos, 'Nasrani', vem da mesma origem; e da mesma forma, a palavra 'nazoreno' ou 'nazareno que, como é sabido, era o nome pelo qual os 'primitivos cristãos' se referiam a si mesmos, tanto nos Evangelhos como nos Atos dos Apóstolos"* (BAIGENT, LEIGH, 1994, p. 198).

Essa tese joga por terra um debate estéril que tem ocupado eminentes estudiosos até os dias de hoje – se o povo de Qumran eram os essênios, zelotes ou saduceus. O debate se entrincheirava na concordância ou discordância com a descrição dos essênios feita por Josefo, Plínio e Fílon. Segundo esses historiadores, os essênios eram guardiões ortodoxos da Lei e se afastaram da vida urbana impura para uma vida monástica no deserto, sendo pacifistas e isolados de toda a vida social e política da Judéia. Como nas escavações das ruínas de Qumran, descobriram uma torre militar e outras características de um "Forte de Defesa" e ainda encontraram na fortaleza de Massada, manuscritos da biblioteca qumraniana, erigiram a tese de que a comunidade de Qumran era formada por zelotes e não por essênios.

E se os zelotes fossem, como proponho, o braço armado do povo de Qumran? O problema essênio seria reduzido a uma questão de enquadramento nas descrições daqueles historiadores? Vamos à fonte histórica primária: Flávio Josefo. Ele descreve as principais seitas judaicas em atuação no século I: saduceus, fariseus e essênios. Os saduceus e fariseus são localizados por ele em Israel, mais precisamente, nas atividades do Templo. Os essênios ele diz tratar-se de uma comunidade monástica, que vivia isolada da sociedade e tinha extremado zelo pela Lei. Já os zelotes, para Josefo, eram revolucionários nacionalistas.

Como os saduceus e fariseus viviam no Templo, sobravam os essênios e os zelotes para viverem em Qumran, mas há registros de atividades dos zelotes nas áreas urbanas da Palestina. Para a vida isolada no deserto, só restavam os essênios. Se as evidências arqueológicas não batem com a descrição de "povo pacífico", alarguemos nossa concepção sobre os essênios para além do que disseram os historiadores da época. Os habitantes de Qumran, como atestam seus escritos, repudiavam as atividades do templo que consideravam em desacordo com a Lei e abominavam os invasores romanos, que profanavam as tradições judaicas. Na divergência com o Templo, somavam com os nazarenos que, liderados por Jesus, viviam em confronto aberto com saduceus e fariseus. No combate aos romanos, tinham como aliados os zelotes. Assim, pode-se concluir que havia um grande movimento abrigando diversas frentes de atuação. Os essênios tinham sua base principal em Qumran. Contavam com apoio militar dos zelotes e, no enfrentamento ao Templo, tinham algum grau de colaboração com os nazarenos. Os essênios eram o povo de Qumran. Quanto ao que levou Josefo a nominá-los "essênios" – já que esse nome não aparece nos Manuscritos do Mar Morto – é uma outra pesquisa, hoje liderada por Eisenman, Baigent e Leigh, dentre outros.

Baigent e Leigh, citando o renomado especialista na área, professor Matthew Black da Universidade de St. Andrews, Escócia, colocam que se pode usar o termo "essênio" para caracterizar o povo de Qumran desde que se abandone certas restrições conceituais:

> *"Contanto que nossa definição de essenismo não seja muito restrita, por exemplo, associando-o exclusivamente com o grupo do Mar Morto, mas que estejamos preparados para entender o termo como uma descrição geral desse muito difundido movimento de não-conformismo anti-jerusalém e antifarisaico do período. É desse judaísmo 'ao estilo essênio' que descende o cristianismo"* (BLACK, 1969, p. 99, *apud* BAIGENT, LEIGH, 1994, p. 197).

Há muitas pesquisas em curso sobre a ligação dos essênios com os primeiros cristãos. Uma leitura atenta dos evangelhos, onde vemos Jesus enfrentando vigorosamente saduceus e fariseus, colocando-se de modo radical contra a hierarquia do Templo, vai nos mostrar uma concordância com os textos de Qumran contra essa mesma hierarquia. Vários elementos de doutrina e costumes rituais são comuns entre Qumran e o Cristianismo primitivo. João Batista que exerceu a função de messias sacerdotal ao lado de Jesus, o messias da Casa de Davi, tinha vida e prática similares às do povo de Qumran. O professor R.H Eisenman construiu a teoria das "metáforas mutáveis" para afirmar que "*termos como: ebionim, nozrim, hassidim, Zadiquim... acabam por ser variações sobre o mesmo tema*" (EISENMAN, 1983, p. 44. *apud* BAIGENT, LEIGH, 1994, p. 197).

Se o Cristianismo é uma religião histórica, como acredito, ele tem que estar fundamentado na realidade onde surgiu. Por mais reformadora que seja, uma religião histórica tem raízes determináveis nos movimentos sociais, econômicos, políticos e religiosos do seu tempo e do imediatamente anterior. A ideia da singularidade absoluta do Cristianismo é uma contradição com a defesa da historicidade de Jesus. Só há singularidade absoluta, nas religiões totalmente mitológicas, pois seus deuses caem diretamente dos céus, sem ligações concretas com o nosso mundo. O Cristianismo nasce das entranhas do Judaísmo. Prova disso é que as primeiras comunidades lideradas por Tiago, irmão do Senhor, eram cristãs e judaicas ao mesmo tempo, como demonstram os debates entre Tiago e Paulo nos Atos dos Apóstolos. A ruptura com o Judaísmo se dá com a teologia apologética-crística de Paulo, que rompe com a Lei[48] e por isso é quase assassinado pelo povo judeu em Jerusalém, sendo preciso uma guarnição do exército romano para salvá-lo (*Atos 21:28-32*).

Essênios, zelotes e nazarenos eram denominações diferentes de um mesmo movimento, messiânico, nacionalista, e revolucionário. Nesse movimento geral não havia uma unidade férrea. Os nazarenos, ainda sob a liderança de Jesus, eram uma facção desse movimento que enfrentava o farisaísmo, criticando pontos anacrônicos da Lei e a visão xenófoba da religião judaica. Tinham zelotes em suas fileiras, mas não defendiam a via armada para a tomada do poder. Ao contrário, pregavam um mundo de justiça e misericórdia, em sintonia com os essênios de Qumran.

Em síntese, os nazarenos eram opositores do Judaísmo farisaico e dissidentes do culto zadoquista de Qumran e do movimento nacionalista e revolucionário dos zelotes. Tinham em comum com todos eles, a marginalidade imposta por uma casta de judeus (saduceus e fariseus) que tinham traído a pátria e se acomodado junto ao domínio romano, o que lhes garantia privilégios, em detrimento de todo o povo, afrontado nos seus costumes e crenças e massacrado pela pesada carga de impostos cobrados pelo Império. Jesus enfrentava tudo isso, mas de uma maneira ímpar, sob os ditames do amor e da paz, atuando por dentro da sociedade do seu tempo e não isolado num mosteiro. Após a crucificação, Tiago, o Justo, caminhou

48. A Carta de Tiago deixa claro que para sua comunidade quem romper com um preceito da Lei, rompe com toda a Lei: "*Pois qualquer um que guarda toda a Lei, mas tropeça em um só ponto, se torna culpado de todos*" *(Tiago, 2:10)*. Mas Paulo não rompeu apenas com preceitos específicos da Lei, como a obrigatoriedade da circuncisão. Paulo rompeu com toda a Lei em nome de Jesus. Ver *Gálatas 3:23-25*. Em *Gálatas 5:4* ele ameaça, "se aceitarem a circuncisão serão separados de Cristo". Em *Gálatas 4:8-11* (cf. *Cl 2:16-23*) ele diz para não seguir os dias santos judaicos e que a aliança com Moisés é escravidão. Antes, em *3:19-20* ele já tinha alertado que foi um anjo e não Deus quem deu a Torá a Moisés. Para Paulo, a verdadeira Torá era o evangelho de Jesus. Por isso, por mais de uma vez, os judeus tentaram assassiná-lo. Mas Paulo era hábil na arte de conquistar adeptos, e dissimulava se fosse preciso. Ele declara que se comportava de acordo com os costumes do grupo que desejava conquistar (*1 Co 9:20-21*) e em sua segunda visita a Jerusalém, aceita o ritual judaico da purificação para demonstrar aos judeus apego a Lei mosaica (*Atos 21:21*).

na direção de um cristianismo com tradições judaicas. Paulo rompeu com a velha Lei e proclamou um cristianismo independente do judaísmo e os gnósticos mergulharam na clandestinidade, originando escolas de mistério e sociedades iniciáticas, algumas das quais existem até os dias de hoje.

O principal legado da passagem de Jesus pela Palestina foi sua mensagem, que se tornou uma doutrina diferente, tanto dos saduceus e fariseus do Templo quanto da ortodoxia fundamentalista de Qumran. A mensagem deixada por ele foi dividida em duas formas de apresentação: a "aberta", contida principalmente na fonte Q e nos evangelhos sinópticos, destinada ao povo; e a "fechada", contida no Evangelho de João, nos apócrifos – especialmente no *Evangelho de Tomé, Evangelho de Felipe, Evangelho de Maria Madalena* e no *Pistis Sophia* – com um claro viés gnóstico, destinada aos iniciados. Além do Evangelho de João, parte das cartas paulinas parecem conter elementos da mensagem "fechada" de Jesus. João e Apocalipse são os únicos livros do Novo Testamento que se assemelham à mensagem gnóstica da apresentação "fechada".

O Cristianismo só poderá ser profundamente compreendido, se for estudado nessas duas direções: a mensagem ética, moral e social ("aberta") de um lado; e a mensagem gnóstica, esotérica e espiritual ("fechada") do outro. Os seres humanos, escravos da lógica do confronto, colocaram as duas em choque ao longo dos séculos. O correto seria juntá-las num único todo, que pode ser resumido em duas teologias: secular e celeste ou histórica e espiritual. A mensagem do Cristo é, como todo o universo, bi-polar. Quem analisar só uma das vertentes nunca vai entender o conjunto da obra.

Se esquecermos por um momento os milagres e mitos do Novo Testamento e nos fixarmos na mensagem original do Cristo como podemos vislumbrar no Livro Q e no Evangelho de Tomé, vamos verificar uma superioridade doutrinária inquestionável em relação às religiões do Egito, ao paganismo da Ásia e à mitologia greco-romana. Mas será que nada na cultura humana influenciou o Cristianismo? Tanto a parte mitológica de Jesus quanto o Jesus das "sentenças", ambos receberam influência de sistemas preexistentes. O Jesus mitológico foi inspirado em vários mitos pagãos. O Jesus das "sentenças" representa um oceano onde desembocaram verdades universais, cultivadas por várias tradições desde muitos anos antes de Cristo.

No Cristianismo encontramos:

a) O âmago doutrinário dos grandes sistemas religiosos do Oriente, berço da doutrina da "*unidade do Eu com o Pai*".

b) Do Helenismo, vamos encontrar pontos bastante comuns entre Sócrates e Jesus. Sócrates morreu perdoando seus algozes e abençoando a própria morte que o devolvia à pátria espiritual. Sócrates foi um símbolo de desapego material. Viveu na pobreza terrena e na riqueza intelectual. Sócrates teve sua vida como exemplo das virtudes que pregava. Sua filosofia, mesmo influenciada pelas supertições da época, buscou um foco mais ético que político, discutindo conceitos como *Justiça*, *Amor* e *Virtude*, tão familiares ao Cristianismo.

c) Das Escolas de Mistério do Egito e da Cabala Judaica, vieram os ensinamentos gnósticos contidos na Biblioteca copta de Nag Hammadi.

d) Do Judaísmo Jesus conservou o monoteísmo e o messianismo profético. Do culto zadoquista de Qumran, aproveitou formas de organização (Conselho dos Doze, etc); os sistemas rituais (Santa Ceia, etc); as expressões "filho do Altíssimo" e "filho de Deus", além do forte desapego pelos bens materiais.

O Cristianismo é, pois, fruto de uma formação histórica complexa que congrega conteúdos de sistemas abertos e de escolas herméticas, numa formulação completamente nova, assentada em três *colunas* aparentemente independentes: *justiça, misericórdia e fé* (Mt 23:23), mas unidas pelo amálgama do amor (*Mt 22:37-39*; *Jo 15:12*). **Ele nasce das entranhas do Judaísmo, mas não é uma simples continuação ou aperfeiçoamento deste**. Antes, é uma síntese das verdades universais! Não há singularidade no Cristianismo porque o Pai é anterior ao Filho e assim sendo, a verdade já existia quando Jesus foi enviado ao mundo. Jesus, o ungido, decodificou essa verdade em suas sentenças e com elas, dividiu a história da humanidade em duas partes. Quanto à discussão do Jesus homem versus Jesus Deus, afirmo: o Cristo é maior que Jesus. O Eu é maior que o Ego. O Todo é maior que a soma das partes. O Uno é a soma de todos os Versos. O Pai é maior que o Filho. O Jesus de Q e de Tomé realizou a grande síntese das religiões humanas e, se não fosse a parte mitológica acrescentada depois bem como a rígida hierarquia humana construída a partir da Roma Imperial, o Cristianismo já teria se tornado a religião de todo o planeta. "*Quem tiver ouvidos, que ouça*".

O Concílio de Nicéia e a Divindade de Jesus

"As convicções são mais inimigas da verdade do que as mentiras."

Friedrich Nietzsche

Os acontecimentos que originaram o Concílio de Nicéia tiveram início por volta de 312, quando o presbítero Ário (256-335), provavelmente nascido na Líbia, começou a divulgar em Alexandria suas ideias sobre a relação entre Deus Pai e Jesus Cristo. A data marcante é 318, quando o metropolita de Alexandria, Alexandre, convocou um sínodo de bispos da Líbia e do Egito para apreciar a pregação de Ário e emitir julgamento.

Ário compareceu e apresentou suas ideias. Para ele, Jesus não era igual a Deus e sim um ser criado por Deus e subordinado a Ele. Sendo criado, não era eterno como o Pai, embora fosse a criatura mais excelsa que já pisou sobre a Terra. Ário não considerava Jesus *homousius* (consubstancial, da mesma substância que Deus). Na sua cristologia Jesus era um enviado, a mais perfeita das criaturas de Deus, mas não o próprio Deus. Suas ideias tiveram origem nos ensinamentos do seu mestre, Luciano de Antioquia, que sofreu com as perseguições de Diocleciano e que foi considerado um subordinacionista[49] moderado. Para Ário, houve um tempo em que o *logos*[50] não existia. Somente o Pai sempre existiu.

Os bispos reunidos sob o comando de Alexandre, o consideraram herético e ele foi anatematizado[51] e expulso de Alexandria. Ário foi então para a Nicomédia encontrar-se com Eusébio que havia sido seu colega de estudos em Antioquia e lá continuou divulgando sua cristologia particular. No caminho, passou pela Palestina e recebeu apoio de Eusébio de Cesaréia, o pai da história eclesiástica. Estudioso, poeta e bom orador, Ário conquistava adeptos com facilidade. Sua tese sobre Jesus se espalhou rapidamente pelo Mediterrâneo e a polêmica chegou aos ouvidos do imperador Constantino I.

Um Pouco de História

Constantino I (272-337), também conhecido como Constantino, o Grande, teve um reinado altamente conturbado. Seu pai, Constâncio Cloro, general que defendia as fronteiras ocidentais do Império, não era de linhagem real. Casou-se com a princesa Helena (depois Santa Helena) que os historiadores do Graal afirmam ser da lendária dinastia de Avalon, atual Inglaterra (que não era reconhecida em Roma). Com Constantino já adulto, Constâncio repudiou Helena e casou-se com Teodora, filha do imperador Maximiano, que o nomeou César do Ocidente e assim ele se tornou imperador da Gália em 305.

O século IV é um período muito complexo da história da humanidade. Para entendermos a profunda reviravolta religiosa nele ocorrida é necessária uma breve incursão pela história política do Império. Comecemos então por Diocleciano (236-305), que inaugurou o Império Bizantino, conhecido como segunda fase do Império Romano, implantando uma vigorosa reforma administrativa e a modernização da estrutura militar, o que permitiu a sobrevivência da parte oriental do Império por mais um milênio. Diocleciano é mais conhecido pelas perseguições que ordenou contra os cristãos, mas a sua contribuição para o prolongamento do domínio romano no mundo é seu maior legado.

Devido às gigantescas dimensões territoriais do Império, Diocleciano criou a Diarquia e nomeou seu general de confiança, Maximiano (285-310), para administrar o Ocidente a partir de Milão na Itália, enquanto ele governaria a parte Oriental, a partir de Nicomédia, cidade próxima a Bizâncio

49. **Subordinacionista** – nome dado àqueles que defendiam a subordinação do Filho e do Espírito Santo ao Pai, nos primórdios do debate sobre a Santíssima Trindade.

50. ***Logos*** – termo retirado da cultura helenística para representar a *essência* do filho de Deus (sua "palavra") no Evangelho de João.

51. **Anátema** – sentença de expulsão da Igreja; excomunhão; execração da vida eclesiástica; maldição por crime de natureza religiosa.

(depois Constantinopla, hoje Istambul, Turquia). Diocleciano continuava sendo o chefe supremo do Estado Romano. Numa hierarquia com bases mitológicas, ele representava Zeus, o Deus máximo, e Maximiano representava Hércules, filho de Zeus e seu servo, mas ambos eram *Augustus*.

Mesmo com a divisão em Império Ocidental e Império Oriental, ainda era muito difícil administrar. Diocleciano autorizou então, a Tetrarquia. Assim, ele e Maximiano nomearam, cada um, um César em seus respectivos territórios. Maximiano indicou um colega de armas, o general Constâncio Cloro, e entregou a ele o governo da Gália em 305. Diocleciano dividiu a administração do Oriente com seu César indicado, Galério. O Império passava a ter dois *Augustus* – Diocleciano e Maximiano – e dois Césares: Constâncio e Galério. A autoridade de todos provinha de Diocleciano, que teoricamente era o imperador dos imperadores.

Em 306 morreu Constâncio e seu filho, Constantino, que prestava serviço na corte do Oriente, voltou para a Gália para assumir o trono. Em 305 havia acontecido a renúncia dos dois *Augustus*, Diocleciano e Maximiano, causando uma grave crise sucessória. Como em política não há espaço vazio, Maxêncio, filho de Maximiano usurpou o trono e se proclamou Imperador. Constantino continuou governando a Gália, em meio a uma situação de disputa aberta pelo poder.

Em 312 aconteceu a histórica batalha da ponte de Mílvio, perto dos portões de Roma. Na véspera da batalha, Constantino teria tido um sonho (alguns historiadores falam de uma visão) onde vislumbrava uma cruz de fogo no céu e os dizeres: "sob este símbolo vencerás". Ao acordar, mandou pintar a cruz nos escudos de todos os seus soldados e teve uma vitória retumbante, tornando-se, a partir daí, o governante de toda a parte ocidental do Império.

Constantino atribuiu sua vitória à cruz de Cristo e, em 313, assinou o Édito de Milão (do qual nenhuma cópia chegou até nós) que dava liberdade de culto aos cristãos em toda a vastidão territorial do domínio romano. Para muitos historiadores esse sonho foi a justificativa dada por Constantino para a mudança radical da política do Estado Romano em relação aos cristãos, passando de perseguidor a protetor. Os motivos reais seriam outros. Primeiro, sua mãe, a piedosa Helena, era cristã e havia exercido forte influência em sua infância e adolescência. Segundo, com a vastidão do Império e com a variedade de culturas e religiões, ficava difícil manter a unidade. Constantino tinha acompanhado a firmeza dos cristãos ante a perseguição imposta por Diocleciano, quando vivia em sua corte, na cidade de Nicomédia e tinha informações que a seita já estava em toda parte, inclusive em territórios hostis a Roma. Passando a apoiar os cristãos, ele diminuiria a possibilidade de rebeliões nas províncias. A conquista pelo coração e mente, é mais forte que a simples imposição pela espada. Nisso Constantino foi brilhante!

O Arianismo se Expande

Voltemos ao presbítero Ário. Expulso de Alexandria em 318, ele continuou pregando um Jesus humano, um mediador entre a divindade intangível, imutável e infinita e o universo tangível, mutável e finito. A ideia de um Jesus co-eterno com o Pai vem do Evangelho de João, onde Jesus é o *logos* (termo tomado da cultura helenística), o filho de Deus preexistente e co-criador do mundo (João não define se está tratando apenas do planeta Terra ou de todo o universo). O Arianismo se opunha à interpretação dessa parte do Evangelho de João como sendo a confirmação da igualdade entre Deus Pai e o Filho. Sua doutrina foi se tornando mais sofisticada - Deus Pai era único, absoluto, eterno e tão sublime que não podia assumir uma forma corpórea, corruptível. Jesus foi gerado pelo Pai, teve começo. O Pai não teve começo, se confunde com a eternidade. Jesus sofreu na estaca de tortura, a cruz. Deus jamais sofreria. Deus é transcendente. O filho é fruto de sua vontade. Para Ário o Espírito Santo também não era *homousius* (consubstancial) ao Pai, mas apenas um instrumento do Pai. As ideias de Ário dividiram a jovem Igreja de Cristo. O Arianismo foi adotado por um conjunto de bispos e a divindade de Jesus, por outro. Crescia o risco de um cisma[52]. Mesmo os bispos que defendiam a teoria da Trindade, influenciados por Ário, acrescentavam o subordinacionismo, que tinha variantes em relação ao Espírito Santo: uns achavam que ele era subordinado diretamente ao Pai e outros achavam que ele era subordinado ao Pai e ao Filho. Para os trinaristas puros, Deus era um só dividido em três *hipostases* (pessoas) da mesma substância (*ousia*) e sem subordinação entre elas. Toda essa polêmica foi desaguar em Nicéia, onde o debate "cessou" pela votação de um dogma.

Antecedentes Testamentários

Estamos no início do século IV, há menos de trezentos anos da morte de Jesus. De onde veio essa profunda divergência teológica? Quais as raízes de cristologias tão diferentes em uma religião tão nova? Toda essa divergência já estava presente nos textos do Novo Testamento. Uma leitura atenta vai nos mostrar que Marcos, Mateus e Lucas mostram Jesus como um messias, da linhagem de Davi, um Mestre que ensinou uma nova pos-

52. **Cisma** - Separação. Na vida da Igreja representa uma cisão profunda, de natureza doutrinária, litúrgica e hierárquica. A partir da adoção da Cláusula *Filioque* no Concílio de Constantinopla, iniciou-se um lento e gradual processo de separação entre as partes grega e latina da Igreja Católica Romana. O Grande Cisma ocorreu em 1054, com a separação da Igreja do Oriente que se tornou a Católica Ortodoxa. Nesse ano ocorreu a excomunhão recíproca do Papa e do Patriarca de Constantinopla (que só viria a ser revogada em 1965). Depois houve um cisma no Ocidente: a Reforma Protestante puxada por Martinho Lutero a partir de 1517. Logo em seguida, em 1531, o Rei inglês Henrique VIII fundou a Igreja Anglicana, totalmente separada de Roma.

tura ética e moral para o povo judeu e alguns povos vizinhos. Esses três evangelistas apresentam Jesus como homem enviado por Deus para salvar o povo de Israel. Eles retratam que os apóstolos não viam Jesus como Deus (fugiram de sua crucificação e duvidaram da ressurreição). O Arianismo é, pois, resultado de uma interpretação dos evangelhos sinópticos. Do outro lado, temos as cartas paulinas e o Evangelho de João. Esses escritos colocam Jesus próximo à posição de um Deus pre-existente. O bispo Alexandre, seu pupilo Atanásio (295-373) e os demais ortodoxos ficaram com esta posição, que afinal foi a vencedora.

A Convocação do Concílio

Esse debate sobre a natureza do Cristo começou a colocar em risco o projeto de unidade político-religiosa do Império Romano. Constantino tentou resolver a questão, enviando cartas para Ário e Alexandre e até concedendo audiência aos dois, em separado, solicitando um consenso, mas não houve acordo. Em 324, Constantino conseguiu sua grande vitória contra o Imperador do Oriente Licínio e reunificou o Império Romano. Passou a ser o *governador do mundo* e recebeu o título de "Constantino, o Grande". É esse homem, com todo esse poder, que passando por cima da autoridade do bispo de Roma, o velho Silvestre, convoca o Concílio de Nicéia em 325. O primeiro Concílio Ecumênico (universal) da Igreja, que viria marcar o fim do Cristianismo primitivo (Nazareno e Gnóstico) e o início da Igreja Católica Apostólica Romana.

O Concílio foi instalado em 20 de maio de 325 e há controvérsias sobre o número de bispos presentes. Uns falam em 318, para fazer uma correspondência bíblica com os 318 valentes de Abraão (*Gn 14:14*). Outros falam que o número não chegou a 250. A **pauta** do Concílio tinha dois objetivos principais: a votação de um "símbolo de fé" (um credo) que resumisse a doutrina cristã - na verdade, a discussão sobre o **arianismo** - e a definição da data da páscoa, que era comemorada em períodos diferentes pelas igrejas de língua grega e de língua latina. Já o objetivo político era, sem dúvida, criar uma hierarquia religiosa altamente centralizada. A imensa maioria dos bispos presentes, era do lado Oriental. Do Ocidente, apenas cinco compareceram, representando Itália, Espanha, França, norte da África e província do Danúbio (atual Alemanha). Constantino, que governava a partir do lado Oriental tinha controle absoluto sobre o Encontro.

A Escolha dos Evangelhos

A principal fonte sobre esse Concílio está na obra *A Vida de Constantino*, de Eusébio de Cesaréia que, apesar de ter participado do mesmo como metropolita de sua cidade, não nos proveu de detalhes importantes. Nem todos os cânones desse Concílio chegaram até nós, mas a tradição afirma que lá foram confirmados os quatro evangelhos já defendidos por Ireneu de Lião (140-202) em seu famoso tratado *Contra as Heresias*, escrito no final do século II: Mateus, Marcos, Lucas e João. Por conseguinte foram rejeitados dezenas de outros evangelhos e textos cristológicos que circulavam nas diversas comunidades cristãs: de origem judaica (da escola de Tiago, irmão do Senhor); de origem judaico-pagã (da escola paulina) e ainda nas de orientação gnóstica (das escolas de Simão, Valentim, Marcião, Cerinto, Basílides e outros).

Reconstituir o desenrolar de Nicéia é muito difícil pela raridade e qualidade das fontes. Além de cartas e livro de Eusébio de Cesaréia, temos textos de Atanásio, Sócrates, Rufino, Teodoreto, Sozomeno, Eustáquio – todos estudados na obra organizada por *Giuseppe Alberigo*[53]. Essas fontes, embora oriundas de testemunhas oculares, não cobrem o desenvolvimento do Concílio e até se contradizem sobre pontos específicos. A falta das atas conciliares e de vários cânones que se perderam no tempo, deixaram lacunas principalmente sobre o desenrolar da discussão doutrinária e da definição dogmática. Quanto à oficialização dos quatro evangelhos, há uma certa sintonia entre fontes históricas e estórias pitorescas hoje amplamente divulgadas nos livros que tratam do assunto.

A fonte histórica mais importante sobre a escolha precedente é, sem dúvida, o tratado de Ireneu de Lião *Adversus Haereses* (Contra as Heresias), escrito entre 180 e 189. Ireneu teve contato com a segunda geração depois dos apóstolos e sua obra é uma das mais importantes de toda a literatura patrística, sendo muito respeitada na Igreja até os dias de hoje. Vejamos como ele dogmatiza a escolha dos quatro evangelhos:

> *"Com efeito, são quatro as regiões do mundo em que vivemos, quatro são os ventos principais... Por isso é evidente que o verbo, artífice de todas as coisas, que está sentado acima dos querubins e mantém unidas todas as coisas, quando se manifestou aos homens, nos deu um evangelho quadriforme"*
> *"Ora, os querubins têm quatro aspectos [leão, novilho, homem e águia]... Os evangelhos, portanto, correspondem a estes animais, acima dos quais está sentado Jesus Cristo."*[54]

53. **ALBERIGO**, Giuseppe (org.). *História dos Concílios Ecumênicos*. Tradução José Maria de Almeida. 3. ed. São Paulo: Paulus, 1995. p. 49.

54. **LIÃO**, Ireneu de. Contra as Heresias. São Paulo: Paulus, 1995. (Livro II, 11,8) pp. 283-284.

O que Ireneu está nos dizendo é isso mesmo: que assim como a terra tem quatro regiões, devemos ter quatro evangelhos; assim como a terra tem quatro ventos, devemos ter quatro evangelhos; assim como os querubins têm quatro aspectos, quatro é o número correto de evangelhos que devemos ter. Como se vê, a própria fonte histórica já tem um quê de pitoresco. Mas as notícias extra-oficiais do Concílio davam conta da ocorrência de "milagres" que deixam essas teses de Ireneu próximas do patamar científico. Teriam sido trazidos todos os evangelhos então existentes e colocados no piso diante dos bispos. Os quatro inspirados por Deus saíram voando e pousaram no altar. Outra versão aponta para a participação direta do Espírito Santo, que teria entrado em forma de pomba por uma janela fechada e pousado no ombro de cada bispo sussurrando nos ouvidos dos epíscopos os nomes dos quatro evangelhos que deveriam ser escolhidos. Há ainda a versão de que os livros existentes foram colocados todos no altar e, milagrosamente, caíram os que ficariam conhecidos como apócrifos restando apenas os quatro considerados canônicos.

O critério básico defendido pelos principais padres da Igreja para a seleção dos evangelhos era a autoria apostólica. Mateus e João constam na lista dos doze, mas Marcos e Lucas não. Segundo Ireneu, Marcos colheu suas informações diretamente de Pedro em Roma e Lucas era colaborador de Paulo que, apesar de não ser um dos doze, tinha *status* de apóstolo. O curioso é que aceitaram Marcos e Lucas e rejeitaram os evangelhos de Felipe, Pedro e Tomé, que constam na lista do Conselho presidido por Jesus. Por quê? Para muitos estudiosos, esses evangelhos valorizavam o papel da mulher na relação com Cristo e isso ia de encontro a uma instituição que nascia sob o tacão da predominância masculina, além dos elementos gnósticos desses escritos que colocavam a salvação não apenas como resultado de obras ou fé, mas como fruto do *conhecimento de si mesmo que leva à comunhão com Deus*. Com a exclusão desses evangelhos e de tratados gnósticos como o *Pistis Sophia*, Maria Madalena e as mulheres em geral foram colocadas num plano bem secundário na Igreja de Roma, o que prevalece até hoje, tendo por base não a postura de Jesus, mas as posições de Pedro nos apócrifos e algumas cartas de Paulo no Novo Testamento.

Os debates foram acalorados. Segundo a tradição, Ário foi agredido fisicamente quando defendia suas ideias e bispos alinhados com sua tese, foram ameaçados e pressionados a mudar de posição. Constantino tinha se aliado ao bispo Alexandre e seu discípulo Atanásio, que a partir daí se tornaria o maior adversário de Ário e depois seria distinguido pela Igreja como o "Pai da ortodoxia".

As Duas Principais Decisões do Concílio de Nicéia

O Concílio definiu a **data da páscoa**: primeiro domingo após a primeira lua cheia a partir de 21 de março, equinócio de primavera no hemisfério norte. Essa data permanece até hoje. Foi confirmada por decreto do papa Gregório XIII (1502-1585) em 24 de fevereiro de 1582.

A **discussão da doutrina ariana** foi decidida no voto. Segundo Baigent[55], o resultado foi 297 a favor da divindade de Jesus. Contra essa tese, só o voto de Ário e mais dois de seus seguidores. Os três foram exilados. Seus dois mais proeminentes aliados - Eusébio de Nicomédia e Eusébio de Cesaréia - mantiveram uma posição moderada e assinaram o Credo Niceno. Isso foi importante para o futuro de Ário, pois eles permaneceram próximos a Constantino e conseguiram a reabilitação do presbítero alexandrino.

O credo aprovado em 325, com um pequeno acréscimo introduzido pelo I Concílio de Constantinopla (381), vigora até hoje, o que mostra o caráter fundador do Concílio de Nicéia. A palavra sublinhada (consubstancial), foi o principal foco da discórdia. Da junção do Credo Niceno com o acréscimo de Constantinopla, surgiu o Credo Niceno-Constantinopolitano que reza o seguinte:

Creio em um só Deus, Pai todo-poderoso,
Criador do Céu e da Terra,
E de todas as coisas visíveis e invisíveis.
Creio em um só Senhor, Jesus Cristo,
Filho Unigénito de Deus,
nascido do Pai antes de todos os séculos:
Deus de Deus, luz da luz,
Deus verdadeiro de Deus verdadeiro;
gerado, não criado, consubstancial ao Pai.
Por Ele todas as coisas foram feitas.
E por nós, homens, e para nossa salvação
desceu dos Céus.
E encarnou pelo Espírito Santo,
no seio da Virgem Maria.
e se fez homem.
Também por nós foi crucificado sob Pôncio Pilatos;
padeceu e foi sepultado.
Ressuscitou ao terceiro dia,
conforme as Escrituras;

55. **BAIGENT**, Michael. Os Manuscritos de Jesus. Tradução Regina Lira. Rio de Janeiro: Nova Fronteira, 2006.

e subiu aos Céus, onde está sentado à direita do Pai.
E de novo há de vir em sua glória
para julgar os vivos e os mortos;
e o seu Reino não terá fim.
Creio no Espírito Santo, Senhor que dá a vida,
e procede do Pai ***e do Filho****;*
e com o Pai e o Filho
é adorado e glorificado:
Ele que falou pelos Profetas.
Creio na Igreja una, santa, católica e apostólica.
Professo um só baptismo para a remissão dos pecados.
E espero a ressurreição dos mortos
e vida do mundo que há-de vir.
Amém.

A Cláusula Filioque

O credo aprovado mostra claramente a derrota do arianismo. Jesus foi considerado Deus "nascido do Pai antes de todos os séculos" (dando a ideia de co-eternidade); "gerado e não criado, consubstancial ao Pai" (*homousius*, mesma substância que). O credo fala ainda da concepção virginal de Maria; da morte e ressurreição de Jesus; da volta gloriosa para o julgamento final e da crença na Igreja Católica Apostólica. A parte que está em negrito ("**e do Filho**"), foi acrescentada oficialmente, como já foi dito, em 381 no Concílio de Constantinopla. Essa inserção ficou conhecida como a "Cláusula *Filioque*" (do latim "e do filho") e representou o início de uma divergência que resultou no grande **cisma** da Igreja ocorrido em 1054.

O Concílio de Nicéia, afirmou que o Filho e o Espírito Santo vinham do Pai, mas um sínodo realizado em Toledo pouco tempo depois, criou a "Doutrina da Processão do Espírito Santo" e indicou que o Espírito Santo vinha do Pai e do Filho. A doutrina da Trindade é mesmo de difícil sustentação. Primeiro ela diz que a divindade é uma só dividida em três pessoas. Essas três pessoas da divindade única são iguais em essência e poder, o que podemos definir como Trindade Ontológica. Mas a Igreja resolveu botar uma certa hierarquia no interior dessa complicada estrutura divino-trinária. Foi colocada, implicitamente no Credo Niceno uma leve subordinação do Filho e do Espírito Santo ao Pai. Já o Credo Niceno-Constantinopolitano coloca o Espírito Santo subordinado também ao Filho. A Igreja do Oriente, mais mística, não aceitou. Para ela o Espírito Santo não poderia ser uma expressão do trabalho de Jesus e muito menos uma extensão de sua pessoa. Para os orientais, o Espírito Santo provinha unicamente de Deus. A Igreja do Ocidente aceitou a Cláusula *Filioque* e ela consta do seu símbolo de fé até os dias de hoje. Assim, através do voto e da pressão de um imperador que era nada menos que o governante mais poderoso do mundo, Nicéia decretou a divindade de Jesus, o que foi confirmado e ampliado por Constantinopla.

70 Anos de Controvérsia Ariana

Com a expulsão de Ário do Concílio de Nicéia, o arianismo não acabou. Tinha adeptos em todo o Império. Após o Concílio, o bispo ariano Eusébio de Nicomédia, se aproximou de Constantino e conseguiu a reabilitação de Ário em 328. Nesse mesmo ano, Atanásio se tornou bispo de Alexandria, substituindo seu mestre Alexandre, mas a partir daí passou a perder prestígio até ser exilado em 335. Em 336 foi exilado outro grande expoente da tese *homousius*, Marcelo de Ancira. Assim, uma década depois de Nicéia, os bispos arianos estavam novamente no controle.

Há controvérsias sobre onde e quando se deu a morte de Ário. É fato que Constantino indicou sua reintegração à Igreja, mas os bispos ortodoxos resistiram. Segundo alguns estudiosos, depois de muita intriga e disputa de bastidores, Constantino ordenou que a reintegração deveria acontecer em uma missa em Constantinopla no ano de 335, na qual Atanásio estava presente. Pouco antes da missa Ário morreu e até hoje não se sabe de que ou como. Segundo o historiador eclesiástico Lorenzo Perrone, que também não dá detalhes, Ário morreu depois que sua volta ao seio da Igreja foi definida em Jerusalém, no ano de 335:

> *"A reabilitação de Ário corria pari passu com as manobras para condenar Atanásio. Constantino confiou o caso ao exame dos bispos reunidos em Tiro, em 335, para a consagração da Anastase*[56]*... Atanásio, prevendo que o resultado do concílio lhe seria desfavorável... fugiu para Constantinopla... Constantino exilou-o em Tréveros. Ao mesmo tempo, em Jerusalém... [setembro de 335] Ário era reconciliado com a Igreja. Mas ele morreu antes de voltar para Alexandria"*[57].

Dois anos depois morreria Constantino, o Grande. No leito de morte foi batizado no Cristianismo por um bispo ariano. Constantino passou a vida inteira como Sumo Sacerdote do culto pagão ao *Sol Invictus*. Dias antes de morrer, fez sua última oferenda a Zeus, principal divindade do Panteon Romano. Constantino nunca proibiu os cultos pagãos nem tornou o Cristianismo religião oficial do Império. A Igreja o considera "igual

56. **Anastase** - existência da alma após a morte

57. **PERRONE**, Lorenzo. *De Nicéia (325) a Calcedônia (451)*. In: ALBERIGO, Giuseppe (org.). *História dos Concílios Ecumênicos*. Tradução José Maria de Almeida. 3. ed. São Paulo: Paulus, 1995. p. 49.

aos apóstolos". Em vida ele nunca aceitou esse título. Achava muito pouco. Com a elevação de Jesus ao grau de Deus, ele se autoproclamou messias, com função definida desde o princípio dos tempos. Afinal nem Jesus havia conseguido dar liberdade de culto aos cristãos no mundo. Isso era uma obra sua.

O Natal, o Domingo e o Hibridismo Religioso Romano

Constantino proclamou o nascimento de Jesus em 25 de dezembro em função do culto pagão ao *Sol Invictus*. Entre 21 e 25 de dezembro é comemorado o solstício de inverno (noite mais longa do ano) no hemisfério norte. A partir desse período a duração dos dias volta a crescer em relação às noites. Por isso o paganismo comemora o parto da deusa mãe, que dá à luz seu novo filho, renovado e forte (o sol crescente) que vai afastar a escuridão do inverno. Logo depois do solstício de inverno, por volta de 4 de janeiro, a Terra atinge o periélio. Os pagãos comemoravam esse solstício enfeitando suas casas com pinheiros, árvores de folhas sempre verdes que simbolizavam a continuação da vida; e com badalar de sinos, símbolos femininos da fertilidade. Em 321, antes de Nicéia, Constantino oficializou o domingo como dia de descanso e oração, em oposição ao sábado judaico. O domingo, primeiro dia da semana, era o dia dedicado ao deus Sol e também o dia de louvor ao deus Mitra. Em Inglês, uma das línguas com influência céltica, domingo é *sunday*, literalmente "dia do sol". Várias festas cristãs estão relacionadas com festas pagãs. Por exemplo, o dia de Todos os Santos, 01 de novembro, está relacionado com 31 de outubro, conhecido hoje como "dia das bruxas". Na verdade trata-se de uma antiga comemoração pagã chamada *Samhain* – noite de todas as almas – uma noite em que a barreira entre o mundo material e o mundo espiritual fica mais fina. Roma foi fortemente influenciada pelo paganismo de suas províncias, principalmente da Mesopotâmia, que praticava um politeísmo baseado na natureza e na astrologia. Tudo isso influenciou o Cristianismo Romano, com o aval de um confuso Constantino que passou o resto da vida, mudando de Ário para Atanásio e vice-versa. Sua filha, Constança era uma adepta do arianismo. Após a morte do seu pai, fortaleceu essa crença na corte. A batalha entre o arianismo e a ortodoxia só iria terminar no Concílio de Constantinopla com a derrota total do primeiro.

Com a morte de Constantino, o Império Romano foi dividido entre seus três filhos: Constâncio ficou com o Império do Oriente, capital Constantinopla (antiga Bizâncio); Constantino II, com a parte Ocidental, a Hispânia e a Gália, tendo sua capital em Trier (hoje França); Coube a Constante, seu terceiro filho, a parte central – Itália e Ilíria – tendo sua capital em Milão. As coisas foram evoluindo com muita instabilidade e a disputa religiosa entre ortodoxos e arianos continuava, inclusive na família real. Em 378, na batalha de Adrianópolis, o imperador ariano Valente, foi arrasado pelos Godos. O bispo Ambrósio de Milão, disse que era um castigo de Deus contra os arianos.

A Oficialização da Trindade

Teodósio I começou a governar em 379 e logo se aproximou dos bispos latinos, em especial, de Ambrósio e já em 380 assinou um Édito afirmando que todos os súditos do Império deveriam seguir a fé dos bispos de Roma e de Alexandria, que seguiam a ortodoxia nicena (o bispo de Constantinopla nessa época era ariano). O Estado Romano se voltou então contra os bispos arianos, que foram afastados de posições de comando dentro da Igreja. A Doutrina da Trindade, que já estava esboçada em Nicéia, foi oficializada em 381, no Concílio de Constantinopla, convocado pelo próprio Teodósio I. Para esse Concílio foram convidados apenas os bispos trinários e a Trindade se tornou a segunda verdade teológica da Igreja, depois da divindade de Jesus. Consolidava-se assim, o Catolicismo Romano. Viriam depois "Maria Mãe de Deus" (Éfeso, 431) e a "Virgindade Perpétua" (II Constantinopla, 553), firmando os quatro pilares principais da fé católica.

Os cânones do Concílio de Constantinopla confirmaram Nicéia: *É necessário conservar a fé professada em Nicéia e rejeitar as diversas heresias que apareceram recentemente.* E acrescentaram a já citada Cláusula *Filioque*: *Cremos no Espírito Santo, Senhor que reina e confere vida, que procede do Pai e do Filho e que como o Pai e o Filho, deve ser honrado e glorificado.* (ALBERIGO, 2005, pp. 57-70).

A concepção teológica erguida, para sustentar a doutrina da Trindade, tinha requintes semânticos: "A Trindade representa uma única *ousia* divina em três *hipóstases*" (uma única substância divina em três pessoas). Com isso o Pai, o Filho e o Espírito Santo se tornaram iguais em essência, mas distintos em pessoas.

Em 391, Teodósio I tornou o Cristianismo religião oficial do Império e em 392, proibiu todos os cultos pagãos. Estava assim liquidada a liberdade religiosa, que fazia parte da tradição romana a partir de 274 quando o imperador Aureliano (270-275), abriu mão dos direitos divinos que eram atribuídos à realeza romana desde a instituição do Império em 37 a.C. por Otávio Augusto. Por conseguinte, estava também abolida a pluralidade de pensamento, que era tão cara ao Cristianismo primitivo.

Os dois mais importantes imperadores do século IV, Constantino, o Grande e Teodósio I, estão umbilicalmente ligados ao surgimento da Igreja Católica Apostólica Romana. Se pudermos estabelecer um marco temporal que separe o Cristianismo primitivo – com sua liberdade de pensamento e comunidades igualitárias – da Igreja associada ao Império – com sua hierarquia internacional e riquezas – esse marco é o século IV. Constantino iniciou a "revolução cristã" em Nicéia. Teodósio I a consolidou em Constantinopla. Os principais dogmas da Igreja Católica foram firmados nesses dois concílios. O que veio depois, foi complementar. A definição da divindade de Jesus e da Trindade divina pelo lado doutrinário, e a centralização do comando da Igreja em Roma pelo lado administrativo, formaram a base de uma organização religiosa de caráter imperial. Na prática, o mundo passava a ter dois governantes: um secular, o Imperador e um eclesiástico, o Papa. Faltava apenas a definição dos livros sagrados oficiais, ou seja, o Cânon neotestamentário. Os quatro evangelhos foram oficializados em Nicéia, mas os outros livros da lista que vigora até hoje só foram definidos bem depois.

Mesmo sendo difícil definir uma data para o início de uma nova etapa histórica, um século é tempo suficiente para uma transição religiosa e foi isso que aconteceu no século IV. O Cristianismo passou de religião clandestina e perseguida, para religião oficial associada ao maior Império do mundo. O século começou com as perseguições de Diocleciano(286-305) em 303, que ocasionou um grande derramamento de sangue cristão. O século terminou com o Cristianismo sendo elevado à condição de religião oficial do Império em 391, por Teodósio I. Constantino, o Grande, unificador dos impérios do Oriente e do Ocidente e Teodósio, último governante do Império Unificado, são os nomes de destaque quando se fala da origem da Igreja Romana. Além deles, destaca-se o debate entre Ário e Atanásio no Concílio de Nicéia e nos anos posteriores. Um século de debates políticos e teológicos, manipulações, conspirações, intrigas, tanto na luta pelo poder temporal, como na luta pelo poder religioso, marcaram o surgimento de uma organização que sobreviveu à destruição de vários impérios e até duas guerras mundiais e ainda é extremamente forte nos dias de hoje: a Igreja Católica. As igrejas evangélicas, divergem apenas na Mariologia[58], na iconoclastia[59] e nas questões litúrgicas, mas concordam no essencial: acreditam na equivalência de Jesus com Deus e na Santíssima Trindade e seu Novo Testamento é igual ao Católico. Católicos e protestantes discordam em questões periféricas, mas ambos abandonaram o Cristianismo Nazareno e refutaram o Gnosticismo para seguirem o Cristianismo Paulino-Romano.

O Cristianismo Nazareno, aquele que se reuniu em Atos *1:13-14*, foi derrotado. O Cristianismo de Paulo venceu. O Jesus messias judeu que veio promover uma Nova Aliança entre Deus e os homens e libertar Israel, cedeu lugar ao Jesus mitológico, criado ao longo dos séculos através dos su-

58. **Mariologia** – Tecnicamente significa "o estudo de Maria". Na prática da polêmica cristã, os protestantes acusam os católicos de culto à Maria (Mariolatria). Os católicos falam que não há adoração, mas veneração pela mãe de Deus.

59. **Iconoclasta** – Quem repudia a representação de santos e divindades através de imagens; quem destrói imagens religiosas e combate sua adoração ou veneração.

cessivos concílios que votaram dogmas e símbolos de fé. O mais incrível é que o Símbolo de Fé mais repetido em todo o mundo cristão, o chamado Símbolo Apostólico (um resumo do credo Niceno-Constantinopolitano)[60], afirma a crença em Jesus Cristo, filho de Deus, que nasceu de uma virgem, que ressuscitou e que subiu aos céus, mas não tem uma afirmação dizendo: "CREIO NOS ENSINAMENTOS ORIGINAIS DE JESUS, O NAZARENO".

Com isso, a Igreja destaca o Jesus da Fé e esconde o Jesus histórico que ainda tem tanto a nos dizer. Após a morte de Jesus histórico, seu irmão Tiago assumiu a direção do movimento em Jerusalém. Era respeitado por Pedro e foi chamado de *Coluna* da Igreja por Paulo. Substituiu Jesus na liderança dos apóstolos por dois motivos bem explícitos no livro de Atos: tinha qualidades para isso, sendo chamado de "O Justo" e era irmão de Jesus, portanto, descendente de Davi, continuador da linhagem messiânica. Esse Tiago que foi martirizado na década de sessenta do século I, só foi definitivamente enterrado em Nicéia no século IV. Pedro passou a ser o grande líder e fundador da Igreja e Paulo, o grande apóstolo internacionalista. A família de Jesus foi escondida da posteridade logo no nascedouro da Igreja Imperial – quem hoje sabe o que são e onde estão os *desposyni*? Essa é uma das características de Nicéia pouco abordada por clérigos e estudiosos. O Concílio de Nicéia, efetivamente, fundou uma nova religião, baseada mais nas visões de Paulo que nos ditos de Jesus, como foram preservados nos evangelhos canônicos, no Livro Q, no Evangelho de Tomé e em outros apócrifos.

---

60. O chamado **Símbolo Apostólico** é um resumo do credo Niceno-Constantinopolitano. É pronunciado em todas as missas católicas até os dias de hoje:
Creio em Deus, Pai todo-poderoso,
criador do céu e da terra.
E em Jesus Cristo, seu único filho, nosso Senhor,
que foi concebido pelo poder do Espírito Santo;
nasceu da virgem Maria;
padeceu sob Pôncio Pilatos,
foi crucificado, morto e sepultado.
Desceu à mansão dos mortos;
ressuscitou ao terceiro dia,
subiu aos céus;
está sentado á direita de Deus Pai todo-poderoso,
donde há de vir a julgar os vivos e os mortos.
Creio no Espírito Santo;
na Santa Igreja Católica;
na comunhão dos Santos;
na remissão dos pecados;
na ressurreição da carne;
na vida eterna.
Amém.

Irmãos e Irmãs de Jesus

"Todos estes perseveravam unânimes em oração, com as mulheres, com Maria, mãe de Jesus, e com os irmãos** [adelphós] **dele."

Atos, 1:14

O fato de Jesus ter tido irmãos e irmãs de sangue não era motivo de questionamento nos primórdios do Cristianismo. A presença da família de Jesus era tão forte no meio do povo que até o século II ninguém ousava colocar em dúvida essa realidade. A partir do século III e, com mais intensidade, no século IV, as discussões sobre o papel de Maria na "encarnação do Verbo" levaram alguns dos chamados pais da Igreja, a questionar a existência desses irmãos enquanto irmãos de fato do Cristo.

O problema surgiu quando Orígenes de Alexandria (184-254) começou a divulgar a "virgindade perpétua de Maria", baseado em um livro apócrifo que depois foi rejeitado pela Igreja – o *Protoevangelho de Tiago* – que circulava livremente nos séculos II e III. Santo Epifânio (315-403), apesar de combater Orígenes, o acompanhou na defesa da virgindade perpétua, fazendo a primeira menção formal sobre o tema em 374. Mais tarde, dois bispos italianos, Ambrósio (340-397) e Jerônimo (348-420), procuraram fundamentar teologicamente o dogma da virgindade. A obra de referência nesse tema é "*A Virgindade Perpétua de Maria: tratado de Jerônimo contra*

Helvídio", lançada por volta de 383 quando Teodósio I já havia ordenado a seus súditos, obediência aos bispos cristãos.

Mas outras referências do período inicial do Cristianismo, como Hegesipo (historiador cristão do século II), Tertuliano (155-222), Ireneu de Lião (140-202) e depois o próprio Eusébio de Cesaréia (275-339) assim como Helvídio, o misterioso adversário de Jerônimo, defendiam que os irmãos de Jesus eram irmãos carnais.

Quando o Império Romano adotou o Cristianismo como religião oficial, exigiu uma centralidade doutrinária. Para isso foram instituídos os concílios. O primeiro foi o de Nicéia em 325, que decretou através de uma votação a divindade de Jesus. Maria deixou de ser apenas a mãe de um messias judeu, para se tornar a mãe do próprio Deus[61]. Como então ela poderia permanecer um ser humano normal, sexuado, que teve outros filhos além de Jesus? – Não poderia! O trabalho de Jerônimo chegou na hora certa e foi tão importante que a Igreja não achou necessário nenhuma medida oficial. Na prática, o dogma estava estabelecido pela obra do bispo mais respeitado de então. Assim, se passou o final do século IV e todo o século V. Somente no 2º Concílio de Constantinopla, em 553, foi afirmado oficialmente o dogma da virgindade perpétua. O **Cânon 9** desse Concílio diz o seguinte: "*A virgem não conheceu varão, não perdeu a virgindade no parto e não teve outros filhos com seu marido José*". Em meados do século V a Igreja já dispunha de três bases lógicas para o estabelecimento deste dogma: a) a divindade de Jesus, Nicéia, 325; b) o livro de Jerônimo, 383; c) Maria mãe de Deus, Éfeso, 431. Depois disso, praticamente todos os concílios confirmaram o dogma da virgindade perpétua de Maria, com destaque para o IV Concílio de Latrão convocado em 1213 e instalado em 1215 pelo papa Inocêncio III, no auge da luta contra a heresia dos Cátaros do Languedoc. Nele foi definido que: "*Maria permaneceu virgem no momento da concepção do verbo, porque foi feita Madre de Deus por obra do Espírito Santo*".

Voltemos ao final do século IV. A partir da divulgação do livro de Jerônimo sobre a virgindade perpétua de Maria, surgiram duas versões para justificar os irmãos de Jesus citados nos Evangelhos. A versão mais corrente no Ocidente foi desenvolvida pelo próprio Jerônimo. Segundo ele, os irmãos de Jesus não seriam irmãos, mas primos, filhos de uma irmã de Maria com um tal Cléofas, que só é citado nos Evangelhos uma vez (*Jo 19:25*).[62]

No Oriente a versão mais aceita é oriunda de Epifânio, e diz que os chamados irmãos seriam filhos que José teria tido com uma outra mulher, antes do seu casamento com Maria.

O certo é que quando a Igreja começou a construir sua centralidade doutrinária, alguns dos chamados "pais da Igreja", se defrontaram com o problema relativo à vida privada de Maria e aí, o próprio São José passou a

61. Esse dogma, embora já corrente na Igreja, só foi oficializado no Concílio de Éfeso, em 431.

62. Não confundir com ***Cléopas*** citado em *Lc 24:18*, pois os nomes no original grego são diferentes.

ser um problema. O seu papel de marido, por si só, representava uma situação difícil para a mãe de Deus. Para Jerônimo, o celibato era superior ao casamento e para os cristãos primitivos, o primeiro pecado do homem foi de natureza sexual. Desse modo, não podiam admitir que a mãe de Deus tivesse tido algum tipo de contato carnal com quem quer que fosse. Para esses pais da Igreja, o sexo era sujo, logo, incompatível com a família da segunda pessoa da Trindade definida em Nicéia.

Essa abominação total ao sexo não era comum entre os judeus, que valorizavam a força da criação material narrada no Gênesis e que recomendavam o casamento até para seus rabinos. De onde veio então esse verdadeiro horror pelo amor físico? Para se ter uma referência do universo psíquico dos criadores do dogma da virgindade, é bom saber que Orígenes, Epifânio e Jerônimo se tornaram ascetas[63]. Optaram por uma vida monástica e de castidade. Orígenes, segundo historiadores, teria se castrado "para melhor servir ao Senhor". Eusébio apelidou Orígenes de *Adamantius* (metal mítico mais forte que o aço) em função do seu rigor monástico. Para o ascetismo, sexo era pecado. Representava uma paixão da carne, oposta às mais elevadas aspirações espirituais[64]. Assim sendo, como a mãe, o pai adotivo e o próprio Jesus poderiam ter tido essa experiência? Maria e Jesus teriam que ser celibatários, pois eram respectivamente, a mãe de Deus e o próprio Deus. José era apenas o pai adotivo. Melhor seria se ele fosse casto, mas havia uma tese de que os irmãos de Jesus eram filhos dele com sua suposta primeira esposa. O caminho encontrado foi transformar José em um velho viúvo que casou com Maria apenas para ser o guardião de sua honra. O isolamento de José começou desde os evangelhos que só tratam dele nos episódios do nascimento e depois, de forma indireta, apenas em Lucas na cena do Templo quando Jesus estava com 12 anos (*Lc 2:43-48*). Na iconografia é retratado como um velho, sempre ao fundo da cena principal, para parecer mais um protetor que um esposo.

Quando se estabelece um dogma, é necessário desmontar a história para adequá-la ao mesmo. A virgindade perpétua de Maria não consta do Novo Testamento. Para sustentá-la, tornou-se necessário reinterpretar a Bíblia. Foi preciso, então, negar a existência dos irmãos carnais de Jesus que,

63. **Asceta**. Aquele que se dedica a uma vida mística, contemplativa; que desvaloriza os aspectos corpóreos e sensíveis do homem; que se recolhe ao isolamento em desertos ou mosteiros, praticando exercícios que levam à efetiva realização da virtude e à plenitude da vida moral; que vive afastado dos prazeres da carne, na busca apenas dos prazeres espirituais. O asceta procura vencer o mundo, afastando-se dele. Buda e Jesus recusaram esse caminho e agiram no meio do povo sem perder a elevação espiritual.

64. A origem do **ascetismo** pode ser encontrada em Paulo. Em Gálatas ele faz um longo discurso baseado no chamado "Dualismo Ascético" dos gregos – doutrina que encarava matéria e espírito como opostos e não como complementares: "*Andai sob o impulso do espírito e não façais mais o que a carne deseja. Pois a carne em seus desejos opõe-se ao espírito e o espírito à carne; entre eles há antagonismo...*" (*Gl 5:16-17*). Tomaram essa elevada instrução de forma simplista e geraram, ao longo dos séculos, comportamentos patológicos. A Inquisição veio dos mosteiros. Eles precisavam queimar a carne (criada por Deus) em nome de Deus, pois a carne os lembrava constantemente que eram homens. Assim a Idade Média foi povoada de ermitões e loucos que matavam em nome do Cristo, esquecendo-se que, para o Cristo, o que realmente importava era o amor!

como já vimos, passaram a ser primos ou filhos apenas de José que era pai adotivo de Jesus. Mas vejamos o que os evangelhos nos dizem a respeito disso.

Os Evangelhos e os Irmãos de Jesus

Marcos, como sabemos, foi uma das fontes de Mateus e Lucas. Vejamos como ele nos apresenta os irmãos do Senhor. Vamos ao capítulo 6 do seu Evangelho. Jesus vai pregar em Nazaré[65], lugar onde todos o viram crescer e conhecem sua família, logo, se escandalizam com a autoridade que ele diz ter e comentam (grifo nosso):

> *"Não é este o carpinteiro, filho de Maria, irmão de* ***Tiago, José, Judas*** *e* ***Simão****? E não vivem aqui entre nós* ***suas irmãs****? E escandalizavam-se nele" (Mc 6:3).*

Mateus, tratando do mesmo assunto, nos dá praticamente a mesma informação que Marcos, com pequenas alterações – troca a ordem de Judas e Simão e acrescenta a palavra "todas" quando se refere a "suas irmãs" (grifo nosso):

> *"Não é este o filho do carpinteiro? Não se chama sua mãe Maria, e seus irmãos,* ***Tiago, José, Simão*** *e* ***Judas****? Não vivem entre nós* ***todas as suas irmãs****? Donde lhe vem, pois, tudo isto?" (Mt 13: 55-56).*

Para completar a narrativa dos evangelhos sinópticos chegamos a Lucas. Ele também nos fala da tentativa de Jesus de pregar em sua própria terra. Nos dá mais detalhes que Marcos e Mateus. Informa que ao chegar num sábado na sinagoga de Nazaré, Jesus se levantou para ler e lhe deram o livro de Isaías. Depois de ler um trecho profético, se apresentou como o cumprimento daquela profecia.

> *"Todos lhe davam testemunho, e se maravilhavam das palavras de graça que lhe saíam dos lábios, e perguntavam: não é este o filho de José?" (Lc 4:22).*

Observem que Lucas não apresenta uma lista de nomes dos irmãos de Jesus. Para entendermos o porquê disso é preciso uma análise ampla da questão. Lucas trabalhou com Paulo. Depois da crucificação de Jesus, seu

---

65. **Nazaré**: Cidade ou vila onde Jesus teria sido criado. Mistério para historiadores e aequeólogos. Não há referências à essa cidade no Antigo Testamento nem nos escritos rabínicos como o Talmude hebraico. Ela não é citada por Flávio Josefo, Filo de Alexandria ou mesmo Tácito. A Nazaré que existe hoje em Israel, não tem vestígios arqueológicos de que já existia no começo do século I d.C, mas pode ser que suas ruínas ainda estejam escondidas sob as areias da palestina.

irmão Tiago ficou dirigindo a Igreja em Jerusalém. Paulo tinha profundas divergências com Tiago, como atesta o livro de *Atos dos Apóstolos*. Nas cartas paulinas, os irmãos e irmãs de Jesus são completamente esquecidos. Lucas, que escreve depois das cartas, mantém a linha do seu mestre e omite a lista divulgada por Marcos que é uma de suas fontes. Tudo isso nos remete a um instigante exercício de crítica textual.

As citações de Marcos e Mateus nos servem de ponto de partida. Mas elas não são as únicas sobre os irmãos de Jesus no Novo Testamento. Há citações explícitas de Tiago como "irmão do Senhor" e de outros irmãos e irmãs, inseridas em momentos importantes do ministério de Jesus, que concordam plenamente com a tradição corrente nos primeiros séculos desta era. O problema é que essas passagens se acham esmagadas sob densas camadas de interpretações parciais.

Vimos acima, citações diretas dos nomes dos irmãos de Jesus. Mas os apologistas católicos afirmam que não está dito que "eram filhos de Maria". É verdade. Não está dito nessas duas passagens, mas vejamos o que está escrito em *Lucas 2:7*: "*e ela deu à luz o seu filho* ***primogênito****, enfaixou-o e o deitou em uma manjedoura, porque não havia lugar para eles na hospedaria*".

O verso é claro. Não se trata de José, mas claramente de Maria. "*ela deu à luz o seu filho primogênito...*". A palavra "primogênito" significa *primeiro filho* e não *único filho*. Trata-se de uma clara afirmação que Maria teve outros filhos depois de Jesus. É preciso muito malabarismo exegético para afirmar que "primogênito" não significa o primeiro filho de uma série. A palavra "primogênito" aparece inúmeras vezes na Bíblia. Só no Gênesis são cinco passagens (*Gn 4:4*; *10:15*; *22:21*; *25:13; 27:19*) todas com o sentido de primeiro de um conjunto de filhos. No Novo Testamento, *Lc 2:7, 23*; *Rm 8:29* e *Cl 1:15*, a utilizam com o mesmo sentido.

Primogênito no grego é *protokos*, palavra que Lucas usa no citado verso *2:7*. Se ele quisesse dizer "único filho", teria à sua disposição o termo *monogenes* (unigênito em português) que significa filho único. Temos um exemplo claro da utilização do vocábulo *monogenes* quando o Novo Testamento se refere a filho único:

"*Com efeito, de tal modo Deus amou o mundo, que lhe deu seu filho único* (*monogenes* no original grego), *para que todo que nele crer não pereça, mas tenha a vida eterna*" (*Jo 3:16*). – Dizer que a palavra "primogênito" na Bíblia significa "único filho" e não, "primeiro filho", só negando toda a Bíblia!

Há um versículo em Mateus que corrobora com *Lucas 2:7*. Mateus está narrando como José assumiu a paternidade legal de Jesus, depois de um sonho que teve com um anjo. "*José, ao despertar do sonho, agiu conforme o anjo do Senhor lhe ordenara e recebeu em casa sua mulher*" (*Mt 1:24*). Na sequência, o evangelista nos revela algo significativo: "*Mas não a conheceu até o dia em que ela deu à luz um filho. E ele o chamou de Jesus*" (*Mt 1:25*).

O termo "conheceu" como usado no contexto acima, é a forma bíblica de se referir à relações sexuais. Mateus está dizendo que José não viveu maritalmente com Maria, **até que ela tivesse dado à luz o seu primeiro filho**, que o anjo lhe afirmara ter sido concebido pelo Espírito Santo. Neste caso cabe uma profunda discussão semântica de fundo teológico. Os defensores da virgindade perpétua afirmam que a expressão "**até que...**" não significa necessariamente uma mudança de atitude no "**depois que...**" Concordo. Mas quem determina se o autor está afirmando que haverá mudança ou não é o contexto de cada passagem onde a expressão "**até que...**" é usada. No contexto de Mt 1:25 está claro: o autor está afirmando pela via indireta que José "conheceu" Maria **depois que** ela pariu Jesus.

Tiago, o Irmão do Senhor

Dos irmãos de Jesus, o mais citado é Tiago. Até fontes extrabíblicas atestam sua existência. Os primeiros escritos cristãos são as cartas paulinas. Os Evangelhos foram escritos depois. Estima-se que Marcos, o primeiro, foi composto por volta de 70 d.C. quando a maioria das epístolas de Paulo (martirizado antes de 68 d.C.) já estava em circulação nas comunidades. Paulo, como já vimos, pregava um Cristianismo baseado no Dualismo Ascético da tradição helenista[66] e divergia profundamente de Tiago, que defendia um rigoroso respeito à Lei Judaica. Mas a importância de Tiago era tanta, que Paulo o cita várias vezes em seus escritos.

Comecemos por Gálatas. Paulo está narrando que não subiu para Jerusalém pois lá já haviam apóstolos antes dele. Por isso foi para Arábia e para Síria (Damasco) (*Gl 1:17*). "*Decorridos três anos, então, subi a Jerusalém para avistar-me com Cefas*[67] *e permaneci com ele quinze dias*" (*Gl 1:18*). No verso seguinte, o Apóstolo dos Gentios cita diretamente Tiago como irmão do Senhor. E todos nós sabemos que "o Senhor" para Paulo era Jesus: "*e não vi outro dos apóstolos, senão Tiago, o irmão do Senhor*" (*Gl. 1:19*).

Em *Gálatas 2:9*, apesar da manifesta divergência, Paulo reconhece Tiago, Cefas e "João" como "*reputados colunas*", ou seja, como os dirigentes mais importantes da Igreja em Jerusalém. Paulo reconhece a prevalência de Tiago, ao colocá-lo em primeiro lugar na sua lista de *Colunas* da Igreja. No Concílio de Jerusalém, narrado no capítulo *15* de *Atos*, a importância de Tiago é confirmada. Estão reunidos apóstolos, discípulos, anciãos, Barnabé e Paulo para discutir a pregação do evangelho entre os gentios e a obser-

66. **Dualismo Ascético**: oposição entre o *mundo material*, pecaminoso, impuro, corruptível, inferior e *mundo espiritual*, sublime, divino, iluminado, incorruptível, superior.

67. **Cefas** é a forma aramaica do nome Pedro.

vância das normas da Torá. Dos oradores, apenas quatro são citados: Pedro abre a reunião (*At 15:7*), depois Barnabé e Paulo explicam seu trabalho pelo mundo (*At 15:12*) e Tiago, com autoridade, fala por último: "*irmãos, atentai nas minhas palavras...*" (*At 15:13*).

A relação Paulo-Tiago no nascedouro do Cristianismo é de permanente conflito, embora adornada de piedoso respeito. E não é apenas pelos aspectos formais da Lei como a questão da circuncisão (que Tiago é a favor e Paulo contra). A questão é teologicamente mais profunda e representou um racha na religião nascente. Antes, as diferenças começaram por um problema de origem. Tiago tem autoridade natural por ser irmão de Jesus e *zeloso guardião da Lei*, o que lhe garante o epíteto de "o Justo"[68]. Paulo, por sua vez, era perseguidor dos cristãos. Não só prendeu e torturou muitos como tirou a vida de tantos outros. Enquanto Paulo lutava para conquistar a confiança dos judeus, precisando invocar o testemunho do Sumo Sacerdote para atestar sua defesa ante uma multidão que queria assassiná-lo (*At 22:5*), Tiago era respeitado como chefe da igreja de Jerusalém, sendo sua casa o local da assembléia de todos os anciãos (*At 21:18*). A autoridade de Tiago era tanta que ele manda Paulo se purificar e este obedece (*At 21:17-26*). Mesmo fazendo a cerimônia da purificação, Paulo não foi aceito pelos judeus que entraram em greve de fome para que ele fosse morto, o que não aconteceu porque mais uma vez o exército romano o salvou. A carta de Tiago expõe a divergência. Ela é o mais contundente documento já escrito contra a teologia paulina. O irmão do Senhor afirma categoricamente que "*a fé, se não tiver obras, por si só, é morta*" (*Tg 2:17*), enquanto Paulo pregava "*que o homem não é justificado por obras da lei, e sim mediante a fé em Cristo Jesus*" (*Gl 2:16*).

Ainda em Gálatas, capítulo *2* versos de *11* a *14*, há um episódio pouco citado pelos estudiosos. Trata-se de uma repreensão feita por Paulo a ninguém menos que Pedro. Em síntese é o seguinte. Estando Pedro em Antioquia juntamente com Paulo, Barnabé e outros, comiam todos com os gentios quando chegaram "*alguns da parte de Tiago*". Nesse momento, Pedro começa a dissimular e se afasta dos gentios. Paulo se espanta porque até Barnabé faz a mesma coisa, "*temendo os da circuncisão*". Essa passagem mostra duas coisas. A **primeira** é a existência de dois pólos bem definidos: Paulo de um lado e Tiago de outro. E no meio, oscilando de uma posição para outra, estava Pedro. Quando caminhava com Paulo sentava e comia com os gentios. Quando chegava alguém da parte de Tiago, disfarçava e se afastava dos considerados impuros. A **segunda** é a evidência da autoridade de Tiago. Só a chegada de pessoas "*da parte de Tiago*", fazia Pedro correr da mesa, para demonstrar que não comia com os gentios, o que mostra,

68. **O Justo**. Muito semelhante ao título "*Mestre da Justiça*" atribuído ao líder da comunidade de Qumran, segundo o *Pesher Habacuc*. Ver capítulos "Antecedentes Judaicos do Cristianismo" e "Os três *Colunas* da Igreja".

além de fraqueza de personalidade, o respeito receoso que Pedro tinha pelo irmão de Jesus[69].

Mas não seria esse Tiago, o filho de Zebedeu, irmão de João? A sequência de Atos mostra que não:

Atos 1:19 fala do Tiago "irmão do Senhor"

Atos 12:2 narra a morte do Tiago "irmão de João"

Atos 12:17 Pedro, ao sair da prisão, *manda avisar a Tiago e aos irmãos.*

Primeiro o autor de Atos fala de um "Tiago irmão do Senhor". Depois diz que o Tiago "irmão de João" foi assassinado. Por fim, continua citando a atividade de um Tiago, prestigiado em Jerusalém. Como ele não disse que o Tiago "irmão do Senhor" havia morrido e nem identificou um terceiro Tiago na história, em *2:17* só pode estar falando do Tiago "irmão do Senhor".

Podem ainda alegar que a expressão "irmão do Senhor" significava apenas "irmão de fé". Mas então, como explicar por que o autor de Atos não fala: "Cefas, irmão do Senhor"; "Barnabé, irmão do Senhor"; Silas, irmão do Senhor; "Paulo, irmão do Senhor"? A resposta só pode ser uma: apenas Tiago, dentre os citados, era irmão carnal do Mestre Nazareno. Como José não era o pai de Jesus, Tiago só pode ser filho de Maria que, como veremos a seguir, é identificada em algumas cenas da paixão e ressurreição como "Maria mãe de Tiago".

A consanguinidade entre Jesus e Tiago era tão conhecida no século I, que o historiador Flávio Josefo em "*Antiguidades Judaicas*" cita a condenação e execução de um líder religioso chamado Tiago, que ele identifica como "*irmão de Jesus, chamado Cristo*"[70].

As Irmãs

Quando Marcos e Mateus listam os irmãos de Jesus, nos falam que havia "irmãs". Pelo plural vemos que eram mais de uma. Mas quantas e quais os seus nomes? É aí que começam os problemas. Há poucas fontes e muitas versões. Descobrir os nomes das irmãs de Jesus é uma das tarefas mais difíceis neste campo de estudo das origens do Cristianismo. O apócrifo *História de José o Carpinteiro*, diz que elas eram duas, Lísia e Lí-

69. Esse Pedro, repreendido por Paulo por dissimular diante de seguidores de Tiago, é o mesmo que negou Jesus três vezes (*Mc 14:66-72; Mt 26:69-75; Lc 22:55-62 e Jo 18:15-18, 25-27*); o mesmo que junto com os outros apóstolos não acreditou na ressurreição de Jesus (*Mc 16:11; Lc 24:11*); o mesmo que ao caminhar sobre as águas ao encontro do mestre, duvidou e afundou sendo chamado de "*homem de pouca fé*"(*Mt 14:28-31*); o mesmo que não reconheceu o Senhor ressurreto na pescaria gloriosa no Mar de Tiberíades, sendo preciso o Discípulo Amado dizer "Pedro, é o Senhor" (*Jo 21:7*); o mesmo que combatia a participação das mulheres na direção do movimento e que, segundo vários apócrifos, repudiava Madalena por sua sabedoria e proximidade com o Mestre. O leitor pode perguntar – o autor quer demonizar Pedro? – O autor responde – só quero mostrar que o fundador da Igreja Apostólica era um ser humano igual a nós, talvez até com mais dúvidas e fraquezas. Talvez por isso, o Senhor disse a ele e a nenhum outro: "*pastoreia minhas ovelhas*", não sem antes ter perguntado por três vezes: "*Pedro, tu me amas?*" (*Jo 21:15-17*).

70. Ver citação completa no capítulo "Jesus: homem ou mito?"

dia[71] – nomes ausentes do Novo Testamento. O *Panarion* e o *Ancoratus* de Epifânio nominam três: Salomé, Maria e Joana[72], estas sim, são citadas nos evangelhos canônicos, sempre juntas a Maria mãe, nos momentos da paixão do Senhor. O apócrifo *Evangelho de Felipe* nos fala de uma irmã do Senhor chamada Maria[73]. Quanto ao *Protoevangelho de Tiago*[74], citado por Tabor e Gardner como uma das fontes para os nomes das irmãs de Jesus, na verdade fala de uma Salomé que duvida da virgindade de Maria logo após esta ter dado à luz o Cristo. Ela não pode ser filha de Maria porque era adulta quando faz um teste de virgindade em uma Maria ainda adolescente, que acabara de sair do trabalho de parto do seu primogênito. Não encontrei também, nesse apócrifo, nada que indique que ela era filha apenas de José.

Em síntese, a difícil busca dos nomes das irmãs de Jesus pelos caminhos da tradição nos primórdios do Cristianismo, nos apresentam o seguinte quadro. **Lísia** e **Lídia** citadas na *História de José, o carpinteiro* carecem de consistência por não serem citadas nos evangelhos canônicos, nem em outros apócrifos ou livros patrísticos[75]. Os nomes citados no *Panarion* e no *Ancoratus* de Epifânio – **Maria, Salomé** e **Joana** – são mencionados nos canônicos, como veremos adiante e pelo menos em um nome, concorda com o Evangelho de Felipe, que cita **Maria** como irmã do Senhor. James Tabor, que usa como fonte apenas o Panarion, aceita apenas **Maria** e **Salomé**. Lau-

71. O apócrifo **História de José, o carpinteiro, II** diz: "*Tinha um homem chamado José, que era da cidade chamada Belém, a dos judeus, a cidade do rei Davi. Estava bem instruído na sabedoria e na arte da carpintaria. Este homem, chamado José, desposou uma mulher pela união de um santo matrimônio. Deu-lhe filhos e filhas: quatro filhos e duas filhas. Estes são seus nomes: Judá, Josetos, Santiago e Simeão. Os nomes das filhas eram Lísia e Lídia. A mulher de José morreu tal como está imposto para todo homem e deixou Santiago ainda muito pequeno. José era um justo que rendia glória a Deus em todas as suas obras. Saía fora para exercer o ofício de carpinteiro ele e seus dois filhos, que já viviam do trabalho de suas mãos, conforme a lei de Moisés. Este homem justo de que falo era José, meu pai de carne, a quem minha mãe Maria se uniu como esposa.*" (CARTER. Os Evangelhos Apócrifos, 2003, P. 165).

72. Segundo **James Tabor**, a tradição primitiva diz que as irmãs de Jesus eram duas: Maria e Salomé (TABOR, 2006, p. 89). Na nota 01-cap.4, Cita o Panarion de Epifânio, 78 8.9 e manda comparar com o Evangelho de Felipe, 59.6-11 e o Protoevangelho de Tiago 19 e 20. **Laurence Gardner** em *O Legado de Madalena* diz que: *elas são citadas no Panarion e no Ancoratus de Epifânio como sendo Maria, Salomé e Joana. As irmãs de Jesus também são mencionadas no Protoevangelho de Tiago, no Evangelho de Felipe e nas Constituições Apostólicas da própria Igreja. Nos evangelhos do Novo Testamento, essas irmãs aparecem na cruz e no sepulcro de Jesus, junto de Maria Madalena. Maria e Salomé aparecem, por exemplo, em Marcos 15:47, enquanto Joana e Maria aparecem em Lucas 24:10 e Maria novamente em Mateus 28:1 (Salomé também era conhecida como Sara ou Sara-Salomé, sendo que Sara é uma distinção que significava 'princesa'.* (GARDENER, 2005, p.46).

73. **Evangelho de Felipe** 59:6-11: "Havia três que sempre andavam com o mestre: Maria sua mãe, sua irmã, e Madalena, aquela que era chamada de sua companheira. Sua irmã e sua mãe e sua companheira, eram, cada uma, uma Maria." (ROBINSON,2006, p. 132).

74. No **Protoevangelho de Tiago** há uma passagem que fala de uma incrédula na virgindade, chamada Salomé, mas nada indica que ela seja irmã de Jesus. Maria está parida de Jesus e essa Salomé, adulta, vai testá-la. Não é sua filha e nada diz que ela seja filha de José.(XIX,3): "*E a parteira saiu da gruta e se encontrou com Salomé e lhe disse: 'Salomé, Salomé, tenho que te contar algo extraordinário: uma virgem deu à luz'. E Salomé disse: 'Pelo Senhor meu Deus, se não ponho meu dedo e toco seu seio, não acreditaria que uma virgem tivesse dado à Luz'.*" (CARTER, 2003, p 21).

75. **Patrística**. Literatura de autoria dos "pais da Igreja", os primeiros teólogos e historiadores cristãos que atuaram entre os séculos II e IV, dentre eles, Hegesipo, Clemente de Alexandria, Orígenes, Epifânio, Justino Mártir, Ireneu de Lião, Eusébio de Cesaréia, Jerônimo, dentre outros. Em suas épocas, a tradição oral ainda estava muito forte e ainda circulavam muitos textos que só foram destruídos depois. O que chegou até nós de suas obras, apesar da forte parcialidade teológica, representa muito em termos de conhecimento da realidade do Cristianismo primitivo, inclusive pela citação das obras que combatiam, sem o que não saberíamos de suas existências.

rence Gardner, amparado também no Ancoratus, sustenta os três nomes. Como ainda não temos as provas, a polêmica persiste. Cabe aos estudiosos, uma crítica das fontes cada vez mais pormenorizada. Como sempre digo, todas as pistas estão, de alguma forma, na própria Bíblia. São muitos livros com antiguidade comprovada que, mesmo sofrendo inúmeras manipulações ao longo dos séculos, guardaram segredos que uma profunda análise textual somada à outras fontes assistentes vindas da arqueologia e da história comparada, podem revelar à humanidade do século XXI.

Falando nisso, o que nos dizem os evangelhos canônicos com relação a Tiago, Judas, José, Simão e suas irmãs, citados em *Marcos 6:3* e *Mateus 13:55* como irmãos de Jesus? Segundo Laurence Gardner em seu *O Legado de Madalena*:

> *"Esses irmãos e irmãs são usados estrategicamente nos textos bíblicos para definir o estado físico de Jesus durante a sequência da paixão. Antes da crucificação, Maria é citada como a 'mãe de Jesus' (por exemplo, em João 2:1). Mas, a partir do momento em que Jesus é considerado morto, ela é definida de outra forma. Na cruz ela é citada como a 'mãe de Tiago e José' (Mateus 27:56 e Marcos 15:40), enquanto no sepulcro é tida como mãe de 'Tiago e Salomé' (Marcos 16:1). Em seguida, quando Jesus reaparece depois da ressurreição, há um retorno ao estilo anterior: 'mãe de Jesus' (Atos 1:14)* (GARDNER, 2005, p.47)".

Tiago e José são irmãos de Jesus segundo os Evangelhos e Salomé é irmã de Jesus com nome revelado pela tradição. O que os Evangelhos estão nos dizendo é que a família de Jesus, representada por sua mãe e seus irmãos, Tiago, José e Salomé[76], estiveram presentes em sua crucificação e seu enterro, sempre na companhia de Maria Madalena. *Lucas 24:10* nos fala da presença de **Joana** juntamente com "Maria mãe de Tiago" e Maria Madalena anunciando a ressurreição aos amedrontados onze apóstolos.

A grande denúncia que o Novo Testamento está nos fazendo é que na hora mais difícil quem permaneceu com Jesus, foi apenas sua família, sua companheira e o misterioso "Discípulo Amado", cuja identidade discutiremos no capítulo 10.

A Polêmica Teoria

James Tabor, em seu excelente *A Dinastia de Jesus*, apresenta uma teoria polêmica, mas bastante consistente, sobre a identidade das mulheres da Galiléia que estão presentes na crucificação e sepultamento, de acordo com

76. José já devia estar morto nesse período, pois não é citado nessa passagem tão importante.

os quatro Evangelhos. Ele se concentra nas mulheres citadas por *Marcos 15:40*, *Mateus 27:56* e *João 19:25*, que aparentemente são cinco:

1 - *Maria Madalena* (citada em todas as listas);

2 - *Maria, mãe de Tiago e José* (citada em Marcos e Mateus);

3 - *Salomé* (citada em Marcos, pode ser a irmã de Jesus ou a mulher de Zebedeu);

4 - *Mãe dos filhos de Zebedeu* (citada em Mateus, também chamada de Salomé);

5 - *Maria, mulher de Cléofas*, (citada por João, suposta irmã de Maria mãe de Jesus).

Lucas, que não gosta de listas, se refere às mulheres em geral sem dar nomes (capítulo *23* versos *49* e *55*). Há ainda uma "*outra Maria*", citada duas vezes por Mateus como estando junto com Maria Madalena no enterro" (*Mt 27:61*; *28:1*). Tabor diz que ela é a mesma Maria de *Marcos 15:47* e *16:1*, ou seja, a Mãe de Tiago e Salomé, que é a mesma mãe de Jesus. Sua teoria assume um caráter polêmico quando trata de um possível segundo casamento de Maria, após a morte de José, com Cléofas (Alfeu em grego), irmão do seu falecido marido. De acordo com um costume vigente na época, se um varão morresse sem deixar descendência, o seu irmão, por ordem de idade, deveria casar-se com a viúva[77].

Para James Tabor, a lista de *João 19:25* esconde um segredo. Literalmente falando, ela apenas omite Salomé e acrescenta uma outra Maria, suposta irmã de Maria mãe de Jesus. Mas João parece esconder algo, deixando apenas tênues indicações. Para Tabor há um sentido de fundo nesse versículo, que tem a ver com um conjunto de pistas deixadas nos quatro evangelhos canônicos e alguns dos principais apócrifos. Para esconder um segredo da vida privada de Maria, João separa em duas a mesma Maria Santíssima de acordo com sua situação civil: a) no primeiro lugar de sua lista, ele a coloca como a mãe de Jesus na situação de esposa (então viúva) de José; b) No segundo lugar, ele nos apresenta a mesma Maria mãe de Jesus, na situação de viúva de José e casada com seu irmão Cléofas, segundo a tradição judaica da época. Para omitir esse segundo casamento, ele cita Maria como irmã de si mesma, mas deixa uma pista para a posteridade: revela que ela era mulher de Cléofas, cuja versão grega era Alfeu. Ora, Tiago que é irmão de Jesus (*Mc 6:3* e *Mt 13:55*, *Gl 1.19*), é também chamado de "filho de Alfeu" (*Mc 3:18*; *Mt 10*:3; *Lc 6:15*, *At 1:13*). Como Alfeu (Cléofas) não é pai de Jesus e Tiago é irmão de Jesus, por lógica formal Tiago só pode ser filho de Maria com Alfeu, aquele que substituiu o irmão falecido (José).

Há no Evangelho de Mateus (*22:23-30*) um episódio que ilustra bem essa tradição. Os saduceus estão debatendo com Jesus sobre a ressurreição e falam abertamente de um costume da mulher viúva se casar com o irmão

77. Nos três evangelhos sinópticos há uma referência explícita a esse costume, no debate entre Jesus e os saduceus sobre a ressurreição (*Mc 12:18-25*; *Mt 22:23-30*; *Lc 20:27-38*). Os saduceus afirmam que esse costume consta da Lei de Moisés. E realmente ele está escrito em *Dt 25:5-10* e era conhecido como **Lei do Levirato**.

do falecido que não tiver deixado descendência. O verso *24* dá fundamento consuetudinário à tese do Dr. Tabor:

> *"...Se alguém morrer, não tendo filhos, seu irmão casará com a viúva e suscitará descendência ao falecido." (Mt 24:24).*

Como sempre digo, pelo menos as pistas se encontram nos canônicos. Voltando à identificação das Marias, num esmerado trabalho de crítica textual, o professor Tabor chega à conclusão de que as mulheres citadas por Marcos, Mateus e João são no máximo três e não cinco:

1 – **Maria Madalena,** a Apóstola dos apóstolos.

2 – **Maria, mãe de Jesus**, viúva de José que se casou com Cléofas seu irmão, o que justifica o irmão de Jesus, Tiago, ser chamado de "Tiago filho de Alfeu", versão grega de Cléofas.

3 – **Salomé**, que pode ser a irmã de Jesus ou a mãe dos filhos de Zebedeu (TABOR, 2006, pp. 93-97).

Não vamos entrar no debate do mérito dessa teoria do professor Tabor. O que destacamos no seu trabalho é a ligação bastante coerente da família de Jesus com os episódios da crucificação, sepultamento e ressurreição. Nada mais natural que a presença de Maria nesses episódios. Nada mais natural que ela se fazer acompanhar de seus outros filhos. O que poderia parecer estranho seria a presença constante de Maria Madalena, mas é justamente essa presença que anuncia sua importância como companheira do Mestre, confirmada pelo ato do Cristo de fazer dela a primeira testemunha da ressurreição. Assim, podemos concluir a identificação desses tão importantes personagens presentes na hora da agonia: Maria mãe, Maria Madalena, a companheira, Tiago, José, Salomé e Joana, os irmãos e imãs carnais de Jesus. A não ser que nos originais do Novo Testamento, se usasse o mesmo vocábulo para "irmão", "primo" ou "parente".

Irmãos, Primos ou Parentes do Mestre?

Os que querem reescrever a Bíblia apresentam o argumento de que a palavra hebraica usada para irmão, "*ha*", servia também para parente, primo, cunhado, etc. Correto. O hebraico tinha um vocabulário pobre. Uma mesma palavra era usada para diversos fins, mas mesmo assim, é preciso olhar o contexto. Mesmo no português – língua de um vocabulário riquíssimo – utilizamos a mesma palavra para significados diversos, como o costumeiro exemplo: *manga de camisa*; *manga de comer*; *manga de candeeiro*. A palavra manga é a mesma nos três casos, mas não dá pra confundir o seu sentido nas seguintes frases, por exemplo:

1 – *Fulano*, coloque a **manga** no candeeiro.
2 – *Beltrano*, costure a **manga** na camisa.
3 – *Cicrano*, coma essa **manga**.

O contexto de cada frase nos dá o devido significado que a palavra manga está assumindo. Se consultarmos o Antigo Testamento, realmente vamos encontrar a mesma palavra usada para irmão, *ha*, sendo utilizada para *sobrinho*, *primo*, *tio* e até *amigo*. É só ler *Gênesis 12:5*; *13:8*; *29:12-15*; *29:4* e *1Crônicas 23:22* que, mesmo sem confrontar com o original hebraico, dá pra notar que a mesma palavra (irmão) é utilizada para esses diversos significados. Não se pode negar que essa pobreza vocabular pode realmente gerar dúvidas. Mas nós não precisamos aprofundar essa discussão, porque o Novo Testamento **não foi escrito em hebraico, mas em grego**. E o grego tem três palavras diferentes para significar "irmão", "primo" e "parente". Vamos ver que palavra em grego, Paulo, que era um homem erudito, usava quando queria se referir a irmão de sangue e quais usava quando queria destacar primo ou parente.

O Novo Testamento foi escrito em grego. Alguns estudiosos defendem a tese que Mateus foi originalmente escrito em aramaico, mas como não há nenhum autógrafo (original), não podemos confirmar essa teoria. Os manuscritos que chegaram até os dias de hoje foram escritos em grego, inclusive o "*Papiro de Magdalen*", o mais antigo fragmento de Mateus já encontrado (do final do século I). E o grego, já no tempo de Jesus, usava três vocábulos diferentes para definir irmão, primo e parente.

Adelphós = irmão
Anepsiós = primo
Sungenes = parente

Paulo, que nos apresentou um Jesus místico e divino, usava muito bem as metáforas, mas nunca deixou dúvidas quando se referia aos irmãos legítimos do Senhor. Por exemplo, quando ele afirma que os apóstolos eram casados ele se referia também aos "irmãos do Senhor" usando o vocábulo "adelphós":

> *"Não temos nós direito de levar conosco esposa, como também os demais apóstolos, e os irmãos do Senhor, e Cefas?" (1Co 9:5).*

Em outra epístola já citada, Paulo é bem específico quando se refere a um dos Tiagos:

> *"Mas não vi a nenhum outro dos apóstolos, senão a Tiago irmão do Senhor". (Gl 1:19).*

Paulo, que dominava o grego, se quisesse dizer que Tiago era primo, teria escrito:

"*hoi anespsiós Kyrion*" (primo do Senhor). Mas ele usou:

"*adelphós tou Kyriou*" (irmão do Senhor).

Paulo sabia usar "primo" ou "parente" quando a situação exigia. Em *Colossenses 4:10* ele usa *anepsiós* para "primo de Barnabé". Em *Rm 16:11* ele usa *sungenes* para "Herodião, meu parente".

Contexto

O termo *adelphós* aparece 343 vezes no Novo Testamento. Ou no sentido de irmão de fato ou no sentido metafórico de irmão de fé. O contexto define claramente do que se trata. O importante é que *adelphós* nunca aparece como primo ou parente. Vejamos alguns exemplos dos dois sentidos:

como irmãos de fé, seguidores de Jesus, membros da Igreja, humanidade em geral: *Mc 3:35*; *1Co 1:1*; *Rm 9:3* e *Hb 2:11-17*;

como irmãos de fato: *Mc 3:32*; *6:3*, *Mt 12:46*; *13:55*; *Lc 8:19*; *Jo 2:12*; *At 1:14*.

Destacamos ainda mais dois exemplos extraídos dos evangelhos: em *Mt 4:21* "*... Tiago, filho de Zebedeu, e seu irmão João*". Também em *Mt 19:19* "*... tiver deixado a casa, ou irmãos ou irmãs, ou pai, ou mãe, ou filhos,...*" Essas duas passagens, onde no original está o termo *adelphós*, é um exemplo claro da determinação do sentido pelo contexto. Segundo destacados filólogos bíblicos, quando a palavra irmão aparece próximo de pai e/ou mãe, significa irmão de sangue. Há pelo menos quinze ocorrências do vocábulo *adelphós* em relação a Jesus no Novo Testamento. 14 delas com o sentido de irmão de fato. Vejamos mais um exemplo esclarecedor em *Jo 7:5*: "*Pois nem mesmo seus irmãos criam nele* [Jesus]" – No original grego temos "*adelphós*".

Analisemos. Se o termo "irmãos" nesse contexto significar "irmãos de fé", o ministério de Jesus não teve nenhuma importância, pois "nem os seus irmãos de fé acreditavam nele". Isso não faz nenhum sentido. É óbvio que João está se referindo aos irmãos de sangue de Jesus. Já em *Mt 4:18*, temos outro exemplo claro da utilização do termo "irmão": "*Caminhando junto ao mar da Galiléia, viu dois irmãos, Simão, chamado Pedro, e André, que lançavam as redes ao mar, porque eram pescadores*". Aqui não se trata de irmãos de fé nem de irmãos de Jesus, mas de irmãos entre si: Pedro e André. Observem que Jesus não diz: "vi dois dos meus irmãos" mas apenas: "vi dois irmãos". O termo empregado no original grego mais uma vez é *adelphós*. Em *Atos, 1:14*, por exemplo, temos: "*Todos estes perseveravam unânimes em oração [os apóstolos], juntamente com as mulheres, entre elas Maria mãe de Jesus, e os irmãos dele*". Aqui também está claro: os apóstolos e as discípulas (que eram todos irmãos de fé) não são citados como irmãos. No final do verso vem a referência direta aos "*irmãos dele*". Estes últimos, indubitavelmente, irmãos de sangue do Cristo. Nada mais claro.

Em síntese, chegamos às seguintes conclusões:

a) o termo grego *adelphós* (irmão) só é usado no Novo Testamento, em dois sentidos: irmão de sangue ou irmão de fé.

b) O contexto define qual o sentido em cada passagem, sendo que a proximidade de termos como pai e mãe indica irmãos de sangue, bem como, quando há distinção de outros que poderiam ser irmãos metafóricos como os apóstolos, e os irmãos de fato como em *Jo 2:12* e *At 1:14*.

c) O grego tinha termos específicos para primo e parente e os autores do Novo Testamento tinham erudição suficiente para saber distinguir, como já demonstramos (*Gl 4:10* e *Rm 16:11*).

d) Não há como negar que Jesus teve irmãos legítimos, pelo que está escrito no Novo Testamento.

e) Pela rigorosa análise textual sobram dúvidas quanto à paternidade. José era pai adotivo de Jesus e depois que este completou 12 anos não é mais citado o que faz supor sua morte. Surgem então, duas hipóteses: os irmãos de Jesus são filhos de Maria e José, que a "conheceu" após o nascimento de Jesus (*Mt 1:25*) ou José realmente não formou descendência com Maria e morreu prematuramente. Maria casou-se então, com o irmão de José, Cléofas (Alfeu), seguindo o costume adotado principalmente nas famílias dinásticas (José e Maria eram da Casa de Davi), que preconizava o casamento da viúva com um irmão do falecido (por ordem de idade), para guardar sua honra e garantir a descendência. (Teoria de James Tabor). Entre os cristãos que acreditam que Maria teve outros filhos além de Jesus, a tese mais aceita é que eles são filhos de José, gerados antes do seu falecimento.

Se pararmos de ver o casamento como uma desonra e o amor entre um homem e uma mulher, como pecado, não teremos dificuldade em aceitar o que está escrito na Bíblia: Jesus teve irmãos, filhos de sua mãe Maria. Segundo o *Protoevangelho de Tiago* e o *Evangelho do Pseudo Mateus*, Maria foi entregue aos trabalhos do Templo desde os três anos de idade, para ser uma das sacerdotisas virgens de Deus. Aos 16 anos foi colocada pelos sacerdotes sob a guarda de um viúvo trabalhador e seguidor da Torá, José. Segundo Mateus, ela foi *comprometida em casamento com José* (Bíblia de Jerusalém *Mt 1:18*), uma espécie de noivado da tradição dinástica (ver obra de *Margaret Satarbird*: *A Mulher do Vaso de Alabastro* e *Noiva no exílio* e de *Bárbara Thiering: Jesus The Man*). Nesse período (em que estava comprometida com José, mas não havia coabitado com ele) teve a sua primeira gravidez por um meio sobrenatural o que, a princípio, provocou a decisão de José de repudiá-la sem alarde, para não difamá-la. Um sonho o fez mudar de atitude. José então, aceitou-a como esposa em sua casa (*Mt 1:24*). Nada mais natural que depois do nascimento de Jesus, tivesse outros filhos com ela, constituindo uma família dentro dos princípios de Deus.

O problema é que na cabeça suja de muitos apologistas, fazer filhos, mesmo dentro de uma família constituída pelo matrimônio instituído por Deus, representa PECADO. A patologia mental chegou a tal ponto, que eles ousaram desrespeitar o princípio divino prescrito no Pentateuco: "Frutificai, multiplicai-vos, enchei a terra..." (*Gn 1:28*). Desse modo, privaram as mulheres dos últimos dois mil anos, do exemplo de uma mulher santa, mas ainda assim, mulher, com marido, filhos, lar, trabalho e, ao mesmo tempo, intensa vida espiritual. A Maria real, mãe judia do século I foi perdida no cipoal mitológico criado depois. Virou Maria Deusa, eternamente virgem, algo inalcançável pelas mulheres do nosso mundo.

Assim, a única referência feminina que restou foi Maria Madalena, mas esta, durante séculos foi jogada no outro extremo – como prostituta. Hoje é reconhecida como santa, ainda que "arrependida". É como se para mulher só existissem dois caminhos extremos: ou deusa ou diaba; ou totalmente santa, ou perdidamente pecadora. Dando nome aos arquétipos: ou Maria mãe de Deus ou Madalena dos sete demônios. A mulher real está entre esses dois extremos: não é santíssima nem é diabólica. Não é virgem perpétua e nem é puta! É um ser humano buscando a virtude espiritual, dentro das experiências concretas de um corpo de carne. Assim somos todos nós. Assim seja.

Sobre Maria, já foram *decretados* quatro dogmas:

I – Maria mãe de Deus – concílio de Éfeso, 431. Papa Celestino I.
II– Virgindade Perpétua – I Concílio de Latrão, 649, Papa Martinho I.
III – Imaculada Conceição (i) – Papa Pio IX, 1854.
IV – Assunção ao céu – Papa Pio XII, 1950.

Observem a evolução histórica dos dogmas. Primeiro, em Nicéia por 297 votos a 03, decidiram que Jesus era Deus. Então Maria passou a ser considerada a Mãe de Deus (I). Mas a mãe de Deus não poderia ter feito sexo. Veio a Virgindade Perpétua (II), fundamentada por São Jerônimo desde 383. Mas se Maria era mãe de Deus, ela não poderia ter a mancha do Pecado Original. Quem percebeu isso foi Pio IX, que decretou o dogma da

Concepção Imaculada de Maria, em meados do século XIX (III). Por fim, Pio XII, em meados do século XX, entendeu que se Maria era mãe de Deus, seu corpo não poderia ter apodrecido numa sepultura qualquer. Veio do dogma da subida ao céu em corpo (IV). E quem discordar, é herege. Só falta agora – e já há movimentos nesse sentido – colocá-la na Santíssima Trindade que passaria a ser "Quadrindade", quebrando de vez o monoteísmo, maior herança que o Judaísmo nos deixou.

São por esses fundamentalismos que as religiões, ao longo dos tempos, têm servido mais à morte que à vida. Maria é grande pelo papel que desempenhou na Terra e não pelos dogmas humanos impostos pelo Vaticano. Viva Maria Santíssima que gerou as vidas de Jesus, Tiago, José, Judas, Maria, Salomé e talvez Joana. Por ser mulher, filha de Deus, mãe do Cristo e de seus irmãos, é que ela deve ser reverenciada não só como mãe da Igreja, mas como a mãe arquétipica do Mundo.

Os Três Colunas Da Igreja

"Pedro, Tiago e João estiveram com Jesus em todo lugar.
(Ireneu de Lião, Contra as heresias, Livro III, 12, 15)

A carta de Paulo aos Gálatas é a mais tensa de toda a Bíblia. Nela está explícita a divergência profunda entre Paulo e os cristãos de tradição judaica, que insistiam em obrigar os gentios convertidos a praticarem as normas da Torá, inclusive a circuncisão. Paulo era radicalmente contra a imposição desses preceitos que ele considerava "humanos". Por isso, o começo de sua epístola pode ser considerado o mais arrogante do Novo Testamento:

> *"Paulo apóstolo – Não da parte de homens, nem por meio de algum homem, mas por Jesus Cristo e por Deus Pai que o ressuscitou dos mortos" (Gl. 1:1).*

Paulo está dizendo que não tem seu ministério subordinado a nenhum ser humano, nem mesmo aos que conviveram com Jesus vivo. Ele afirma que trabalha diretamente para Jesus e para Deus Pai. Nessa carta encontramos duas importantes referências a Tiago, irmão de Jesus, que já citamos, mas vamos repetir. A primeira é esta:

> *"Decorridos três anos, então, subi a Jerusalém para avistar-me com Cefas e permaneci com ele quinze dias; e não vi outro dos apóstolos, senão Tiago, o irmão do Senhor" (Gl. 1:18-19).*

Duas informações importantes estão explícitas e interligadas nesses dois versos: que Tiago é irmão de Jesus e também é apóstolo. Mas há uma preliminar: em algumas traduções (como a da Bíblia Sagrada - Edição Pastoral-Catequética), no lugar de "*subi a Jerusalém para avistar-me com Cefas*", temos: "*subi a Jerusalém para conhecer Cefas*". O que dá uma conotação clara de que Paulo já havia começado seu trabalho pastoral e ainda não conhecia um dos principais líderes do movimento cristão. Como sabemos Paulo não conheceu Jesus em Carne, mas vangloriava-se de ter recebido instruções diretamente do Jesus celestial, através de audições e visões do corpo espiritual do Cristo (*1 Co 9:1*; *11:2-3*; *15:7-8*; *2Co 12:9*; *1Ts 4:15*; *At 9:1-9*; *18:9-10*).

Voltemos a Tiago. A segunda referência à sua pessoa é mais que uma identificação. É uma declaração da posição de liderança por ele exercida (grifo nosso):

> *"e quando conheceram a graça que me foi dada,* ***Tiago, Cefas e João, que eram reputados colunas****, estenderam a mim e a Barnabé a mão direita de comunhão"(Gl. 2:9).*

Paulo está afirmando que os *Colunas* (pilares) da Igreja eram Tiago, Cefas (Pedro) e João. A ordem nos escritos bíblicos sempre significou precedência. Ao listar Tiago em primeiro lugar, o autor está nos dizendo que esse ocupava a posição mais importante entre os três. A partir daqui, precisamos fazer uma releitura do Novo Testamento com base em três conjuntos de fontes:

I - a tradição expressa na literatura patrística (especialmente Hegesipo, Clemente de Alexandria, Ireneu de Lião e Eusébio de Cesaréia);
II - os evangelhos apócrifos;
III - os Manuscritos do Mar Morto.

De posse desse instrumental poderemos identificar melhor esses três apóstolos e suas funções no nascedouro do Cristianismo. As informações obtidas desse triplo conjunto de fontes são complementares e ampliam a compreensão sobre as informações básicas (mas esparsas) contidas nos evangelhos canônicos e nas epístolas neotestamentárias.

Por que três *Colunas*?

Entre os mais importantes manuscritos encontrados nas cavernas de Qumran, próximo ao Mar Morto em 1947, está a *Regra da Comunidade (1QS)* (também traduzido como *Preceito da Comunidade).* Nele está expresso que um conselho de doze integrantes deve dirigir a vida comunitária. Dentre esses, três sacerdotes eram escolhidos para a direção geral. Obviamente que os mais capazes em conhecimentos da Lei e dos Profetas, além de serem os mais virtuosos.

> *"Deverá haver no Conselho da Comunidade doze homens e três sacerdotes plenamente versados em tudo que foi desvelado da Lei, cujas obras serão a verdade, a retidão, justiça, bondade e humildade"*[78].

Dentre os três, segundo o *Comentário sobre os Salmos* (4Q171), a liderança maior ficava com o Mestre da Justiça (também traduzido como Mestre da Retidão): "*...isto diz respeito ao Mestre da [Retidão, a quem] Deus escolheu para que se postasse diante d'Ele, porque Ele o encarregou de construir-lhe uma congregação...*"[79].É bom lembrar que Tiago era conhecido como Tiago, o Justo por seu conhecimento da Lei e por suas virtudes (Evangelho de Tomé; Clemente de Alexandria; Hegesipo; Ireneu de Lião; Eusébio de Cesaréia). A liderança do Mestre da Justiça também é confirmada pelo *Pesher Habacuc* (1QpHab).

Como vimos no capítulo *Antecedentes Judaicos do Cristianismo*, o movimento liderado por Jesus era denominado nazareno ou nazireu. As características dessa seita mostravam muitas semelhanças com a comunidade de Qumran. Podemos dizer que era o braço urbano do setor ascético que habitava no deserto da Judéia. A Bíblia de Jerusalém nos trás a seguinte tradução de *João 18:4-5*:

> *Sabendo Jesus tudo o que lhe aconteceria, adiantou-se e lhes disse: "A quem procurais?" Responderam: "Jesus, o Nazareu".*

Essa é tradução correta atestada pelos maiores especialistas da atualidade. Algumas traduções pobres colocam: "*Jesus de Nazaré*" fazendo uma fácil ligação com a vila onde supostamente Jesus foi criado. Nos manuscritos mais antigos reconhecidos oficialmente pela Igreja, como o *Codex Sinaiticus* e o *Códex Vaticanus*, a predominância é "*Jesus o Nazareno*" e não "*Jesus de Nazaré*". A referência nunca foi ao suposto local onde foi criado, mas ao grupo que liderava. Mesmo após sua crucificação, seu movimento continuou a ser assim reconhecido, como no episódio em que o sacerdote Ananias, os anciãos e um orador jurídico acusam Paulo perante o governador Félix:

> *"Porque tendo nós verificado que este homem é uma peste e promove sedições entre os judeus esparsos por todo o mundo,*

78. Preceito da Comunidade (1QS), VII, in: VERMES, Geza. *Os Manuscritos do Mar Morto*. São Paulo: Mercuryo, 1997. p. 131.

79. Comentário sobre os salmos (4Q171), III, in: VERMES, 1997, p. 387.

> *sendo também o principal agitador da seita dos Nazarenos" (At 24:5).*

Se levarmos em conta que o Concílio de Jerusalém aconteceu por volta de 49 d.C. e que esse episódio perante Félix aconteceu muito tempo depois fica claro que nesse período já havia muitos convertidos entre judeus e gentios, mas os sacerdotes judeus não usam o termo "cristãos" e sim "nazarenos" para identificar a seita liderada por Paulo. Um pouco antes, no mesmo livro de Atos, Paulo em apuros, apresenta sua defesa a uma massa de judeus que queriam matá-lo. Tentando sensibilizar a multidão, Paulo lhes fala em hebraico e conta mais uma vez o episódio de sua conversão, a audição que teve de Jesus. Depois de ouvir uma voz que dizia "*Saulo, Saulo, por que me persegues*?" Saulo diáloga com a Voz:

> *"Perguntei: quem és tu, Senhor? Ao que me respondeu: Eu sou Jesus, o Nazareno, a quem tu persegues." (At 22:8).*

Segundo Paulo, Jesus já no mundo espiritual continuou se apresentando como "O Nazareno". O Novo Testamento como um todo não deixa dúvidas. O movimento liderado por Jesus, pelo menos até o final do século I, não levava o nome de Cristianismo e sim Seita ou Movimento Nazareno ou Nazireu. O nome "Cristãos" é citado pela primeira vez nos registros romanos por Tácito (55-120), historiador pagão e senador romano, no início do século II, quando numa carta enviada ao Imperador se refere aos seguidores de Jesus como a seita dos "*depravados cristãos*". A partir daí o nome "*cristãos*" começou a substituir "*nazarenos*". O autor de Atos nos conta em *11:26* que foi em Antioquia que os discípulos foram chamados pela primeira vez de cristãos. Mas isso foi um fato isolado que ocorreu antes do martírio de Tiago irmão de João, portanto, antes de 44 d.C. O próprio livro de Atos deixa claro que bem depois disso, os seguidores de Jesus continuaram sendo chamados de nazarenos, como vimos acima. É realmente a partir do início do século II que o movimento recebe o nome derivado de Cristo.

E como era essa comunidade nazarena? Em *At. 4:32-35* encontramos uma descrição clara do seu modelo. Era algo que estava além do socialismo, onde todos vendiam seus bens e depositavam aos pés dos apóstolos que os repartiam com todos de acordo com a necessidade de cada um. Esse estilo de vida não tinha paralelo com Fariseus nem com Saduceus, mas apenas com os essênios de Qumram. **Por estes costumes comuns, infere-se que os nazarenos poderiam se organizar de acordo com o modelo qumraniano**. Com efeito, Atos traz com outras palavras, o mesmo que está no pergaminho *Regra da Comunidade* e no *Pesher Habacuc*: um Conselho de doze, com três dirigentes maiores (os *Colunas*) sob a prevalência de um deles, o Mestre da **Justiça**, que no caso dos nazarenos era Tiago, o irmão do Senhor, também chamado de Tiago, o **Justo**.

No final do segundo capítulo de Mateus, há uma referência interessante sobre o tema. Ao narrar a volta da família sagrada do Egito, após a morte de Herodes, Mateus informa que José não levou os seus para Judéia, pois lá governava Arquelau, filho de Herodes. Prevenido em sonho foi para a Galiléia. Aí, Mateus invoca uma profecia:

> *E foi habitar numa cidade chamada Nazaré para que se cumprisse o que fora dito por intermédio dos profetas: Ele será chamado Nazareno. (Mt 2:19-23).*

Uma nota de pé de página da Bíblia de Estudo Almeida, traduzida por João Ferreira de Almeida, um dos mais conceituados tradutores bíblicos para a língua portuguesa, mostra dúvida ao tentar explicar essa referência profética de Mateus: "*Nessa citação, Mateus parece fazer alusão a Jz 13:5-7, que fala do Nazareno (ou Nazireu), ou possivelmente a Is 11.1, que fala do renovo (hebr. Neser)*". *Jz 13:5* trata do nascimento de Sansão. Mateus, como Paulo que escreveu antes dele, coloca fatos do Antigo Testamento como se fossem profecias sobre Jesus, mas não vamos entrar nesse debate. O fato importante é que no tempo de Sansão, já existia entre os judeus um grupo ou seita Nazireu formado por pessoas consagradas a Deus, que não cortavam os cabelos (cf. *1 Sm 1:11*; *Nm 6:2-21*). Jesus pode ter habitado numa vila chamada Nazaré (o que não está provado nem desmentido), mas ele era um **Mestre Nazareno** por conta de uma tradição muito antiga, que passa por Sansão e chega à comunidade de Qumran como os *Nazrie ha Brit* (Guardiões da Aliança), cuja raiz, *nazrie*, é a mesma para nazareno.

Assim, concluímos que **a norma de ter um conselho de doze com três dirigentes principais e um líder maior, *mestre da justiça* ou *o justo*, vem dos essênios de Qumran**. Como já vimos no capítulo 5, os Manuscritos do Mar Morto questionam a singularidade do Cristianismo. A hierarquia e parte da liturgia cristã, já eram praticadas pelos Guardiões da Aliança desde aproximadamente 250 a.C.

Os Três mais Próximos do Mestre

O Getsêmani e a Transfiguração, dois acontecimentos bíblicos por demais conhecidos até pelo público não cristão, têm uma coisa em comum: a presença dos mesmos três apóstolos: Pedro, Tiago e João. Vejamos como os três evangelhos sinópticos nos apresentam esses fatos (grifos nossos):

Transfiguração

Mc. 9:2-3 "Seis dias depois, Jesus tomou consigo a ***Pedro, Tiago*** *e* ***João*** *e conduziu-os a sós a um alto monte; e se transfigurou diante deles...".*
Mt. 17:1-2 "Seis dias depois, Jesus tomou consigo ***Pedro, Tiago*** *e* ***João seu irmão****, e conduziu-os à parte a uma montanha alta. Transfigurou-se na presença deles...".*
Lc. 9:28-29 "Passados uns oito dias, Jesus tomou consigo a ***Pedro****, a* ***Tiago*** *e a* ***João*** *e subiu ao monte para orar. Transformando-se...".*

Getsêmani

Mc. 14:32-34 "Foram em seguida para o lugar chamado Getsêmani, e Jesus disse a seus discípulos: sentai-vos aqui, enquanto vou orar. Levou consigo ***Pedro, Tiago*** *e* ***João****; e começou a ter pavor e angustiar-se. Disse-lhes: a minha alma está numa tristeza mortal, ficai aqui e vigiai".*
Mt. 26:37 "E tomando consigo ***Pedro*** *e os* ***dois filhos de Zebedeu****, começou a entristecer-se e angustiar-se".*
Lc. 22:39-40 "Conforme o seu costume Jesus saiu dali e dirigiu-se para o Monte das Oliveiras, seguido dos seus discípulos. Ao chegar àquele, disse-lhes: orai para que não caiais em tentação. Depois se afastou deles à distância de um tiro de Pedra e, ajoelhando-se, orava".

A crítica textual dessas passagens nos revela segredos que nunca estiveram ocultos. Como já discutimos no capítulo que trata do *Livro Q*, o primeiro Evangelho a ser escrito foi o de Marcos. Mateus e Lucas o usaram como fonte, mas ambos o editaram: acrescentaram informações e o modificaram em diversos pontos. Mateus editou mais. Lucas suprimiu principalmente listas de nomes.

Transfiguração – Observem que Marcos (fonte para Mateus e Lucas) cita apenas Pedro, Tiago e João, sem identificá-los. Lucas segue Marcos, mas Mateus edita e diz que o Tiago citado é o irmão de João.

Getsêmani – Aqui as diferenças são maiores. Marcos continua citando os três sem qualificá-los. Mateus continua na mesma linha que adotou na Transfiguração e cita Pedro e os dois filhos de Zebedeu (Tiago e João). Lucas, dessa vez, omite a lista inteira.

Na sequência da Transfiguração, os apóstolos enxergaram Moisés e Elias conversando com Jesus. Esse fato é revelador da qualidade de *médium* dos três. Naquele tempo não existia fotografia e muito menos no tempo de Elias e de Moisés. Os judeus não faziam pinturas de seus patriarcas. Como então eles reconheceram as figuras espirituais que estavam conversando com Jesus transfigurado? Somente por informação mediúnica. Por serem portadores desse dom é que Jesus sempre os levava à parte. No Getsêmani, a hora de maior angústia do Mestre, ele aparta os três dos doze e os leva consigo para sua conversa emblemática com Deus. **Com esses gestos, Jesus está dizendo quem são os <u>três</u> que deverão liderar o movimento após sua saída**, de acordo com os costumes comuns a essênios e nazarenos. Mas não há clareza quanto a identidade desses três apóstolos no Novo Testamento. Quem são realmente esses três *Colunas*?

Pedro e João aparecem nas duas listas sem divergência, mas Tiago aparece em Marcos e Lucas apenas como Tiago e em Mateus, como Tiago irmão de João, filho de Zebedeu. Qual seria realmente esse Tiago? A resposta está no conjunto do Novo Testamento. Fazendo um cruzamento de dados, não restará dúvida de que o Tiago da Transfiguração e do Getsêmani é o Tiago irmão de Jesus e não o Tiago filho de Zebedeu. Lembremos da Regra da Comunidade: Conselho de doze com três sacerdotes principais. Antes da crucificação Jesus deixou claro, pelas suas atitudes, quem seriam esses três. Pedro, Tiago e João. **Mas o Tiago é o irmão de João ou o irmão de Jesus**? Para responder a essa pergunta, basta irmos para o capítulo *15* de Atos e para *Gálatas 2:9*. Nessas passagens, após a morte e ressurreição de Jesus, vemos Tiago liderando o concílio de Jerusalém e sendo o primeiro entre os três *Colunas* da Igreja. Como não há dúvida de que o Tiago do capítulo 15 de Atos e o de Gálatas 2:9 era o Tiago irmão de Jesus, ele se torna forte candidato a ser o Tiago mais próximo de Jesus vivo.

A Ressurreição da Filha de Jairo

Além da Transfiguração e do Getsêmani, há outro episódio em que Pedro Tiago e João são chamados à parte por Jesus, para acompanhá-lo em uma missão especial. Trata-se da chamada ressurreição da filha de Jairo (*Mt 9:18-26*; *Mc 5:37*; *Lc 8:51*).

Dessa vez é Mateus que não dá lista de nomes. Lucas cita Pedro, Tiago e João sem identificar o Tiago. Marcos, nesse episódio, parece identificar o Tiago como irmão de João, mas uma leitura atenta deixa bem claro que ele está se referindo ao outro Tiago, no caso, o Justo. Vejamos Marcos 5:37:

> *"E não permitiu que ninguém o acompanhasse, senão Pedro, Tiago e João, irmão de Tiago".*

Esse versículo é um quebra-cabeça interessante. Marcos não diz: "Pedro, Tiago e João, seu irmão" o que, aí sim, denotaria uma identificação positiva desse Tiago como irmão de João. Uma construção possível para esse trecho, pode ser expressa nos seguintes termos:

> *"E não permitiu que ninguém o acompanhasse, senão Pedro, Tiago [o justo] e João, irmão de Tiago [Boanerges]".*

O autor de Marcos não se deu ao trabalho de fazer essa dupla identificação (entre colchetes). Seu texto, por isso, não ficou claro, logo, a dedução tem que vir da interpretação exegética. A quem Jesus ressurreto deu a *gnose* segundo São Clemente? Quem eram os *Colunas* da Igreja segundo São Paulo? O Tiago que se encaixa nessas duas respostas é o irmão do Senhor, também conhecido como "o Justo" por suas virtudes e conhecimentos, logo, é ele o Tiago citado nos evangelhos como sendo um dos três que Jesus sempre chamava à parte em momentos especiais, fato confirmado por Ireneu.

A Literatura Patrística e os Dois Tiagos

A monumental obra *História Eclesiástica*, também conhecida como *Historia da Igreja*, de Eusébio de Cesaréia, nos trás um testemunho importante sobre Tiago irmão do Senhor e o outro Tiago, o Boanerges. Eusébio começa o Livro II dessa obra, citando suas fontes: "*Redigimos este livro de acordo com Clemente, Tertuliano, Josefo e Fílon*[80]". Vejamos o que nos diz Eusébio, invocando as fontes citadas:

> *Então, Tiago, chamado irmão do Senhor (Gl 1:19), – tinha também ele o nome de filho de José; José era pai de Cristo, pois a virgem era comprometida em casamento com ele, mas antes que coabitassem, ela concebeu do Espírito Santo (Mt 1:18), conforme ensinam as Sagradas Escrituras, no Evangelho – esse Tiago, a quem os antigos davam o sobrenome de justo, devido a suas excelentes virtudes, diz-se ter sido o primeiro a ser instalado no trono episcopal da cidade de Jerusalém.*
> *Clemente, no sexto livro das Hipotyposes, o declara. Afirma, de fato: 'Após a ascensão do Senhor, Pedro, Tiago e João, apesar de particularmente distinguidos pelo Salvador, não disputaram a honra de bispo de Jerusalém, mas escolheram Tiago, o justo, para este múnus'.*

80. CESARÉIA, Eusébio de. *História Eclesiástica*. São Paulo: Paulus, 2000. p. 71.

> *O mesmo autor, no sétimo livro da mesma obra, narra ainda a seu respeito: 'A Tiago, o justo, a João e a Pedro o senhor concedeu a gnose, após sua ressurreição. Eles a transmitiram aos demais apóstolos e os restantes apóstolos, por sua vez, a transmitiram aos setenta, um dos quais era Barnabé*[81].

É importante destacar que Eusébio, assim como Clemente e Orígenes, consideravam Tiago, filho de José com Maria. Na época em que foi escrito *História Eclesiástica* (início do século IV) ainda não havia o dogma da virgindade perpétua. Seguindo as escrituras, esses pais da Igreja acreditavam na primeira gravidez de Maria como obra do Espírito Santo, mas depois disso, como está claro no texto acima, consideravam que Maria teve outros filhos com José.

Vamos à análise interpretativa dos três parágrafos da citação. No primeiro, Eusébio nos dá quatro informações importantes: a primeira é a confirmação de que existe um Tiago irmão do Senhor; a segunda é que o Tiago irmão do Senhor era também conhecido como Tiago filho de José, esposo de Maria; a terceira é que esse Tiago tinha o epíteto de "o justo" pelas suas virtudes; e a quarta é que Tiago o justo foi escolhido chefe da Igreja em Jerusalém.

No segundo parágrafo, Eusébio cita São Clemente que por sua vez confirma a lista dos três mais próximos de Jesus – Pedro, Tiago e João. Mas se o leitor observar com atenção o que diz Clemente no terceiro parágrafo, vamos concluir que o Tiago destacado por Jesus não era outro senão o seu irmão. Vejamos novamente este trecho específico do terceiro parágrafo:

'A Tiago, o justo, a João e a Pedro o Senhor concedeu a Gnose, após sua ressurreição'.

Nesse trecho, Clemente, citado por Eusébio, se refere explicitamente a Tiago, o Justo, que ambos (Clemente e Eusébio) afirmam ser o irmão do Senhor. Depois dessa identificação, ele afirma algo extremamente significativo: que Jesus ressuscitado dá a esses três discípulos, a *gnose*, ou seja, o conhecimento esotérico da verdade. Ora, como Jesus ia destacar o Tiago Boanerges durante sua vida e depois de sua ressurreição, quando estava em seu corpo celestial, iria repassar o "conhecimento" para o outro Tiago? Não. Na verdade, o Tiago que recebeu a Gnose diretamente de Jesus ressurreto, segundo Clemente, é o mesmo Tiago "*Coluna*" da Igreja segundo Paulo (*Gl 2:9*) e é o mesmo Tiago da Transfiguração, do Getsêmani e da ressurreição da filha de Jairo. A hermenêutica desatenta pode até apontar para Tiago irmão de João, mas a exegese cuidadosa aponta para Tiago irmão do Senhor.

Ireneu de Lião, nascido por volta de 140 d.C., considerado uma das vozes mais autorizadas da literatura patrística, em sua obra prima, *Adversus*

81. Ibid. p. 72.

Haereses (Contra as Heresias), tira qualquer sombra que por ventura paire sobre qual Tiago participava do círculo mais íntimo de Jesus.

Além de *Contra as Heresias* Ireneu escreveu *Demonstração da Pregação Apostólica* (Antigo Catecismo para Adultos), ambas lançadas entre 180 e 189 d.C. Ao contrário de Eusébio de Cesaréia, que era Ariano, Ireneu era de uma ortodoxia só comparada a de Atanásio. Adepto incondicional do apóstolo dos gentios, Paulo, ele travou a mais antiga batalha de que se tem notícia contra os gnósticos, liderados principalmente por Valentim e Marcião, herdeiros de Simão, o Mago, que ele identificou como pai de todos os gnósticos.

No Livro III, 12,15 de *Contra as Heresias*, Ireneu trata dos apóstolos reunidos no Concílio de Jerusalém em 49 d.C. Usa como fonte o livro de Atos, que cita a todo instante enquanto reconstrói os acontecimentos. Como já está mais do que claro em Atos (*15:4-21*), o Tiago que participa desse Concílio é o irmão do Senhor, pois o Tiago irmão de João já havia sido assassinado por ordem de Herodes de Cálcis em 44 d.C. (*At. 12:1-2*). No último parágrafo dessa narrativa, Ireneu está descrevendo o episódio em que Pedro e Barnabé estão comendo com estrangeiros considerados impuros, quando chegam alguns da parte de Tiago e eles dissimulam. Até aqui, Ireneu apenas reproduz Atos e algumas cartas paulinas, mas em seguida, há uma colocação dele que não deixa dúvidas sobre o assunto que estamos discutindo (grifo nosso):

> *"Assim, os apóstolos, tornados testemunhas de tudo que o Senhor disse e fez –* ***Pedro, Tiago e João estiveram com Jesus em todo lugar*** *– observavam com respeito as disposições da Lei mosaica, indicando que provinham de um só e idêntico Deus. Eles não se teriam portado assim, como já dissemos anteriormente, se tivessem aprendido do Senhor [Jesus] um Deus diverso do que deu os preceitos da lei"*[82].

Ireneu está narrando o Concílio de Jerusalém. Tiago, irmão de João, não está mais vivo. Quem comanda o Concílio junto com Pedro é Tiago irmão do Senhor. Ireneu afirma os apóstolos como testemunhas dos ditos e atos de Jesus e destaca que três deles: "*Pedro, Tiago e João estiveram com Jesus em todo lugar*". Ireneu não diz que esse Tiago é o já falecido irmão de João. Ele vinha tratando do Tiago que estava dirigindo o Concílio. Sua narrativa é contínua, logo ele está se referindo a esse Tiago, o irmão do Senhor, conhecido como o Justo. Era ele que, juntamente com Pedro e João "*estiveram com Jesus em todo lugar*" pois como já vimos os outros nove apóstolos não estiveram em pelo menos três lugares destacados nos evangelhos: a Transfiguração, o Getsêmani e a ressurreição da filha de Jairo.

82. LIÃO, Ireneu. *Contra as Heresias*. São Paulo: Paulus, 1995. p. 304.

Eusébio continua sua narrativa sobre a história da Igreja e fala dos dois Tiagos, identificando-os e informando sobre a morte trágica dos dois (grifo nosso):

> *Havia dois discípulos com o nome de Tiago: um, o justo, que tendo sido precipitado do pináculo do templo, foi batido com bastão de um pisoeiro até morrer, e outro que foi decapitado.* ***É também o justo que é mencionado por Paulo, ao escrever: 'Não vi nenhum outro apóstolo, mas somente Tiago, o irmão do Senhor'***[83].

Com relação à morte de Tiago irmão de João (44 d.C.), Eusébio usa o livro de Atos como fonte e acrescenta outros dados que estavam à disposição no início do século IV. O livro de Atos quando narra a morte de Tiago, irmão de João, conhecido como Tiago Maior nos diz que realmente ele foi morto pela espada:

> *Por aquele mesmo tempo, o rei Herodes mandou prender alguns membros da Igreja para os maltratar. Assim foi que matou à espada Tiago, irmão de João (At. 12.1-2).*

Uma outra fonte muito usada por Eusébio é Flávio Josefo que, como já citado no capítulo "**Jesus: homem ou mito?**", nos diz que Tiago, o justo, foi morto por apedrejamento. Clemente parece discordar de uma das principais fontes de Eusébio ao afirmar que Tiago, o justo, foi jogado do cume do Templo, mas ao complementar essa informação com uma espécie de massacre sobre o corpo caído, ele na verdade está apenas acrescentando que a morte do apóstolo se deu pelas duas causas: foi jogado do alto do Templo e depois supliciado quando chegou ao chão.

Mais à frente, no capítulo 23 do mesmo Livro II, Eusébio invoca o testemunho de Hegesipo, mais antigo que Clemente, e temos então as duas narrativas conciliadas:

> "As circunstâncias da morte de Tiago já foram assinaladas, numa citação de Clemente, que diz ter sido ele precipitado do pináculo do templo e morto com bastonadas. Hegesipo, da primeira geração depois dos apóstolos, registra cuidadosamente tudo o que toca a Tiago no quinto livro de suas Memórias, nos seguintes termos:"
> *(...)Então, por sua vez, os escribas e fariseus diziam uns aos outros: 'Fizemos mal ao provocarmos tal testemunho em favor de Jesus. Subamos, pois, e joguemo-lo para baixo, a fim de que os outros se intimidem e não creiam nele'.*

83. CESARÉIA, Eusébio. Op. Cit. p. 73.

> *E exclamaram: 'Oh! Oh! Até o justo enganou-se'. E realizaram a profecia de Isaías: 'Eliminemos o justo, porque nos incomoda. Colherá o fruto do seu procedimento (Sb 2,12; Is 3,10). Então subiram e jogaram o Justo para baixo.*
> *E diziam uns aos outros: 'Apedrejemos a Tiago, o Justo'. E começaram a apedrejá-lo, porque Tiago não morrera ao ser jogado para baixo. Mas este voltou-se, pôs-se de joelhos e disse: 'Suplico-te, Senhor, Deus Pai, perdoa-lhes porque não sabem o que fazem'.*
> *(...)*
> *Então, um deles, um pisoeiro, tomou o bastão com o qual batia os tecidos, golpeou a cabeça do Justo, que assim completou o martírio. (...) Foi verdadeira testemunha diante de judeus e gentios de que Jesus é o Cristo. E logo, Vespasiano os sitiou*[84].

Concluímos, então, que o Tiago irmão de Jesus que integrava o triunvirato dirigente da Igreja em Jerusalém (os *Colunas*), era o mesmo Tiago que Jesus chamava em separado, junto com Pedro e "João", em ocasiões de profunda atividade espiritual. Com essas atitudes, Jesus deixou claro quem seriam os três sacerdotes dirigentes do seu movimento após seu sacrifício na cruz. Juntando a informação de que o Tiago integrante dos *Colunas* é sem dúvidas o irmão do Senhor, com o depoimento de Clemente sobre quem estivera "*com Jesus em todo lugar*", duas questões ficam esclarecidas: a) que o Tiago Boanerges, irmão de João e filho de Zebedeu, não era o Tiago da Transfiguração, do Getsêmani e da ressurreição da filha de Jairo; b) que ele não era um dos *Colunas* da Igreja. [Porque só havia dois Tiagos apóstolos e o que estivera "com Jesus em todo lugar" era o irmão do Senhor].

Dois ou Três Tiagos?

A nossa tese, corroborada por muitos especialistas em Cristianismo primitivo, é que nunca houve três Tiagos entre os discípulos citados de Jesus (o Maior, o Menor e o irmão do Senhor), mas apenas dois e os dois eram apóstolos: Tiago irmão de João (o Tiago Maior) e Tiago irmão de Jesus (o Tiago Menor), também citado como Tiago filho de Alfeu, como já vimos detalhadamente no capítulo *Irmãos e Irmãs de Jesus.*

Chegamos a essa conclusão juntando os dados das fontes já citadas com o cimento da lógica formal: Havia dois Tiagos entre os apóstolos. Um era irmão de João, filho de Zebedeu. O outro (chamado "filho de Alfeu") só poderia ser o irmão de Jesus (Paulo e a literatura patrística confirmam

84. Ibid. p. 107.

Tiago irmão do Senhor como apóstolo). Como o Conselho era de doze e não de treze, não poderia haver um terceiro Tiago apóstolo[85].

Tiago, Irmão de João, Filho de Zebedeu

A atuação de Tiago Boanerges nunca teve essa relevância. Não sendo ele o Tiago dos três episódios especiais exaustivamente tratados neste capítulo, restam-lhe duas repreensões do Senhor. A primeira está em *Marcos 10:35-40*. Os dois filhos de Zebedeu, Tiago e João pedem a Jesus para que permita que eles se assentem um à sua direita e outro à sua esquerda, quando o Mestre estiver na glória celestial. Jesus responde com firmeza: "*não sabeis o que pedis*". A outra reprimenda está em *Lucas 9:51-56*. Jesus ia para Jerusalém e, no caminho, um povoado de samaritanos lhe negou pousada. Tiago e João perguntaram a Jesus: "*queres que mandemos descer fogo dos céus para os consumir*?" Jesus mais uma vez fez uma firme reprimenda afirmando que não veio para destruir, mas para salvar. Depois disso

85. O professor James Tabor, autor da tese do provável segundo casamento de Maria, nos apresenta outra teoria instigante. Para ele, mais dois irmãos de Jesus além de Tiago, participaram do Conselho dos Doze. Vejamos como ele justifica essa proposição:
"Um exame cuidadoso da composição desse Conselho dos Doze é muito revelador. Cada vez que seus componentes são arrolados em Mateus, Marcos e Lucas, são sempre agrupados em três linhas, de quatro nomes cada:
1 Simão Pedro, André, Tiago e João;
2 Felipe, Bartolomeu, Mateus e Tomé;
3 Tiago, Judas, Simão e Judas Iscariotes.
Os oito primeiros são bem conhecidos, mas os quatro últimos constituem um mistério intrigante. São sempre arrolados por último em todas as nossas fontes. Seria de esperar que Judas Iscariotes fosse colocado bem no fim da lista, já que foi o traidor de Jesus, mas quem são os outros três – Tiago, Judas e Simão? Em comparação com os outros, nada é dito sobre eles em qualquer dos evangelhos do Novo Testamento. Esse estranho silêncio certamente é proposital, e o seqüenciamento das listas é intencional. O que temos aqui é um exemplo clássico de os "últimos" serem os "primeiros".
Na época de nossos evangelhos do Novo Testamento, o papel vital que esses três iam desempenhar, bem como a própria existência da dinastia de Jesus, estava em vias de ser eliminado do quadro, mas seus nomes como parte dos doze não podiam ser cortados.
Tiago, Judas e Simão são claramente os irmãos de Jesus. Na verdade, Judas é chamado "Judas de Tiago", em Lucas 6:16, uma expressão que provavelmente significa "irmão", e ele se referia a si mesmo como "irmão de Tiago" em sua carta de uma página ao final do Novo Testamento, um documento que quase foi excluído do cânone. Tiago é chamado o "filho de Alfeu" (Lucas 16:15), e, como já vimos, "Alfeu" é uma outra forma do nome "Cléofas", o irmão de José e, provavelmente, o segundo marido de Maria. Simão, "filho de Cléofas", é quem assume a liderança do movimento de Jesus após Tiago ser morto [em 62 d.C] – então, também ele é um irmão. Estou convencido de que esses são os três irmãos de Jesus". (TABOR, 2006, p.179).
A lista apresentada em *Atos 1:13* coloca esses três irmãos juntos novamente, só que com mais pistas para sua identificação. A cena se passa no cenáculo onde ocorreu a última ceia. Os onze apóstolos estão reunidos, após a morte do Mestre, para a eleição do sucessor de Judas Iscariotes. Com eles também, Maria mãe do Senhor e as mulheres da Galiléia, que Lucas não dá os nomes. Madalena, pela sequência dos acontecimentos da paixão e ressurreição, deveria estar entre elas, mas não é citada. A pista principal é a indicação "*...e Judas irmão de Tiago*". Eis a lista:
"Pedro, João, Tiago, André
Felipe, Tomé, Bartolomeu e Mateus
Tiago, filho de Alfeu, e Simão o Zelote, e Judas irmão de Tiago".
Algumas traduções colocam "*...e Judas filho de Tiago*". Recorri ao original grego e lá encontramos simplesmente: "*... e Judas de Tiago*". Essa indefinição do original deu margem para as duas interpretações. A exegese nos mostra que nos evangelhos não são citados filhos dos apóstolos. Já em *Marcos 6:3* está dito que Judas é irmão de Tiago e ambos são irmãos de Jesus. Além disso, Tiago não teria idade para ser pai de um apóstolo. Nessa linha, a tradução "*...e Judas irmão de Tiago*" é a mais correta.

Tiago Boanerges só volta a ser citado quando de sua morte pela espada de Herodes (*Atos 12:2*). Esse Tiago não poderia ter sido escolhido como um dos três *Colunas* da Igreja e não foi. Não poderia ter sido um dos três que recebeu a gnose diretamente do Jesus ressuscitado e não foi. Não poderia ser um dos três mais próximos de Jesus em vida e não foi. Nossa conclusão é que o Tiago que foi tudo isso foi o Tiago irmão de Jesus, também chamado de Tiago o Justo.

A Diminuição de Tiago, o Justo, e o Crescimento de Paulo

Já destacamos algumas evidências da importância de Tiago, o Justo, para o Cristianismo nascente, mas nunca é demais ressaltar o dito 12 do Evangelho de Tomé:

> *"Os discípulos perguntaram a Jesus: Sabemos que nos vais deixar. E quem será então nosso chefe? Respondeu-lhes Jesus: No ponto onde estais, ireis ter com Tiago, que está a par das coisas do céu e da terra"* (ROHDEN, 1990, p.32).

No comentário que se segue, o mestre Rohden, um dos maiores especialistas no Evangelho de Tomé, deixa claro que esse Tiago é o "cognominado o Justo". O mesmo dito 12 na tradução de James M. Robinson identifica diretamente o Tiago (grifo nosso):

> *"Os discípulos disseram a Jesus, 'Sabemos que tu partirás de nós. Quem será o nosso líder?' Jesus disse a eles, 'Onde quer que vós estejais, devereis ir a* ***Tiago, o Justo****, por quem o amor do céu e da terra veio à existência'* " (ROBINSON, 2006, p. 117).

Tiago, o Justo, dirigiu a Igreja desde a crucificação em torno de 30 d.C. até sua morte, por volta de 62 d.C. A partir daí, o movimento judaico-cristão dos nazarenos liderados por ele perdeu espaço para o Cristianismo de caráter universal pregado por Paulo, que ainda viveu até 67 d.C., quando (segundo a tradição) foi martirizado em Roma sob o governo de Nero. Os evangelhos canônicos foram escritos entre os anos 70 e 100 d.C., sob forte influência dos seguidores de Pedro e Paulo como Marcos e Lucas. Foram eles que assumiram a direção da religião nascente. Nos séculos II e III aconteceu a minimização do papel da família de Jesus no movimento cristão. **Tiago irmão do Senhor não foi bem identificado nos evangelhos, por uma razão de disputa de concepção.** As primeiras cópias dos livros do Novo Testamento sofreram as conseqüências dessa luta. As ideias de Tiago (ver sua Carta) batiam de frente com a teologia paulina, a teologia vencedora. Mas as pistas que levam ao verdadeiro papel de Tiago, o Justo, estão colocadas nas entrelinhas do Novo Testamento. Às vezes de forma aberta, na maioria, de forma cifrada por trás de biombos lingüísticos como: o código dos escribas; as parábolas do Mestre e o linguajar gnóstico presente em Atos, Evangelho de João e em algumas cartas paulinas[86].

Com o aumento de adesões entre os gentios, Tiago, o Justo, diminuiu e Paulo se agigantou! Após a morte dos dois, seus respectivos seguidores continuaram a batalha só que de forma mais intensa. Os paulinos venceram. Os nazarenos, juntamente com os herdeiros da família do Senhor, bem como os gnósticos, foram para as sombras.

Simão Pedro

Quanto a Pedro (Cefas em aramaico), Não há questionamento. Pedro é Pedro. É um dos três *Colunas* e, ao lado de Paulo, um dos principais personagens dos Atos dos Apóstolos. Tem o testemunho da literatura patrística e dos evangelhos apócrifos que o colocam como líder, sempre em beligerância com Maria Madalena pela preferência de Jesus (Evangelho de Felipe; Evangelho de Tomé; Evangelho de Maria Madalena; *Pistis Sophia*). Os canônicos o apresentam como vacilante e com pouca fé, mas atestam que o Senhor o destacou em dois momentos: quando disse que sobre ele edificaria sua Igreja (*Mt 16:18*)[87] e quando disse a ele "*apascenta minhas ovelhas*" (*Jo 21: 15-17*).

João Filho de Zebedeu

Aqui reside o maior problema de identificação de personagens de todo o Novo Testamento. Quem realmente era João, o obscuro irmão do Tiago filho de Zebedeu, que a tradição erroneamente afirma ser o Discípulo Amado? Quem era efetivamente João Evangelista? Nos Evangelhos, ele aparece junto com seu irmão Tiago, levando as já citadas reprimendas de Jesus (*Mc 10:35-40*; *Lc 9:51-56*) e aparece sendo repreendido sozinho em *Mc 9:38-40* e *Lc 10:49-50* por ter proibido um homem que expulsava demônios em nome de Jesus, de acompanhar o grupo.

86. Na Introdução ao livro Apócrifos II: os proscritos da Bíblia, a professora Maria Helena de Oliveira Tricca, compiladora da série, nos diz sobre a linguagem gnóstica de João, Atos e Paulo: *"As epístolas de Paulo, o Evangelho Segundo São João e os Atos dos Apóstolos estão cheios de expressões gnósticas: plenitude (pleroma), emanação (Aeon), coroa ou dignidade (Archonte), Sabedoria (Jeh), prudência (Yaveh), beleza (El), severidade (Elohim), vitória ou glória (Sabaoth), fundação (Kadmon), império ou dominação (Adonai), que é o décimo Sephirot da cabala, o fogo consumidor".* (TRICCA, *Apócrifos II*, 1992. p.15).

87. Para muitos estudiosos essa afirmação atribuída a Jesus é uma interpolação adicionada posteriormente para dar autoridade à Igreja Apostólica. Em todo o restante dos quatro evangelhos canônicos, Jesus sequer insinuou fundar uma Igreja nos moldes da que foi edificada sobre a autoridade de Pedro.

Jesus o apelidou de Boanerges que quer dizer filho do trovão, pelo seu temperamento exaltado. Contrariando essa característica, os exegetas ortodoxos afirmam categoricamente que ele era o Discípulo Amado citado no 4º Evangelho. É importante destacar que isso não está escrito em lugar algum do Novo Testamento. Para afirmarem isso, partiram de uma indicação no final do 4º Evangelho de que seu autor foi o discípulo a quem Jesus amava. Como Ireneu disse que João foi autor, concluíram que João era o Discípulo Amado.

Sabemos que os evangelhos não foram assinados. Suas autorias foram indicadas pelos pais da Igreja que viveram décadas depois do tempo de Jesus. No caso da autoria do 4º Evangelho, temos uma afirmação de Ireneu de Lião que se baseia em uma conversa de Policarpo, bispo de Esmirna, que Ireneu teria escutado quando criança (por volta de 150 d.C.). Esse indício é muito frágil ainda mais se considerarmos que Ireneu confundiu João de Zebedeu com um outro João, presbítero da região de Éfeso na Ásia Menor. Sem provas que João é o autor do 4º Evangelho, cai a fundamentação para afirmar que ele era o Discípulo Amado. Está aberto o espaço para as pesquisas.

Segundo um extenso estudo do Dr. Raymond Brown, expresso principalmente em *A Comunidade do Discípulo Amado*, 1999 (original em inglês de 1979), João foi recrutado diretamente por Jesus junto com seu irmão Tiago Maior, como narram os Evangelhos, mas não teria sido o Discípulo Amado. "*Reconheço agora que a evidência externa e interna não podem ser hamonizadas*" (BROWN, 1999, p. 34). É sabido que o Mestre tinha um círculo de seguidores bem maior que o Conselho dos Doze. João seria um dos discípulos do séquito extraconselho. **É significativo que o quarto Evangelho não o cite nominalmente uma vez sequer** e cite sete vezes o anônimo Discípulo Amado [sendo duas de forma indireta]. Brown estudou profundamente a Comunidade Joanina em Éfeso e na Ilha de Patmos e identificou uma forte influência de Maria Madalena nessa Comunidade. Seu falecimento interrompeu sua fecunda pesquisa. Cabe a todos nós, ainda vivos, a continuidade desse trabalho. As pesquisas de uma geração representam o ponto de partida para a geração seguinte. Seguindo essa diretriz histórica, nosso Trabalho avança para a identificação do Discípulo Amado; do autor do 4º Evangelho; do 3º *Coluna* da Igreja e da real composição do Conselho.

Conclusão Preliminar

O primeiro *Coluna* da Igreja foi Tiago, irmão do Senhor. O segundo, foi Simão Pedro e o terceiro **não** foi João Boanerges! A ortodoxia acredita que ele era o misterioso discípulo a quem Jesus amava e o autor do 4º Evangelho. Nossas pesquisas apontam em outra direção. João Boanerges não era o Discípulo Amado; não foi o autor do 4º Evangelho (embora possa ter colaborado como fonte ou mesmo na redação inicial); provavelmente não integrava o Conselho dos Doze [a não ser que o paradigma "Doze" seja quebrado] e não foi um dos três *Colunas* da Igreja. Nossa busca continua!

Superando Paradigmas

"... as partes visíveis que estão mortas não deverão ser salvas, pois apenas as partes vivas que existem dentro delas se elevarão."

(O Tratado da Ressurreição, BNH, I, 4)

Pouca gente hoje conhece o trabalho do professor Alvin Boyd Kuhn (1880-1963). Doutor em religião comparada pela Columbia University. Profundo conhecedor da escrita hieroglífica e da cultura egípcia, estudou com esmero as relações entre as religiões Judaica e Cristã e as doutrinas oriundas do país dos faraós. Autor, dentre outros trabalhos, de *Theosophy: a Modern Revival of Ancient Wisdom*; *Who Is The King of Glory*; *The Lost Key to the Scriptures* e *A Rebirth for Christianity*. Este último trabalho, publicado no Brasil sob o título *Um Renascimento para o Cristianismo*, foi concluído no ano de sua morte e é considerado sua obra prima.

Um Renascimento para o Cristianismo é um dos trabalhos teológicos mais importantes que tive contato em minha pesquisa. Sua análise da personalização do divino feita pelo Cristianismo, em oposição ao conceito messiânico abstrato do helenismo e o semipersonalizado do hebraísmo, é algo de excepcional. O professor Alvin Boyd Kuhn fez um estudo detalhado da teologia de Paulo, que se tornou a própria teologia cristã, apontando como essa visão, depois de admoestar o homem como pecador, tira-lhe a chance de ser o protagonista de sua salvação e o subordina a um ser superior, e externo: o homem Jesus como a encarnação física do Deus do universo. Ao buscar as fontes egípcias do helenismo e hebraísmo, o professor Kuhn se defronta com a reencarnação – presente em todos os grandes sistemas religiosos da Antiguidade.

No capítulo Treze – O Messias Triforme – o professor Kuhn discute conceito messiânico em três sistemas religiosos que se influenciaram mutuamente: o helenista, o hebraico e o cristão e faz o seguinte comentário sobre o papel da reencarnação no messianismo dessas teologias:

> *"Para os gregos, o ideal messiânico pode ser descrito como o mais filosófico, o menos influenciado pela psicologia religiosa. Ele foi considerado o estágio ascendente da longa e lenta evolução do potencial divino, que era fonte e a base da vida natural do homem. O novo nascimento viria como o desenlace do crescimento da alma no corpo e, por inferência, como resultado de muitas encarnações da alma em corpos diferentes. A última qualificação pareceu necessária, já que a alma teria uma experiência adequada para carregar a evolução durante uma longa sequência de desenvolvimento lento (...)".*
>
> *"Significativas, na realidade, seriam as questões dessa experiência de vida mundana passageira demais se ela determinasse sozinha o futuro da alma que avança pela eternidade. A injustiça e irracionalidade de tal situação sempre desafiaram a mente do homem. Antes desse desafio, a teologia cristã, ao ter no século VI jogado fora a antiga teoria da reencarnação, permaneceu muda(...)".*
>
> *"A história mundial já se encontrava aguçada pela crise quando Alexandre arrastou as duas ondas que estavam crescendo, o helenismo e o judaísmo, para uma colisão. Nessa discordância dos dois grandes sistemas, os conceitos gregos e israelitas do messianismo também se confrontaram. Nos vimos que os gregos conceberam o Messias de uma forma abstrata e impessoal, como um estágio ou nível da consciência divina. O conceito hebraico pode ter pairado de maneira indecisa entre o pessoal e o impessoal. O Messias viria para os judeus, sim, na pessoa daquele há muito anunciado como filho de Davi, que seria glorificado em Jerusalém e conduziria as nações de volta a Deus. Ele seria uma pessoa, mas ao mesmo tempo um símbolo resplandecente da força e do poder divino verdadeiros (...)"(KUHN, 2006, pp. 151-155).*

O Dr. Kuhn intercala na discussão do messianismo, uma questão que provocou o auto-isolamento dos judeus no mundo: sua autoproclamação como o único povo de Deus na Terra. Alguma coisa está errada aí. O Deus do universo não poderia ser o Deus de apenas uma tribo ou grupo étnico. Jesus e, principalmente Paulo, romperam com essa visão xenofóbica, afirmando que a palavra de Deus e o Espírito Santo não existiam apenas para os judeus. Voltemos ao Dr. Kuhn:

> "... *o grupo racial conhecido por mais de dois mil anos, como hebreus ou judeus não constitui os "israelitas" da Bíblia. Eles não são os filhos do Pai de maneira mais especial do que todos os outros seres humanos. O próprio São Paulo disse que ninguém se torna um israelita por ter nascido em uma família ou nação hebraica, mas sim por nascer com o espírito de Cristo dentro de si. Afirmado de maneira objetiva, a apropriação pelos judeus do termo israelitas para si mesmos como grupo étnico – considerando-se, assim, divinamente escolhidos e diferentes dos outros grupos por uma razão espiritual – foi uma concepção errônea, assim como a crença do cristianismo de que as funções do Messias poderiam ser personificadas em um só homem, Jesus [por mais evoluído espiritualmente que ele fosse]*".
> "*(...)A personificação do espírito de Cristo no homem Jesus impôs à época a necessidade de transmutar um princípio universal em um homem. Isso envolveu a transferência do significado de todo um conjunto de escrituras, abrangendo incontáveis alegorias, dramas e construção de rituais, de um sentido espiritual subjetivo para um pessoal e objetivo – da pertinência mística para o fato histórico*". (KUHN, 2006, pp. 159, 165).

As três questões levantadas nessa parte da obra – o messianismo, a reencarnação e a condição de exclusividade dos judeus na relação com o Deus do universo – são extremamente polêmicas e instigantes, mas, dentre elas, a questão da reencarnação é a que causa mais calafrios, tanto na Igreja quanto na academia. Grandes teólogos e estudiosos têm medo de abordar esse tema e perder credibilidade doutrinária ou científica. Depois de Allan Kardec, que estudou essa questão no século XIX, ninguém no meio acadêmico se aventurou a uma pesquisa mais profunda e duradoura sobre a possibilidade da alma humana voltar à experiência terrestre, em outro corpo e outra época, numa linha evolutiva na busca de uma espiritualização cada vez maior, até o alcance da comunhão com Deus. Esse tema, nos últimos 150 anos, virou tabu. Com ele ficaram apenas certos cultos, doutrinas e escolas, hoje à margem da grande religião que se tornou o Cristianismo. Mas é bom lembrar que o Budismo, o Taoísmo, o Hinduísmo, dentre outros grandes sistemas religiosos do mundo, acreditam na reencarnação.

Os sistemas doutrinários do Egito antigo, o Helenismo e a Cabala judaica também trabalharam com a ideia da reencarnação. Por que, então, no Cristianismo isso não é sequer discutido? Alguns vão responder – porque não há base bíblica – outros dirão – depende da interpretação. O que eu defendo é a volta do debate. A sociedade humana do século XXI não aceita mais o dogma pelo dogma. A Igreja não deve ter medo do debate. A humanidade tem o direito de discutir e entender as questões teológicas mais profundas!

O Paradigma

A questão é o PARADIGMA, o modelo a partir do qual a ciência, a filosofia, a religião e o senso comum, enchergam o mundo num dado momento histórico. Essa visão paradigmática (baseada em um modelo majoritariamente aceito) se origina do instrumental teórico disponível, do conjunto de provas materiais existentes e do sistema de crenças dominante. O paradigma da ciência atual não tem meios para provar (ou desmentir categoricamente) a reencarnação e aí, o caminho adotado tem sido o silêncio. Poucas são as pesquisas nessa área e os resultados ainda são tênues.

O Doutor Brian Weiss, conceituado médico psiquiatra, pesquisador e autor reconhecido na área, nos conta uma experiência auto-explicativa sobre como se tornou um especialista em Terapia de Vidas Passadas. Ele nos fala com simplicidade e transparência como foi apresentado à realidade da reencarnação através de uma paciente chamada Catherine. No prefácio de seu famoso livro sobre o tema, *Muitas Vidas Muitos Mestres*, o doutor Weiss nos fala primeiro de sua formação ortodoxa e depois nos conta o encontro com a paciente que mudou suas convicções:

> *"Durante anos de estudo disciplinado, fui treinado para pensar como cientista e médico, moldando-me aos estreitos caminhos do conservadorismo na minha profissão. Desconfiava de tudo que não se pudesse provar por métodos científicos tradicionais. Sabia dos estudos de parapsicologia que estavam sendo feitos nas principais universidades do país, mas eles não despertavam meu interesse. Pareciam-me muito artificiais"*
> *"Então encontrei Catherine. Durante dezoito meses utilizei os métodos convencionais de terapia para ajudá-la a superar seus sintomas. Quando nada pareceu funcionar, tentei a hipnose. Numa série de transes hipnóticos, ela recordou-se de fatos ligados a suas "vidas passadas", que se revelaram a causa do que estava sentindo... Em apenas alguns meses, os sintomas desapareceram e ela retomou sua vida mais feliz e em paz do que nunca"* (WEISS, 1988, p.14).

O doutor Weiss confessa que não tinha explicação científica para a realidade que estava entrando em contato e não partilhou sua experiência com outros profissionais, com medo de perder reconhecimento acadêmico ou mesmo de ser tratado como louco. Mas na sequência, ele se fundamenta na história:

> *"Em toda a história, a humanidade tem resistido à mudanças e à aceitação de novas ideias. A tradição histórica está repleta de exemplos. Quando Galileu descobriu as luas de Júpiter, os astrônomos da época se recusaram a aceitar, ou até mesmo olhar esses satélites, porque a existência deles era incompatível com suas crenças. O mesmo acontece com os psiquiatras e outros terapeutas, que se recusam a examinar e avaliar o número considerável de provas acerca da sobrevivência após a morte física e de lembranças de vidas passadas. Seus olhos permanecem firmemente cerrados"* (WEISS, 1988, p.15).

No seu livro mais recente, *Muitas Vidas uma só Alma*, Weiss retoma a história e fala do seu temor de ser considerado o "patinho feio" da psiquiatria. Mas fala também de sua certeza e do sucesso do tratamento, hoje executado por inúmeros terapeutas em todas as partes do mundo:

> *"Demorei quatro anos criando coragem para escrever sobre as minhas viagens e as de Catherine em 'Muitas Vidas, muitos Mestres'. Tinha medo de ser ridicularizado e excluído da comunidade psiquiátrica, mas a cada momento crescia dentro de mim a certeza de que eu estava escrevendo a verdade".*
> *"Nos dias que se seguiram, minha certeza se solidificou e muitos outros pacientes e terapeutas reconheceram a verdade de minhas descobertas. Até agora já ajudei mais de quatro mil pacientes, conduzindo-os a vidas passadas através da hipnose, de modo que meu fascínio pela descoberta e meu choque diante do fato da reencarnação foram passando"* (WEISS, 2005, p.8).

Analisemos este caso. O Dr. Brian Weiss, psiquiatra de formação ortodoxa, entra em contato com a reencarnação, no trabalho rotineiro do seu consultório. Por quatro anos relutou em escrever sobre o assunto com medo do ridículo. Finalmente, se encheu de certeza e lançou dois livros extraordinários sobre o assunto que já não é totalmente hostilizado nos meios acadêmicos. Desse modo, a psiquiatria e a psicologia, juntamente com a física quântica (por outras vias) estão bem à frente da teologia cristã, na discussão e compreensão de fenômenos ligados à reencarnação.

Historicamente, a teologia sempre esteve a reboque da ciência. Quando Nicolau Copérnico (1473-1543) disse que há rotação e translação em todo o sistema solar e que é o sol que ocupa o centro e não a Terra, a pouca repercussão fez com que a Igreja não desse importância, mas décadas depois obrigou Galileu Galilei (1564-1642) a desmentir essa verdade, sob pena de queimá-lo vivo na fogueira da inquisição como já havia feito com o também astrônomo Giordano Bruno (1548-1600). Mesmo depois da confirmação de Johannes Kepler (1571-1630) – que acrescentou que as órbitas eram elípticas e não circulares – a Igreja continuou combatendo a verdade.

Durante mais de quatorze séculos a Igreja manteve a teoria geocêntrica do astrônomo grego Ptolomeu (100-170), que em sua obra *Almagesto* pregava a Terra como centro do universo, numa posição de imobilidade. Tudo o mais que existia – planetas, estrelas, cometas, galáxias, nebulosas, buracos negros – giraria em torno da Terra. Somente muito tempo depois, é que a Igreja aceitou a verdade científica que, aliás, é muito mais compatível com um Deus universal. Isso nos leva a crer que a Igreja só vai começar a discutir a reencarnação quando a ciência conseguir prová-la. Mas esse debate, aberto, franco e fraterno, deve começar agora, pois os fundamentos para sua realização estão na própria Bíblia que, como eu sempre digo, tem as pistas para a elucidação dos mais variados assuntos. Mas estão também nas novas fronteiras abertas pela psicologia e pela física quântica, bem como nos estudos heterodoxos dos seguidores de Kardec.

O escritor americano Samuel Langhorne Clemens (1835-1910), mais conhecido pelo pseudônimo de Mark Tawin tem uma frase *sui generis* para explicar as limitações impostas por um paradigma dado, no estudo de uma realidade complexa: "***Se a única ferramenta que você tem é um martelo, todo problema que aparece você pensa que é um prego***". Não devemos ficar batendo no desconhecido como se estivéssemos dando marteladas em pregos. Sem ousarmos alcançar novos continentes do conhecimento, superando paradigmas estabelecidos, não poderemos fazer as grandes descobertas necessárias ao nosso constante processo de evolução. Todos sabemos do risco da perda de credibilidade acadêmica para quem segue por trilhas incertas. Veja-se o exemplo de Erich Von Däniken – até hoje considerado por muitos um louco[88]. Mas os grandes avanços da ciência só foram possíveis quando alguns tiveram coragem para ousar ir além das teorias e métodos aceitos em suas respectivas épocas e locais, mesmo que seus contemporâneos os discriminassem.

Os estudos modernos sobre o Cristianismo carecem de ferramentas que estão além dos limites da crítica textual, do estudo comparativo das religiões ou mesmo dos instrumentos da arqueologia e das modernas ciências de datação e identificação. Novos campos de estudo da física teórica como Superespaço e supergravidade e a relação entre os buracos negros e o nascimento de universos, desenvolvidos pelo Dr. Stephen Hawking (1942-),

88. **Erich Von Däniken**, autor de "*Eram os Deuses Astronautas*", realizou pesquisas no mundo inteiro, fazendo um estudo comparativo das religiões e mitos da antiguidade, com base em descobertas arqueológicas antigas e modernas bem como estudos de campo usando diversas ferramentas da ciência História, para afirmar que os deuses e anjos das diversas mitologias e mesmo do Judaísmo e religiões mais recentes, eram astronautas de planetas bem mais desenvolvidos científica e moralmente que a Terra, que visitaram (e continuam visitando) nosso Planeta, trazendo mensagens de aperfeiçoamento moral. Para ele as grandes civilizações da antiguidade, foram construídas com a ajuda desses deuses-astronautas, descritos nas diversas culturas como seres de luz vindo dos céus em carruagens de fogo. Nenhuma universidade do mundo avalizou sua obra e ela foi jogada na prateleira dos que ousam levantar hipóteses fora do "roteiro" oficial de sua época.

abrem espaço para as pesquisas das *outras dimensões* além da *terceira* conhecida e aceita hoje em dia.

Que existe uma dimensão espiritual, todo mundo sabe, porém, de forma intuitiva. Falta uma equação que vá além da famosa $E = mc^2$, ou seja, uma equação que além de provar que energia é matéria vibrando a elevadíssima velocidade, demonstre que essa energia, em suas formas mais sutis, vive preferencialmente em uma dimensão própria, fora do nosso espaço-tempo. Dimensão essa que há muito a mitologia chama de "Morada dos Deuses" e Jesus chamava de "Casa do Pai".

Muitos teólogos defendem a linha doutrinária de Paulo. Muitos estudiosos defendem Tiago como portador da mensagem original de Jesus. Mas o Cristianismo estaria totalmente explicado apenas com o férreo apego de Tiago à Torá? Estaria totalmente explicado apenas com o Jesus celestial de Paulo? Creio que não. O Cristianismo é soma de Tiago (obras) e Paulo (fé) e para compreendê-lo integralmente, é preciso discutir, estudar e pesquisar – teológica e cientificamente – o que acontece com o espírito humano quando este deixa o corpo após a morte física. É isso que o professor Kuhn questiona: será que a chance do homem evoluir e se aproximar de Deus está encerrada em apenas uma curta passagem (chamada vida) pela Terra? Não sou espírita nem tenho provas científicas da reencarnação e por isso mesmo, acho que o assunto deve ser retirado da geladeira em que foi colocado nos últimos 150 anos para o calor do debate acadêmico e teológico. Para compreendermos o Cristianismo de modo mais abrangente, precisaremos de outras ferramentas além do Martelo (das Bruxas), já que a religião construída em nome do Mestre Nazareno não se resume aos pregos da crucificação!

Fundamentação Bíblica Para o Debate da Reencarnação

O subtítulo acima diz "fundamentação para o debate" porque não há na Bíblia afirmações explícitas sobre o assunto, mas, sem dúvidas, há um bom material na literatura canônica para o desenvolvimento de estudos teológicos que podem se dar paralelamente às pesquisas científicas já em curso. O problema é que na teologia existe o dogma e na ciência, o paradigma – ou seja, em ambos os ramos do conhecimento, há barreiras formadas por "verdades" pré-estabelecidas. Lutar contra dogmas, paradigmas e preconceitos sempre foi difícil ao longo de toda a história humana e não é agora que vai se tornar tarefa fácil. A teologia caminha pelo lado ontológico. A ciência, pelo epistemológico, mas ambas têm no binômio dogma-paradigma o seu ponto comum. Segundo L.L. Whyre "*O místico crê num Deus desco-*

nhecido. O pensador e o cientista crêem numa ordem desconhecida. É difícil dizer qual deles sobrepuja o outro em sua devoção não-racional".

Doutrina Secreta de Jesus

Está claro nos evangelhos e evidenciado nos apócrifos, que Jesus passou a seus doze apóstolos um *conhecimento* secreto que não era dado ao povo. E dentre os doze, cinco receberam uma dosagem maior desse *conhecimento*: os três *Colunas* (Tiago irmão do Senhor, Pedro e "João") além de Judas Tomé, o Dídimo e Judas Iscariotes. Os três primeiros, pelas evidências que demonstramos no capítulo sobre *Os Três Colunas* e os dois últimos, pelos seus evangelhos descobertos pela arqueologia há poucas décadas atrás.

Consultemos os evangelhos canônicos. Comecemos por Marcos, o primeiro escrito. Depois da narrativa da parábola do semeador, ele nos diz o seguinte:

> *"Quando Jesus ficou só, os que estavam junto dele com os doze o interrogaram a respeito das parábolas. Ele lhes respondeu: A vós outros é dado conhecer o mistério do reino de Deus; mas aos de fora, tudo se ensina por meio de parábolas" (Mc 4:10-11).*

Depois vem a exposição de mais duas parábolas, e uma nova explicação no mesmo sentido:

> *"E com muitas parábolas semelhantes lhes expunha a palavra, conforme o permitia a capacidade dos ouvintes. E sem parábolas não lhes falava; tudo porém, explicava em particular aos seus próprios discípulos" (Mc 4:33-34).*

Mateus, que usou Marcos como fonte, nos diz:

> *"Então, se aproximaram os discípulos e lhe perguntaram: Por que lhes falas por parábolas? Ao que respondeu: Porque a vós outros é dado conhecer os mistérios do reino dos céus, mas àqueles não lhes é isso concedido" (Mt 13:10-11).*

Lucas, que também se baseou em Marcos, nos diz coisa semelhante:

> *"E os seus discípulos o interrogaram, dizendo: Que parábola é esta? Respondeu-lhes Jesus: a vós outros é dado conhecer os mistérios do reino de Deus, aos demais, fala-se por parábolas, para que, vendo, não vejam; e, ouvindo, não entendam" (Lc 9:9-10).*

Fica claro, sem espaço para outras interpretações, que Jesus reservava os "*mistérios do reino de Deus*" apenas para os apóstolos e discípulos mais próximos. A palavra "mistérios" usada nesse contexto vem das escolas de mistério do Egito Antigo, onde segredos do mundo espiritual eram repassados apenas aos iniciados. Jesus disse certa vez: "*Não jogue suas pérolas aos porcos*" (*Mt 7:6*) numa dura determinação para que não divulgassem os mistérios celestiais a quem não tivesse preparado para entendê-los, pois isso só serviria de galhofa "aos porcos" que iriam pisotear tais pérolas na lama da ignorância.

É de uma obviedade ululante o fato de que, sendo Jesus um enviado do "Reino dos Céus", conhecia os segredos da criação e isso envolvia uma sabedoria que está muito acima do que a ciência de hoje pode alcançar, imaginem a da sociedade palestina do século I. Quero dizer que havia sim, uma doutrina secreta, composta por um *corpus* de conceitos sobre o mundo, o espírito e a divindade, que as pessoas comuns não poderiam compreender. Mas isso não impedia que sua mensagem chegasse a essas pessoas simples. Para elas ele usava as parábolas, de uma eficácia pedagógica às vezes superior à informação direta da *verdade*. As parábolas mostram o poder da simbologia, tão cara a toda teologia oriental. Os símbolos mexem com a alma humana, fazendo com que as pessoas mais humildes, tenham experiências místicas mais complexas que uma mente moldada pela lógica do racionalismo científico. Jesus agradecia a Deus por ter *mostrado "essas coisas" aos pequeninos e escondido dos grandes* (*Mt 11:25*; *Lc 10:21-22*). Assim, o Mestre Nazareno aprofundava a discussão sobre o Reino dos Céus com seu círculo de iniciados e falava as mesmas coisas, só que por parábolas, para o conjunto da população.

E Jesus não revelou pouca coisa ao seu Conselho dos Doze. "*Pois em verdade vos digo que muitos profetas e justos desejaram ver o que vedes e não viram; e ouvir o que ouvis e não ouviram*" (*Mt 13:17*). Nessa sequência de Mateus que vai de *13:10* a *13:23*, encontramos várias revelações subliminares. Vejamos a parabólica frase de *Mt 13:12*: "*pois ao que tem se lhe dará e terá em abundância; mas, ao que nada tem, até o pouco que tem lhe será tirado*". Ora, se Jesus estava dando conhecimentos aos apóstolos que não dava ao povo, é porque eles "tinham alguma coisa" e por isso, "poderiam receber em abundância". Essa passagem desmistifica a crença de que os seguidores de Jesus eram um bando de pescadores analfabetos, rudes e despreparados. Se assim fosse, Jesus não ia jogar suas pérolas a eles! Se os discípulos fossem rudes e analfabetos, como poderiam ter aprendido em no máximo três anos, uma teologia tão elevada.

Tudo indica que eles foram escolhidos a dedo pelo próprio Cristo como integrantes de um verdadeiro Gabinete (Ministério). Observando atentamente a composição do Conselho dos Doze, vamos encontrar: discípulos de João Batista como Pedro, André e Felipe; místicos esotéricos como Simão; funcionários públicos como Mateus; empresários da pesca como os filhos de Zebedeu e líderes zelotes como Judas Iscariotes e Judas Tadeu (irmão de Jesus).

De outro ponto de vista, mais *relacional*, havia gente próxima à comunidade de Qumran (os discípulos de João Batista); gente próxima do governo romano (Mateus); gente próxima dos negócios da pesca (Tiago Maior e João, além de Pedro e André); gente próxima a sociedades iniciáticas secretas (Simão); gente próxima ao Partido Zelote (os dois Judas), fora as mulheres da Galiléia capitaneadas por Maria Madalena, ligadas às atividades econômicas do lago de Tiberíades, que o ajudavam com suas posses e destacados membros do Sinédrio Judaico como José de Arimatéia e Nicodemos.

Jesus, como messias duplo e seguindo a bipolaridade do universo, trabalhou em duas direções: como messias Davídico, montou uma verdadeira estrutura de poder paralela ao reinado fantoche dos herdeiros de Herodes, o Grande. Como Messias Divino, ele escolheu essas pessoas por terem as qualidades espirituais necessárias para a iniciação nos "**mistérios do Reino**" e pregação da boa nova, mesmo diante de grandes adversidades, o que se cumpriu após seu sacrifício na cruz.

Que "Mistérios" Eram Esses?

Paulo, que se considerava o décimo terceiro apóstolo e se orgulhava de ter recebido a *gnose* (o conhecimento) diretamente do Cristo celestial, sem a intermediação de homem algum (*Gl 1:11-12*), disse que Jesus o escolheu para ser o apóstolo dos gentios antes dele (Paulo) ter nascido (*Gl 1:15-16*). Essas duas considerações têm como pano de fundo dois grandes mistérios: a conversa com um ser desencarnado, no caso Jesus, e a escolha de uma missão para um espírito cumprir na terra, antes do seu nascimento (entrada em um corpo) físico, no caso Paulo.

Se essa informação de Paulo procede, Jesus deve ter também escolhido seus doze apóstolos quando estes ainda estavam no mundo espiritual esperando o momento da encarnação (nascimento físico). Se ele escolheu Paulo, que sequer conviveu com ele, desse modo, por que não escolheria também a *priori*, os que caminhariam a seu lado no ministério messiânico na Terra? Em João 13:18, Jesus diz textualmente: *Eu conheço aqueles que escolhi.*

Partindo-se do pressuposto universalmente aceito de que o homem é um composto de corpo e alma (físico e espírito, matéria e energia); que a morte é a saída desse espírito do corpo físico; que o corpo sem o espírito logo apodrece, fica evidente que a nossa personalidade reside no espírito imortal e incorruptível, pois o corpo perecível é pó e volta ao pó quando o sopro divino que anima o homem vai embora. Se nós somos efetivamente seres espirituais caminhando na Terra dentro de corpos de matéria densa, é de se inferir que Jesus tenha tratado reservadamente desses assuntos com seu Conselho Ministerial.

Concluímos, pois, que esses assuntos relativos ao mundo espiritual estavam na pauta dos ensinamentos secretos de Jesus, destinados àqueles a quem era "*dado conhecer os mistérios do Reino dos Céus*". Já mostramos que os apóstolos eram pessoas preparadas para receber essa mensagem especial. O Novo Testamento revela que líderes cristãos guardavam segredos esotéricos. Paulo em *1Co 15:51*, diz abertamente: "*Eis que vos digo um mistério: nem todos dormiremos, mas transformados seremos todos*". Temos aí o exemplo de uma linguagem gnóstica, cifrada, destinada aos iniciados. O que fica claro é que ele está tratando de assuntos ligados à chamada *vida após a morte*. Aí residia o núcleo da doutrina secreta de Jesus, que era secreta em termos, porque ele a revelava por parábolas e outras simbologias de linguagem e alertava: "*quem tiver ouvidos, que ouça*".

A Ressurreição é Física ou Espiritual?

O culto ao corpo, que vem da cultura grega – uma das fontes do Cristianismo – é algo teologicamente sem o menor sentido. Quando Gênesis nos diz que somos imagem e semelhança de Deus, está dizendo que nosso espírito é imagem e semelhança de Deus e não nosso corpo. Porque Deus é eterno e incorruptível, assim como o espírito do homem, que vem de Deus. O corpo, pelo contrário, é passageiro e corruptível. A interpretação errônea de que a humanidade ressuscitará nos mesmos corpos que foram enterrados e apodreceram no chão, é uma ofensa a Deus. Essa visão, fruto de uma exegese torpe, vem de um pensamento humano que não consegue se ver fora do corpo físico, fonte dos prazeres carnais. Para essa interpretação, só vai haver felicidade se estivermos vestidos destes corpos perecíveis. São Paulo diz com veemência: "*a carne e o sangue não podem herdar o reino de Deus*" (*1Co 15:50*). E como disse Jesus respondendo aos saduceus: "*na ressurreição, nem casam, nem se dão em casamento; são, porém como os anjos no céu*". (*Mt 22:30*). Jesus está dizendo que não há ressurreição em corpo físico, pois se houvesse, como os corpos físicos são sexuados, haveria casamentos no Céu. Ele afirma que na ressurreição não há casamento porque são como anjos, ou seja, seres espirituais. O sexo é uma função biológica para a reprodução física das espécies. Os espíritos não têm sexo. Se Jesus disse que na ressurreição são como anjos no céu, é porque a ressurreição é espiritual.

O corpo tem o seu valor como "templo do espírito". Nós sabemos que um templo (construção) sem a presença do Espírito Santo, não passa de um conjunto de paredes. O templo é importante justamente por abrigar o espírito e por isso ele é sagrado (*1 Co 3:16-17*). Mas, quando o templo, por algum motivo é destruído, o espírito continua existindo. Se não fosse assim, quando os romanos destruíram o templo de Jerusalém em 70 d.C., teriam matado Deus, o que não ocorreu porque Deus é espírito e, portanto, a própria imortalidade. Assim, quando mataram o corpo de Jesus na Cruz, sequer tocaram no espírito divino do Mestre Nazareno, aquele que ele deixou antever no episódio da Transfiguração.

Há até nos meios acadêmicos mais conceituados, uma interpretação errônea da sequência de Paulo em *1Co 15:12-19*. Muitos acham que Paulo está fazendo apologia da ressurreição do corpo. Sempre achei isso totalmente incoerente com o pensamento místico do apóstolo dos gentios, versado que era na cultura grega e discípulo do Cristo espiritual. Fiz, então, um estudo minucioso de todo o capítulo *15* dessa primeira Carta aos Coríntios, o que me fez chegar a outra conclusão. Os versos da discórdia são o *14* e *17*, já o *19* é revelador. Vejamos a sequência completa, começando do versículo *12*:

> 12 "*Ora, se é corrente pregar-se que Cristo ressuscitou dentre os mortos, como, pois, afirmam alguns dentre vós, que não há ressurreição de mortos?*"
> 13 "*E se não há ressurreição de mortos, então Cristo não ressuscitou.*"
> *14* "*E, se Cristo não ressuscitou, é vã nossa pregação, e vã, a nossa fé.*"
> 15 "*e somos tidos por falsas testemunhas de Deus, porque temos asseverado contra Deus que ele ressuscitou a Cristo, se é certo que os mortos não ressuscitam.*"
> 16 "*Porque, se os mortos não ressuscitam, também Cristo não ressuscitou.*"
> 17 "*E, se Cristo não ressuscitou, é vã a nossa fé, e ainda permaneceis em vossos pecados,*"
> 18 "*E ainda mais: os que dormiram em Cristo pereceram.*"
> 19 "*Se a nossa esperança em Cristo se limita apenas a esta vida, somos os mais infelizes de todos os homens.*"

Há duas questões em destaque nessa passagem. A primeira é que Paulo não fala uma vez sequer em ressurreição do corpo e sim em "*ressurreição de mortos*" (com a preposição 'de'). A segunda, e mais importante, é que ele não trata a ressurreição de Jesus como fato singular, isolado e sim como parte do contexto geral da *ressurreição de mortos* (versos 13 e 16 principalmente). No mesmo capítulo, no verso 52, Paulo nos diz: "*A trombeta soará, os mortos ressuscitarão incorruptíveis, e nós seremos transformados*". Mais claro do que isso, impossível. Paulo está dizendo que a ressurreição acontece em corpo incorruptível (e não em corpo físico) em total coerência com o que já havia dito no verso 50 "*a carne e o sangue não podem herdar o reino de Deus*". Foi por isso que os discípulos não reconheceram ou tiveram dificuldade para reconhecer Jesus nas diversas aparições após a ressurreição da páscoa. Já o verso 19 diz algo do qual certos exegetas fogem com pronunciado assombro: que o ser humano tem várias vidas e não apenas uma seguida do juízo final!

Pistas da Reencarnação

A passagem narrada no Evangelho segundo Mateus em *17:9-13* é considerada uma das pistas evangélicas para a reencarnação. Em *17:9* Jesus está descendo o monte onde ocorreu a Transfiguração e adverte os três *Colunas* a não contarem a ninguém a visão, "*até que o filho do homem ressuscite dos mortos*". Reproduzirei o restante da sequência para a devida análise.

> 10 "*Mas os discípulos o interrogaram: por que dizem, pois, os escribas, ser necessário que Elias venha primeiro?*"
> 11 "*Então Jesus respondeu: de fato Elias virá e restaurará todas as coisas.*"
> 12 "*Eu, porém, vos declaro que Elias já veio e não o reconheceram; antes fizeram com ele tudo quanto quiseram. Assim também o Filho do Homem há de padecer nas mãos deles.*"
> 13 "*Então, os discípulos entenderam que lhes falava a respeito de João Batista.*"

A profecia de que Elias deveria vir primeiro está em *Malquias 4:5-6*: "*Eis que vos enviarei o profeta Elias, antes que venha o grande e terrível dia do Senhor; ele converterá o coração dos pais aos filhos e o coração dos filhos a seus pais, para que eu não venha e fira a terra com maldição*".

Mesmo que João Batista não seja a reencarnação de Elias (há uma negativa atribuída ao próprio João Batista em *João 1:21*), Jesus está dizendo que "*Elias já veio e não o reconheceram; antes fizeram com ele tudo quanto quiseram*". Além do mais, pode-se alegar que foram os discípulos que deduziram que ele falava de João Batista (verso *13*). Mas em *Mateus 11:14* o Senhor Jesus é direto quando dá testemunho de João: "*E, se o queres reconhecer, ele mesmo é Elias que estava por vir*". Pegue sua Bíblia agora, de qualquer edição, e veja com seus próprios olhos. No verso 15, Jesus arremata: "*Quem tiver ouvidos [para ouvir], ouça*".

Se formos para as profecias, vamos ter mais evidências da reencarnação de Elias na pessoa de João Batista. Sabemos que as profecias não prediziam os fatos com precisão literal. Elas foram tomadas por Jesus, em várias ocasiões (principalmente em Mateus) para justificar sua missão messiânica. Quando os escribas diziam que era preciso Elias vir primeiro, eles estavam se baseando em Malaquias 4:5. Se olharmos para Malaquias 3:1 "*Eis que eu envio o meu mensageiro, que preparará o caminho diante de mim; de repente virá ao seu templo o Senhor, a quem vós buscais, o Anjo da Aliança, a quem vós desejais; eis que ele vem, diz o Senhor dos Exércitos*", vamos encontrar grande semelhança com a missão de João Batista, profetizada em *Isaias 40:3*. Ora, se em *3:1* Malaquias diz que Deus enviará um mensageiro para preparar o caminho do Senhor (missão de João Batista) e em 4:5 o mesmo Malaquias diz que Deus enviará Elias antes do grande e terrível dia do Senhor, os escribas entenderam que Elias deveria reencarnar antes do advento do Messias. Como João Batista encarnou um pouco antes de Jesus, fizeram a identificação. E Jesus confirma isso ao dizer que "*Elias já veio*" e que ele era João Batista (como já vimos em *Mt 11:14*)[89]. Mais claro do que isso, só Alan Kardec nos seus cinco livros da decodificação.

Voltando aos evangelhos canônicos, há outras passagens que mostram como era considerado normal para os judeus do primeiro século, que pessoas já falecidas voltassem à Terra em outros corpos, para uma nova missão. Vejamos a passagem conhecida como a Confissão de Pedro (*Mt 16:13-16*) que se deu bem depois da morte de João Batista:

> *"Indo Jesus para os lados de Cesaréia de Felipe, perguntou a seus discípulos: Quem diz o povo ser o Filho do Homem?"*
> *"E eles responderam: Uns dizem: João Bastista; outros: Elias; e outros: Jeremias ou algum dos profetas."*
> *"Mas vós, continuou ele, quem dizeis que eu sou?"*
> *"Respondendo Simão Pedro, disse: Tu és o Cristo, o Filho do Deus vivo."*

Observemos que era **o povo** que especulava sobre qual profeta do passado estaria reencarnado como Jesus. O diálogo não mostra nenhum assombro. A especulação popular é tratada com normalidade, o que denota fazer parte da cultura da época. Não há repreensão dos apóstolos e muito menos de Jesus.

Quando Marcos narra a morte de João Batista, ele nos dá um exemplo semelhante (*Mc 6:14:16*):

---

89. Já o Livro apócrifo de **Atos II**, afirma que Elias virá mais uma vez, e será o último papa, com o nome de Pedro Romano, numa última chamada ao arrependimento e à prática do bem. Depois, virá o harmagedon e a transição da Terra do atual estágio de *planeta de expiação*, para o de *planeta de regeneração*. Os espíritos (encarnados e desencarnados) passariam por um julgamento ficando aqui apenas os espíritos mais evoluídos e preparados para um convívio de paz, amor e harmonia (a reconstrução do paraíso na Terra). Os mais obtusos, ainda no estágio do ódio, da inveja e da materialidade absoluta, seriam mandados para planetas mais atrasados (infernos), para continuarem suas evoluções em condições bem mais adversas, mas todos sob o amor incondicional de Deus que os espera no trono da eternidade, quando cumprirem seus ciclos evolutivos na matéria. Nesse caso não haveria "fogo eterno". A misericórdia de Deus abrigaria a todos, depois das duras provas dos ciclos encarnatórios. Isto representa um novo paradigma ainda não aceito, mas que explicaria, entre outras cousas, a enigmática passagem de João 21:20-23.

> *"Chegou isto aos ouvidos do Rei Herodes, porque o nome de Jesus se tornara notório; e alguns diziam: João Batista ressuscitou dentre os mortos, e, por isso, nele operam forças miraculosas."*
> *"Outros diziam: É Elias; ainda outros: É profeta como um dos profetas."*
> *"Herodes, porém, ouvindo isto, disse: É João, a quem eu mandei decapitar, que ressurgiu."*

Como se vê, o **povo** da comunidade de Marcos também lidava com naturalidade com a ideia da reencarnação. Eles achavam que Jesus era a reencarnação de Elias ou de um profeta, mas o destaque aqui é para a posição do **rei** Herodes. Ele também acreditava na reencarnação, só que de um tipo não aceito hoje. Ele julgava que o espírito de João Batista teria ocupado o corpo de Jesus, que já era adulto quando o Batista morreu.

Na própria passagem de *João 1:21*, quando João Batista diz aos fariseus e levitas que não era Elias, esses **sacerdotes** perguntaram se ele era o Cristo, se era Elias, ou um profeta. Só o fato de perguntar se uma pessoa viva era Elias, um homem que havia morrido no século IX a.C., deixa claro que além do **povo** e do ***rei***, também os **sacerdotes** do Templo acreditavam na reencarnação.

No início do capítulo *3* de João, Nicodemos, membro do Sinédrio, foi visitar Jesus à noite para beber de sua sabedoria. Depois de dizer que Jesus só poderia ter vindo da parte de Deus pelos sinais que fazia, recebeu a seguinte resposta do Mestre:

> *"...Em verdade, em verdade te digo que, se alguém não nascer de novo, não pode ver o reino de Deus" (Jo 3:3).*

É uma informação direta, mas que pode, como tudo, ser interpretada de forma figurada. Para os ortodoxos, esse *nascer de novo* seria o ritual do batismo. Para os espíritas é uma afirmação cristalina da reencarnação.

Essas passagens provam que existe reencarnação? Uns podem responder que sim, principalmente por *Mt 11:14* e outros podem responder que não, principalmente por *Jo 1:21*. Eu respondo que o material aqui exposto é mais que suficiente para abrir esse debate no Cristianismo. Na confrontação de *Mateus 11:14* com *João 1:21*, temos nada menos que os dois messias defendendo posições opostas. Jesus diz claramente que João Batista é Elias que estava por vir. João Batista nega ser Elias para os inquiridores fariseus. Com quem ficar? A exegese cuidadosa nos leva a ficar com Jesus. Ele está falando a seu público, sem nenhum tipo de restrição. João Batista, ao contrário, está respondendo aos enviados do Templo, que ele combatia violentamente, chamando-os de "*raça de víboras*". Seria prudente que ele não revelasse a verdadeira identidade do seu espírito àqueles fariseus e levitas. O Próprio Jesus, depois da "Confissão de Pedro", deu ordem a seus discípulos para que não revelassem sua verdadeira identidade de Cristo de Deus (*Mt 16:20*). Se Cristo mandou negar quem era, por que, naquelas circunstâncias, João Batista não poderia fazer o mesmo?

Não temos a pretensão de encerrar este debate – queremos apenas iniciá-lo no meio do Cristianismo e provocar o mesmo na Academia. O que não devemos aceitar é a imposição de dogmas, pois estes só trouxeram atraso à evolução espiritual da humanidade. As religiões são instituições humanas e como tais, envolvem lutas por espaço, poder, patrimônio material e posição social e política. A vida de Jesus e das comunidades do Cristianismo primitivo nada têm a ver com as gigantescas estruturas religiosas da atualidade. Estas se constituíram em cima de certos credos dogmáticos. Seus líderes acham que se um deles for desmentido, o castelo cairá. Não pensamos assim. Se a reencarnação for comprovada e aceita, haverá uma renovação da religião e não o seu fim, afinal, Deus é maior! A Terra "não é mais" o centro do universo e a religiosidade continua exisitindo.

Maria Madalena, O Discípulo Amado E A Autoria Do 4º Evangelho

"E não haverá paz para os filhos da viúva!"
(frase emblemática do gnosticismo, utilizada em rituais iniciáticos)

Maria Madalena é, sem dúvida, um dos personagens mais importantes na vida adulta de Jesus. Ela o seguiu e o apoiou com suas posses em toda sua pregação por Israel, juntamente com outras mulheres da Galiléia (*Mc 15:40-41*; *Mt 27:55*; *Lc 8:2-3*). Quando Jesus foi condenado à morte, os outros discípulos se esconderam, mas ela permaneceu com o Senhor até o pé do madeiro (*Mc 15:40*; *Mt 27:56*; *Jo 20:25*). Ela era muito próxima da mãe e das irmãs de Jesus. Com elas foi ao sepulcro na madrugada de sábado para domingo (*Mc 16:1*; *Mt 28:1*; *Lc 24:1-10*). Os outros apóstolos sequer foram verificar se a previsão de ressurreição do Mestre havia se confirmado. Ela foi a primeira a vê-lo ressuscitado e a encarregada de levar a boa notícia aos outros discípulos, que permaneceram incrédulos (*Mc 16:9-11*; *Mt 28: 9-10*; *Jo 20:11-18*).

A presença de mulheres acompanhando Jesus é uma informação recorrente nos evangelhos canônicos. Neles encontramos sete listas dessas mulheres, principalmente nas cenas da crucificação, sepultamento e ressurreição. Nessas listas, há uma constante: Maria Madalena está presente em todas - *Mt 27:55-56*; *Mt 28:1*; *Mc 15:40*; *Mc 16:1*; *Lc 8:2-3*; *Lc 24:10; Jo 19:25*. E apenas nesta última, a mãe de Jesus aparece em primeiro lugar.

Essa mulher, tão próxima do Mestre Nazareno e de sua família, permaneceu por séculos com seu nome maculado pela própria Igreja, como uma **prostituta arrependida**. Uma pecadora endemoniada. Um personagem que só servia como exemplo da capacidade infinita de perdão do Cristo de Deus, agindo sob um sincero e penitente arrependimento.

Somente em 1969, com o papa Paulo VI, Maria Madalena foi incluída no calendário sagrado da Igreja e seu dia comemorativo passou a ser reconhecido como 22 de julho, data há muito festejada fora da oficialidade hierárquica do Vaticano, principalmente ao norte da Inglaterra e ao sul da França - onde existem centenas de igrejas e monumentos dedicados a ela. Nos principais centros do Catolicismo Ortodoxo, ela já era cultuada há bastante tempo como santa. Na Grécia era, inclusive, considerada casta.

De onde veio a informação de que Madalena seria uma prostituta? A Bíblia não diz isso. Os apócrifos também não. A fonte é uma exegese preconceituosa, uma interpretação errônea de certas passagens bíblicas, com o claro objetivo de afastar o feminino da hierarquia de uma igreja dirigida por homens. Quando ela é apresentada em *Lucas 8:2*, o evangelista diz que dela saíram sete demônios, num ato de exorcismo praticado pelo próprio Jesus. Logo em seguida (*Lc 8:3*), é dito que ela e as outras mulheres o serviam com suas posses, ou seja, ela era importante para a missão do Mestre, inclusive do ponto de vista material. A fonte de sua depreciação veio de uma leitura equivocada de uma passagem anterior do mesmo Evangelho (*Lc 7:37-38*):

> *"Uma mulher, pecadora da cidade, quando soube que estava à mesa em casa do fariseu, trouxe um vaso de alabastro cheio de unguento; e, estando por detrás, aos seus pés, chorando, regava-lhe com suas lágrimas e os enxugava com os próprios cabelos; e beijava-lhe os pés e os ungia com o unguento."*

Pela proximidade dos episódios nas páginas da Bíblia, passaram a identificar a *pecadora da cidade* de *Lucas 7:37* com a Madalena exorcizada de *Lucas 8:2*, o que é aceito hoje por grande parte dos estudiosos, para os quais Maria Madalena; a pecadora de *Lucas 7* e Maria de Betânia, são a mesma pessoa. A discordância reside no fato de que muitos exegetas não aceitam que o pecado dessa mulher fosse a prostituição.

As polêmicas sobre Maria: Pecadora //de Betânia // Madalena

O sentido do termo "*pecadora da [na] cidade*"; ou "*pecadora pública*" é polêmico. Conforme algumas interpretações, significaria prostituta. Outras visões entendem que poderia se referir a uma pessoa que não seguia determinados preceitos da Torá, ou que seguia costumes de outros povos e aspectos de outras religiões. As autoridades judaicas consideravam pecado até desvios teológicos ou atitudes de desafio ao Templo. O termo "pecadora" poderia se referir, portanto, a muitas coisas que não necessariamente transgressões ligadas ao sexo.

Mas de onde surgiu, de forma oficial, a versão da "Madalena prostituta arrependida"? – Tal interpretação desses fatos relacionados a esse importante personagem do Cristianismo primitivo, não poderia vir de qualquer um. Voltando no tempo, mais precisamente para o final do século VI, vamos nos encontrar com um histórico sermão de um doutor da Igreja.

O Papa Gregório I, o Grande, (590-604) em sua homilia de 21 de setembro de 591, na basílica de São Clemente em Roma, discorreu sobre a cena da pecadora que ungiu os pés de Jesus na casa do fariseu Simão. Nessa homilia, Gregório identifica essa pecadora – chamada de arrependida – com a Maria citada por João na unção de Betânia, dizendo ser a mesma Maria "*de quem tinham sido expulsos sete demônios*". Como a Maria dos sete demônios era explicitamente Madalena, Gregório I afirma que a mulher pecadora "arrependida" (de *Lucas 7*), Maria de Betânia (irmã de Marta) e Maria Madalena, eram a mesma pessoa. A infalibilidade papal só foi decretada em 1870[90], mas para grande parte dos fiéis, a palavra de um Papa sempre foi infalível. Ele introduziu oficialmente o tema da lascividade de Maria Madalena e abriu a polêmica sobre sua identidade.

Ainda nesse sermão Gregório I traduziu "os sete demônios" como os sete pecados capitais (luxúria, inveja, soberba, gula, ira, preguiça e avareza). Madalena seria o símbolo vivo do mal, se destacando no item luxúria. Gregório faz uma verdadeira apologia do arrependimento madalênico que, segundo ele, foi a causa mestra do perdão concedido por Jesus. Mas o perdão do Mestre Nazareno não foi dado pelo possível arrependimento da "mulher pecadora". O Papa não observou que em *Lc 7:47* Jesus diz: "*Por isso te digo* (se dirigindo a seu anfitrião): *seus numerosos pecados lhe foram perdoados, porque ela tem demonstrado muito amor. Mas ao que pouco se perdoa, pouco ama.*"

---

90. O Concílio Vaticano I, dirigido pelo Papa Pio IX (1846-1878), instituiu o Dogma da Infalibilidade Papal, através da Bula ***Pastor Aeternus***, aprovada em 18 de julho de 1870. Em síntese, o Dogma afirma que quando o Papa se pronuncia "ex-cathedra" (da cadeira que representa o trono de Pedro) sobre matéria de fé e moral, é incapaz de errar. De certo modo, essa bula deu aos papas um atributo de Deus, pois somente Deus não erra. O incrível, é que esse Dogma subsiste até hoje.

Gregório I, apesar desse versículo, insistiu no "arrependimento" da pecadora, mas Jesus a perdoou por ela ter demonstrado "muito amor". O texto de *Lucas 7* não diz em nenhum momento que o pecado da "pecadora" era a prostituição e aí vem a dedução papal, que marcou, por um milênio e meio o nome dessa grande Apóstola do Mestre Nazareno. Vejamos um trecho desse eloquente sermão:

> *"(...) Está claro, irmãos, que a mulher anteriormente usava o unguento para perfumar sua carne durante atos proibidos. O que antes ela exibia da maneira mais escandalosa, agora estava oferecendo a Deus de forma louvável. Ela tinha cobiçado com olhos terrenos, mas agora, por meio da penitência, estes estão consumidos pelas lágrimas. Ela soltava os cabelos para destacar seu rosto, mas agora seus cabelos enxugam suas lágrimas. Ela havia falado coisas orgulhosas com sua boca, mas, beijando os pés do Senhor, agora fixava a boca nos pés do Redentor. Portanto, por todo prazer que ela teve em si, ela agora se imolava. Ela tornou sua massa de crimes em virtudes, a fim de servir a Deus inteiramente em penitência, pelo tanto que ela tinha errado por desprezar a Deus."* (Citado em HASKINS, 2005, p. 96. Tradução do trecho: **Thiara das Neves Pereira**).

Desse histórico sermão surgiu no imaginário popular e na arte, a figura – sem respaldo bíblico – da *Madalena Arrependida e Penitente*, que ocupou grande espaço na iconografia religiosa, principalmente na Idade Média e na Renascença. Mas a polêmica sobre a identidade de Madalena dentro do próprio Vaticano continuou. Somente em 1910, a Enciclopédia Católica reconheceu a chamada Homilia 33 de Gregório I, no que diz respeito à unicidade das três Marias e o seu arrependimento pelo "antigo estado de prostituição". Quando de sua entrada para o Calendário dos Santos, decretada por Paulo VI, em abril de 1969, o Missal da Igreja Romana determinou que havia três mulheres diferentes: a pecadora de *Lucas 7*, Maria de Betânia e Maria (ex-possuída) Madalena, em contradição com a Enciclopédia Católica e voltando a concordar com o que há muito tempo já dizia a Igreja Ortodoxa.

Quando o Vaticano voltou a afirmar que existiam três Marias diferentes (além da mãe de Jesus) e resolveu canonizar Maria Madalena, se colocou diante de duas situações antagônicas:

a) ou não canonizou a "arrependida" de *Lucas 7*, e aí não poderá jamais explicar por que Maria Madalena é a padroeira dos pecadores arrependidos;

b) ou reconheceu a afirmação de *João 11:2* de que Maria de Betânia é a mesma "*que ungira o Senhor com óleo perfumado e enxugara os pés com seus cabelos*" e que era a própria Madalena, como concluiu Gregório I, voltando à posição de 1910. Como a cúpula da Igreja não defende nenhuma dessas hipóteses, sua tese de "padroeira dos arrependidos" fica sem sustentação bíblica, servindo apenas para demonstrar que, no fundo, o Vaticano sabe que as três eram uma só.

O estigma de *prostituta* foi lançado pelo papa Gregório I, num momento em que quase ninguém tinha acesso à Bíblia. Hoje não é possível manter essa posição, pois sabemos que em lugar algum do Novo Testamento isso sequer está indicado. Concordamos que Madalena é a "mulher pecadora" de *Lucas 7*, mas lá está escrito pecadora e não prostituta. O ato de perdão de Jesus diz muito sobre esse episódio. Ele a perdoou porque ela tinha muito amor e repreendeu Simão por esboçar pensamentos preconceituosos em relação à mulher. Se ela vivesse da comercialização do sexo poderia tranquilamente ser perdoada pela infinita graça do Cristo, mas ele a repreenderia como fez com a adúltera de *João 8:1-11 (...não peques mais)*, o que não aconteceu aqui.

Madalena, a Nobre

Há estudos sobre a genealogia de Madalena que dão conta de que ela era herdeira da Casa Religiosa de Israel. Era uma sacerdotisa nazarena. Outros estudos indicam que ela descendia de uma casa real da Síria. A influência helenística no século I, no Oriente Médio, era muito grande. Basta citar que os evangelhos canônicos foram escritos em grego e as sacerdotisas gregas praticavam o "sexo sagrado". O termo "*pecadora da cidade*" usado por Lucas pode ser entendido como uma mulher que praticava ritos religiosos de ascensão grega, considerados pecaminosos para os judeus, mas sagrados para os habitantes do *Peloponeso* e para os adeptos de outras tradições. Há ainda fontes que informam ser Madalena filha de um rico proprietário de terras da Galiléia, que lidava com o comércio internacional de bálsamos, daí sua ligação com o nardo da unção em Betânia e sua ajuda material à missão de Jesus. Esses fatos todos fazem parte de estudos que estão em pleno curso, mas eles já indicam que Madalena pertencia a uma família de posses. Sabemos também que o casamento dinástico era cercado de regras rigorosas e que Jesus era da Casa Real de Davi. Se Madalena foi casada com Ele, ela era de uma linhagem especial.

Maria Madalena ou Maria de Betânia? Vadia das ruas ou integrante de uma linhagem? Jacopo de Vorazze, bispo de Gênova, em sua célebre *Legenda Áurea: a vida dos santos (1250)*, afirma que Maria Madalena era oriunda de uma família muito digna, descendente de reis. Segundo Vorazze, seus pais eram proprietários da Vila Betânia e de muitos outros bens. Quando eles morreram, Marta herdou a Vila, Lázaro ficou com propriedades em Jerusalém e Maria herdou um castelo com uma torre (migdal), daí o seu nome: Maria de Magdala. Vorazze, no entanto, acreditava que Madalena antes de conhecer Jesus, levava uma vida marcada pela busca intensa dos prazeres carnais, e que teria mudado completamente desde a primeira vez que ela esteve frente a frente com o Mestre na casa de Simão. Vorazze reconhecia em Madalena as qualidades de uma *iniciada*. Ele a chamava de *Iluminata et Illuminatrix* (Iluminada e Iluminadora).

Hoje, a Igreja tem uma posição confusa em relação a Madalena. Não a reconhece como sendo a pecadora de *Lucas 7*, mas a mantém como padroeira dos pecadores arrependidos[91]. Na verdade, Madalena foi aparentemente reabilitada para continuar escondida. Há algo de muito especial na relação de Madalena com Jesus que levou a Igreja, por todos esses séculos, a confundir pejorativamente sua identidade, para somente no final do século XX, estabelecê-la como santa, em função de um suposto arrependimento, gerando assim o arquétipo da *mulher penitente*. Foram essas contradições que levaram estudiosos do mundo inteiro a aprofundarem seus estudos sobre esse personagem, protagonista do Cristianismo primitivo, tido como provável raiz de uma descendência direta de Jesus.

A Gênese da Culpa Pelo Sexo

A recorrência do mito de Eva na história judaico-cristã é imensurável. Isso incutiu na mente de grande parte da humanidade que há uma relação sempre direta entre sexo e pecado. Quando o papa beneditino Gregório I, proferiu a Homilia 33 que resultou na caracterização de Madalena como prostituta arrependida, ele simplesmente deduziu que o "pecado" da pecadora de *Lucas 7* era de natureza sexual. Psicologicamente foi fácil para as pessoas condicionadas pelo mito da criação, aceitarem a exegese de Gregório I. A Bíblia não diz isso, mas mesmo se dissesse, a Igreja de hoje não aceita a unicidade das Marias. Se não aceita, como pode manter a tese do arrependimento madalênico? Na época de Gregório I as pessoas não liam a Bíblia. Os poucos manuscritos existentes estavam com bispos e clérigos. Ainda faltava quase um milênio para que Gutenberg inventasse a imprensa. Assim, quem poderia questionar uma interpretação feita pelo próprio Papa? A partir daquele sermão o destino de Madalena foi selado.

Nas cenas em que Maria Madalena é citada **explicitamente** (*Lc 8:2*, *Mc 15:40*; *16:1-11*; *Mt 27:55-56*; *27:61*; *28:1-10*; *Jo 19:25*; *20:1-18*), não há sequer uma insinuação de que ela fosse uma prostituta. Assim como não há em *Lucas 23:49-55*, onde o nome dela não é citado porque sua identidade, como uma das mulheres da Galiléia, estaria subentendida. Já em *Lucas 8:2*,

91. Maria Madalena foi canonizada em 1969 como a padroeira dos "*contemplativos, dos convertidos, dos farmacêuticos, dos fabricantes de luvas, dos cabeleireiros, dos perfumistas, dos pecadores arrependidos, da tentação sexual e das mulheres*".

única citação explícita de Madalena fora dos acontecimentos da paixão e ressurreição, encontra-se a informação de que dela foram expulsos sete demônios, mas isso não a identifica como "mulher da vida". O exorcismo era uma atividade muito praticada por Jesus e seus discípulos em todo o seu Ministério. Além disso, há muitas versões sobre esses "sete demônios" que não apenas os sete pecados capitais citados por Gregório I.

Madalena aparece na crucificação, no sepulcro e na ressurreição, onde é o personagem principal, depois do Cristo, sendo a primeira a vê-lo ressurreto. É a portadora da boa nova aos outros discípulos. **Em todas essas cenas, ela está acompanhada da mãe e das irmãs de Jesus**. Onde é que está pelo menos uma insinuação de prostituição nesses versos? Sabemos que Nossa Senhora estava acima de preconceitos mundanos, mas não seria coerente que ela caminhasse sempre com uma mulher que tivesse como profissão a comercialização do sexo.

Três Referências Indiretas E Uma Difamação

Além dessas passagens que se referem diretamente à Maria Madalena, há mais três que, ao longo da história, têm sido associadas a ela, pela tradição, por papas, exegetas, historiadores sacros e pesquisadores profanos:

Lc 7:36-50,
Jo 12:1-8 e
Lc 10:38-42.

As duas primeiras são relativas às polêmicas unções de Jesus, na casa do fariseu e em Betânia. A última coloca Maria de Betânia (Maria Madalena) como exemplo da seguidora *contemplativa*, modelo para a igreja na Idade Média, juntamente com a *penitência*.

Mas há outra cena, que nada tem a ver com Madalena, mas que serviu para ampliar a nuvem de sombras espalhadas sobre o nome dessa mulher. **É o episódio da mulher adúltera**, narrado em *Jo 8:1-11*. Primeiro, o evangelista não diz o nome da mulher. Não dá nenhuma pista de quem seja. Não faz nenhuma insinuação ou associação com pessoas, datas ou lugares, que pudessem levar a crer que se tratava de Madalena. Segundo, para ser adúltera, a mulher de *João 8* deveria ser casada. Maria Madalena é apresentada nos evangelhos como mulher independente, que acompanha Jesus sem a companhia de nenhuma presença masculina que não seja o próprio Cristo e seus apóstolos. Outras mulheres são citadas no Novo Testamento como: "Maria, mãe de Tiago"; "Maria, mãe de José e Salomé"; "Maria, mãe dos filhos de Zebedeu"; "Maria, mulher de Cuza". Madalena nunca foi citada assim. O único homem que ela acompanhava era Jesus. Se ela fosse casada com alguém, seria com o próprio Jesus e pela fidelidade demonstrada em todos os evangelhos, seria improvável que o traísse. Logo, a adúltera de *João 8* não poderia ser Maria Madalena. Mas, para aumentar sua depreciação, essa dúvida foi lançada impiedosamente sobre ela, durante séculos e séculos. Sem nenhuma letra escrita, sem nenhum sermão pronunciado explicitamente, mas apenas pela difamação furtiva dos bastidores.

Talvez uma das causas dos ataques preconceituosos a Madalena, seja o fato dela não ter um marido claramente definido nos evangelhos. Ela acompanhava sozinha – no sentido de sem esposo – um grupo de homens por suas andanças missionárias e políticas por todo o país. Até nos dias de hoje, uma mulher com essa postura, seria vítima de preconceito.

Primeiro: pecadora, endemoniada, prostituta, exorcizada. Depois: penitente e santa, só que com o crachá de "arrependida" pendurado no peito. Ora, todos os seres humanos cometem pecados. Grande parte deles se arrepende. Não há nada de extraordinário nisso. Madalena pode ter pecado muito – como qualquer um – e pode ter se arrependido. O que discordamos é da natureza do pecado atribuído a ela de forma aberta por um Papa e, de forma velada, pela tradição ao longo dos séculos.

Santo Agostinho revelou abertamente em seu livro intitulado *Confissões*, que viveu na luxúria até por volta dos trinta anos de idade, quando buscava com sofreguidão os mais lascivos prazeres carnais. Arrependeu-se, converteu-se, foi santificado e considerado Doutor da Igreja. Nunca chamaram Santo Agostinho de *prostituto arrependido*. O epíteto aplicado a Madalena parece tratar-se de um preconceito contra a mulher. Mas tem algo além do simples preconceito. Algo que realmente assusta a Igreja. Algo que reside na relação entre Madalena e Jesus.

Por séculos a imagem de Maria Madalena foi deturpada. Gerações e gerações de cristãos passaram pela Terra sem tomarem conhecimento de que essa mulher foi extremamente importante para a formação do Cristianismo. Teve mais visibilidade nos evangelhos canônicos que a própria mãe do Senhor e com um destaque ímpar nos evangelhos apócrifos. Sua fidelidade, marcada pelo acompanhamento de toda a missão do Mestre, inclusive nos momentos difíceis, demonstra que ela era muito próxima a Jesus. A liderança masculina não poderia passar isso para a posteridade. Melhor seria apagá-la, mas a força da memória popular impediu que os redatores finais dos evangelhos a ignorassem totalmente. A saída foi minimizar seu papel.

Nos evangelhos de **Nag Hammadi**, ela é a discípula mais próxima do Mestre, a que melhor entende sua mensagem e a que ele mais amava. No Novo Testamento, inexplicavelmente, ela some após a ascensão do Senhor. Atos não lhe dedica uma linha sequer e quem surge como líder do Cristianismo primitivo é justamente Pedro, secundado por um ex-inimigo dos cristãos, Saulo de Tarso (Paulo).

Há alguma coisa fora do lugar. Os evangelhos canônicos terminam com a ressurreição, onde Maria Madalena é protagonista. *Atos* começa com a primeira reunião dos apóstolos e familiares de Jesus após a ascensão (*At 1:12-14*). Como num passe de mágica, Maria Madalena é apagada da história. Mas sobrou uma vaga referência: "*Todos estes* [os apóstolos] *perseveravam unânimes em oração, com as mulheres, com Maria, mãe de Jesus, e com os irmãos dele.*" *Atos 1:14.* Vejam que o autor de *Atos* não pôde deixar de citar as *mulheres*. Afinal, os sinópticos deixam claro, que um grupo de mulheres da Galiléia acompanhava Jesus em toda sua missão. O próprio evangelho de Lucas afirma que Madalena era uma dessas mulheres. O nome dela foi apagado, mas ainda sobrou essa "vaga referência" de que, além dos apóstolos, da mãe e dos irmãos de Jesus, estavam presentes no cenáculo, as *mulheres* – agora sem rostos, sem nomes! *Atos 1:14* é a úlltima referência à família de Jesus junto com as *mulheres* (dentre as quais estava Madalena) e os apóstolos homens. O que aconteceu depois dessa reunião feita logo após a ascensão do Senhor? Nossa Senhora, os irmãos de Jesus, Maria Madalena e as outras mulheres deixaram de ser cristãos? Com certeza, há fatos não contados ou deliberadamente omitidos.

As Três Correntes do Cristianismo Primitivo

O Cristianismo nasceu dividido, não em duas correntes como se tem pensado até agora, mas em três. De um lado, ficou o Cristianismo Apostólico, liderado por Pedro e Paulo. De outro, o Cristianismo Nazareno, liderado por Tiago, irmão do Senhor, com vários anciãos e até fariseus convertidos, carregando bases judaicas. Na terceira via, estava o Cristianismo Gnóstico, de Maria Madalena, Marta, Lázaro, Felipe e Tomé. Tiago, o irmão do Senhor, líder da Igreja em Jerusalém, era um defensor ardoroso da Torá e isso o levou a discordâncias profundas com Paulo, que defendia uma linha internacionalista e mais liberal em relação aos costumes. Na outra frente, Tiago, por seguir à risca as tradições judaicas, não dava espaço para a liderança de mulheres na congregação e não era conhecedor do *logos* no mesmo nível que a *companheira* do Senhor. Sua prática teológica e sua baixa cristologia o levaram a um afastamento radical da linha gnóstica. Paulo lutava contra a linha "judaizante" de Tiago, mas ambos lutavam contra a linha esotérica de Madalena. Como a história é escrita pelos vencedores – e quem escreveu Atos foi Lucas, amigo de Paulo – Tiago ficou num plano secundário, mas ainda foi citado como líder da Igreja em Jerusalém. Já Madalena foi totalmente *deletada* da história do Cristianismo primitivo.

A partir do século II, os pais da Igreja consolidaram a vitória de Paulo, o sombreamento de Tiago e a exclusão de Madalena. Só restaram resquícios nas entrelinhas do 4º Evangelho, cujos manuscritos (fragmentados) foram encontrados junto com farto material gnóstico enterrado nos desertos do Egito. Fato que corrobora com a tese de que João é o único canônico a nos dar pistas de uma corrente gnóstica nas origens do Cristianismo.

O Cristianismo Apostólico enveredou por um caminho racional, "aristotélico", adaptando-se à cultura do Império Romano, até ser transformado em uma religião híbrida no século IV, quando Constantino, o Grande, chegou a se considerar o verdadeiro Messias após Jesus ter sido elevado à categoria de Deus. O Cristianismo Gnóstico era mais místico e parece ter tido acesso aos conhecimentos secretos do Senhor. Foi considerado heresia pelos chamados "pais da Igreja" que, a partir de meados do século II, começaram a formalizar uma doutrina (humana) para "organizar" a seita cristã, preparando os fundamentos para sua futura hierarquização e expansão internacional. A base teológica adotada veio das cartas paulinas. A base simbólica foi a figura mítica de Pedro. E o timoneiro intelectual, nada menos que o maior herisiologista da época, Ireneu de Lião (140-202). Quando ele escreveu *Adversus Haeresis* por volta de 180 d.C., o papel das mulheres no ministério de Jesus já havia sido deixado completamente de lado e a importância de Maria Madalena, particularmente escondida.

Madalena e os Escritos Gnósticos (Nag Hammadi, Berolinensis e Askew)

Já vimos Madalena sob o ponto de vista dos evangelhos canônicos. Agora vamos ver como os escritos gnósticos tratam a primeira testemunha da ressurreição.

O Evangelho de Felipe, provavelmente escrito no segundo século, compõe o Códice II da biblioteca de Nag Hammadi. De forte conteúdo esotérico, se assemelha a um tratado destinado à iniciação nos mistérios do Reino. Dá muita ênfase aos conhecimentos ocultos, mas também revela dados importantes da primeira comunidade cristã, após a crucificação do Mestre, que vão desde divergências teológicas até aspectos relacionais e questões de gênero. Esse Evangelho é o que deixa mais clara a condição de Madalena como discípulo amado por Jesus, como sua companheira e como receptora privilegiada dos conhecimentos secretos do Mestre. Vejamos algumas passagens:

> *"Havia três que sempre andavam com o Mestre: Maria sua mãe, sua irmã e Madalena, aquela a quem era chamada de sua companheira. Sua irmã e sua mãe e sua companheira eram, cada uma, uma Maria"* (Evangelho de Felipe (II,3) in:

> Biblioteca de Nag Hammadi, organizada por James M. Robinson, 2006, p.132)[92].

O vocábulo "Maria", além de nome próprio, era uma espécie de título. Somente as mulheres "Marias" poderiam ter propriedades, por exemplo. Por isso, Maria Madalena era uma das que *o serviam com suas posses*. Alguns estudiosos afirmam também que "Maria" denominava as sacerdotisas nazarenas. Segundo o Protoevangelho de Tiago, Maria mãe era uma dessas sacerdotisas, criada como virgem do Templo, sendo seu casamento com José (descendente da Casa de Davi) escolhido pelos líderes judeus. O Evangelho de Felipe, ao falar das três mulheres mais próximas de Jesus: sua mãe, sua irmã e sua companheira, mostra a face humana do Cristo: a mãe, a irmã e a companheira são as mulheres mais próximas de qualquer homem. Por outro lado, mostra que Jesus tinha, com relação à questão de gênero, um comportamento completamente diverso do predominante em seu tempo: "*Havia três que sempre andavam com o Mestre*", ou seja, existiam mulheres no seu grupo de trabalho ministerial. Essas três mulheres eram próximas não apenas no sentido do parentesco. Ao dizer que elas "*sempre andavam com o Mestre*", Felipe quer nos dizer algo mais. Os evangelhos canônicos apontam nessa direção ao afirmar que um grupo de mulheres da Galiléia, sempre acompanhava Jesus. Para o Mestre, a humanidade era formada por homens e mulheres que juntos, constituíam o SER HUMANO INTEGRAL. Nessa visão elevada não havia espaço para a discriminação. Nas entrelinhas do Evangelho de Felipe está uma grande verdade gnóstica: para Deus não há diferenças entre homens e mulheres. Homens e Mulheres são apenas duas experiências pelas quais o ESPÍRITO HUMANO tem que passar (*quem tiver ouvidos, ouça*).

KOINONOS

O Evangelho de Felipe foi escrito originalmente em grego. O termo do original traduzido como "companheira" é *koinonos* que significa companheira íntima, parceiro com conotações conjugais, esposa de um príncipe, ter um título em comum, ou mais simplesmente, consorte. Felipe qualifica as três Marias que acompanhavam Jesus de maneira bem específica. Duas dessas qualificações não deixam dúvidas: mãe e irmã. A terceira - companheira - deixa margem para interpretações diversas. Pode significar amiga

92. Para fazermos uma comparação, vejamos *Marcos 16:1*: "*Passado o sábado, Maria Madalena, Maria Mãe de Tiago* [irmão de Jesus], *e Salomé* [Maria Salomé, irmã de Jesus] *compraram aromas para irem embalsamá-lo*". Temos um evangelho canônico atestando a lista do Evangelho de Felipe, das três mulheres que "*sempre andavam com o Mestre*". Como já vimos no capítulo *Irmãos e Irmãs de Jesus*, Maria mãe às vezes era chamada de "mãe de Tiago", outras de "mãe de José" (ambos irmãos de Jesus). Segundo Tabor, ela também foi chamada de Maria, mulher de Cléofas (cuja versão grega era Alfeu), irmão de José e possível pai de Tiago, irmão de Jesus.

como pode significar consorte. Vejamos outro trecho do Evangelho de Felipe que vai direto a esse assunto:

> *"A companheira de Cristo é Maria Madalena, a quem o Senhor amava mais que a todos os discípulos e costumava beijá-la frequentemente na boca. Os demais se ofendiam e perguntavam por que a amava mais que a eles".* (CARTER, 2003, p. 237)

Quem é cristão e lê essa passagem pela primeira vez fica chocado. Toda a mistificação erguida em torno da figura de Jesus, impede de pensar na possibilidade d'Ele ter beijado uma mulher na boca. Isso seria um ato muito humano para ser praticado por um Deus. Mas depois de pensar um pouco, nos perguntamos: o que há de mal num beijo? Constatamos que o problema não está no beijo em si, mas nos desdobramentos possíveis. Por isso essa é a passagem mais polêmica do Evangelho de Felipe, mas há outras interpretações.

Muitos estudiosos afirmam que o termo beijar na boca, era uma alegoria da linguagem gnóstica que significava transmitir o logos (a palavra, o conhecimento da verdade) diretamente, face a face, pessoa a pessoa, sem parábolas. Essa visão se apóia nos próprios textos gnósticos como o dito 108 do Evangelho de Tomé que diz: "*Disse Jesus: Quem beber da minha boca se tornará como eu. E eu serei o que ele é. E as coisas ocultas lhe serão reveladas*" (Huberto Rohden [tradução e notas]. O Quinto Evangelho, 1990, p. 182). Há, no próprio Evangelho de Felipe, v.31, uma outra passagem no sentido da utilização alegórica do termo beijar: "*Se o logos tivesse saído da boca se alimentaria pela boca e seria perfeito. Os perfeitos são fecundados por um beijo e concebem. Por isso, beijamo-nos nós também uns aos outros e recebamos a fecundação pela graça que nos é comum*" (CARTER, 2003, p.234)

Para além da polêmica do beijo, há outra informação importante. Felipe está afirmando que Madalena era o Discípulo Amado (*...a quem o Senhor amava mais que a todos os discípulos...*). Vejamos, na sequência, a resposta de Jesus:

> *"Por que a amo mais que a vós? Respondeu ele. Se um cego e um vidente se encontram em uma moradia escura, ambos estão na mesma situação, entretanto quando se faz a luz, o vidente verá e outro permanecerá na escuridão".* (CARTER, 2003, p.237).

A linguagem de Jesus é enigmática, mas a percepção possível é que Madalena, diante da Luz (que Jesus representava) conseguia ver, enquanto os "cegos" (mesmo diante do Cristo) continuavam na escuridão. Por isso ele a amava mais que a todos os outros. O que é intrigante, ou revelador, é que na sequência dessa resposta sobre por que ele amava mais Madalena que aos demais, Jesus dá como resposta uma explicação sobre o casamento:

> *"Grande é o mistério do Matrimônio, pois sem ele o mundo não existiria. A existência do mundo depende do homem, a existência do homem depende do Matrimônio"* (CARTER, 2003, p. 238).

O Evangelho de Pedro

Em 1886, arqueólogos franceses em missão científica no Egito, região de Akhmim, encontraram em um antigo cemitério, um pergaminho contendo o chamado Evangelho de Pedro. Esse texto não faz parte da biblioteca de Nag Hammadi. Ele relata, como os canônicos, os acontecimentos da paixão e ressurreição do Senhor, mas destaca Maria Madalena ao citar apenas seu nome, dentre as mulheres que estavam presentes a esses acontecimentos:

"[50] Ao amanhecer do dia do Senhor, Maria Madalena, discípula, que, por medo dos judeus ardentes de cólera, não havia feito na sepultura do Senhor tudo quanto as mulheres costumavam fazer pelos mortos que lhe eram caros, [51] tomou consigo suas amigas e dirigiu-se ao túmulo onde tinha sido posto." (Evangelho de Pedro in: FREITAS, 2004, p.176).

O Evangelho de Maria Madalena

Dez anos depois, um cientista alemão, Dr. Karl Reinhardt, adquiriu no Cairo, um papiro contendo partes do que viria a ser chamado de "O Evangelho de Maria Madalena". Esse papiro foi batizado de *Berolinensis* porque foi guardado em Berlim. Fragmentos desse texto foram também encontrados em Nag Hammadi em 1945. Juntando esses dois documentos, conseguiram aproveitar oito das quase dezenove páginas originais. Sua publicação em línguas européias modernas só aconteceu em 1955. Hoje, ele está disponível em português em diversas publicações, dentre elas *O Evangelho de Mirian de Mágdala*, traduzido e comentado por Jean-Yves Leloup e a *Biblioteca de Nag Hammadi*, organizada por James M. Robinson. Vejamos as seguintes passagens:

> *"Pedro disse a Maria, 'Irmã, nós sabemos que o Salvador amava a ti mais que a todas as mulheres. Diga-nos as palavras do Salvador que mais te recordas, as quais tu sabes, mas nós não sabemos, nem ouvimos falar delas'. Maria respondeu e disse, 'O que a vós está oculto eu vos proclamarei' "* (ROBINSON, 2006, p. 443).

Maria Madalena passa então a revelar os ensinamentos secretos que recebeu do Cristo ressuscitado através de uma visão. Infelizmente faltam quatro páginas nessa sequência. Na página 17, depois que ela termina sua intervenção, tem início um debate:

> *"... André respondeu e disse aos irmãos. 'Dizei o que desejeis dizer sobre o que ela disse. Eu pelo menos não acredito que o Salvador disse isso. Pois, certamente, esses ensinamentos são ideias estranhas'. Pedro respondeu e falou sobre essas mesmas coisas. E os questionou sobre o Salvador: 'Ele realmente falou com uma mulher sem o nosso conhecimento e não abertamente conosco? Vamos todos mudar de posição e ouvi-la? Ele preferiu a ela a nós?'..."*
> *"Então Maria lamentou e disse a Pedro, 'Meu irmão Pedro, o que pensas? Tu crês que eu mesma inventei essas coisas no meu coração, ou que esteja mentindo sobre o Salvador?' Levi respondeu e disse a Pedro, 'Pedro, tu sempre foste o exaltado. Agora eu te vejo te opondo a uma mulher como adversário. Mas se o Salvador a fez digna, quem és tu de fato para rejeitá-la? Certamente o Salvador a conhece muito bem. Por isso ele a amava mais do que a nós. Vamos nos envergonhar e nos vestir do homem perfeito e recebê-lo em nós como ele nos comandou e pregar o evangelho, sem proclamar outra regra ou lei além daquilo que o Salvador disse'. [...] e começaram a sair [para] proclamar e para pregar".* (ROBINSON, 2006, p. 444).

Os acontecimentos narrados neste Evangelho se deram após a ressurreição do Mestre. Em uma outra passagem, os discípulos homens estão aflitos e temerosos em cumprir o "Ide" determinado por Jesus: "*'Como ir até os pagãos e anunciar o Evangelho do Reino do Filho do Homem? Eles não o pouparam. Como eles nos poupariam?'* " (ROBINSON, 2006, p.443). Como narrado nos canônicos, os discípulos homens não acreditavam na ressurreição e demonstravam temor pelas suas próprias vidas.

> *"Então, Maria se ergueu, saudou a todos eles, e disse aos seus irmãos, 'Não chorai e não vos afligi e nem sede irresolutos, pois sua graça estará plenamente convosco e vos protegerá. Vamos louvar sua grandeza pois ele nos preparou e nos transformou em homens'. Quando Maria disse isso, ela fez com que seus corações se voltassem ao Bondoso, e eles começaram a discutir as palavras do [Salvador]".* (ROBINSON, 2006, p.443).

Estes evangelhos são reveladores. Maria não é apenas aquela a quem o Mestre ressuscitado passou a sabedoria secreta dos caminhos da alma, após a morte do corpo físico, dentre outros aspectos da gnose. Ela é a principal apóstola. Com toda a probabilidade integrava o Conselho dos Doze, pois está reunida com eles e lhes transmite os ensinamentos especiais do Mestre. Ela é a que tem certeza da ressurreição e os conforta num momento de apreensão e medo. Isso provoca ciúmes e controvérsias entre os discípulos homens. André e Pedro a atacam. Levi a defende. E o espírito de Jesus afirma que ela consegue ver diante da luz!

Agora se pode perceber claramente porque os evangelhos gnósticos ficaram fora do Cânon. Numa sociedade altamente patriarcal, o comportamento libertário de Jesus em relação às mulheres só poderia durar enquanto ele estivesse encarnado na Terra. Com a sua saída, os líderes da Igreja Apostólica trataram de eliminar a influência das mulheres na hierarquia da nova religião. Mais que isso, agiram deliberadamente para diminuir a importância delas nos escritos testamentários, escondendo da posteridade suas participações na formação do Cristianismo primitivo, deixando apenas pistas e grandes lacunas que começam a ser preenchidas com os documentos que estão vindo à tona.

O *Pistis Sophia*

Em 1769, o Dr. Askew, um médico escocês aficionado por papiros e pergaminhos antigos, adquiriu um volumoso códice no tenebroso mercado clandestino de antiguidades no Egito. Levou para a Inglaterra e lá o vendeu ao Museu Britânico por volta de 1785. Eram mais de 350 páginas escritas em dialeto copta-tebano sob folhas de pergaminho de 16,5 x 21 cm. A tradução, porém, não foi tarefa fácil. Na verdade, a primeira tradução para o latim só aconteceu em meados do século XIX e somente no século XX é que foram publicadas as traduções para o inglês, o alemão e outras línguas européias atuais, embora se fale de uma tradução para o francês em 1856. A dificuldade do texto reside em seu caráter simbólico. Uma linguagem esotérica, fundada em alegorias antigas, atribuída a Valentino – destacado hierofontes dos primórdios do gnosticismo alexandrino – ou um dos seus discípulos. Segundo especialistas, o texto é do século II, no máximo do século III e a cópia que se encontra no Museu Britânico é do século IV. Os estudiosos batizaram esse manuscrito com o nome de *Pistis Sophia*, que quer dizer fé (*pistis*) e sabedoria (*sophia*), e o códice foi denominado *Codex Askewianus*, em homenagem a seu descobridor. Alguns exegetas o chamam de *Evangelho de Valentino*.

A obra trata do mito de *Sophia* (sabedoria), primeiro princípio feminino que nasceu da Divindade original para se tornar a consorte do Cristo. *Sophia* segue uma falsa luz que julgava ser o Cristo e se deixa levar pela vaidade de se tornar grande. Por isso, cai por diversos planos espirituais (*Eons*) até os níveis da matéria densa, onde espera pelo seu Salvador. Outros textos apócrifos falam também desse mito como "*Hipóstase dos Arcontes[II,4]*"; "*Eugnosto, o Bem Aventurado [III,3]*" e "*A Sophia de Jesus Cristo[III,4]*", mas nenhum deles é de tão difícil compreensão quanto o *Pistis Sophia.*

Grandes mestres gnósticos revelaram dificuldades extremas para o completo entendimento do *Pistis Sophia* (Jean Dorese, por exemplo). Poucos se arriscaram a comentá-lo tecnicamente. Destacamos os trabalhos de dois dos maiores mestres gnósticos do século XX: Samael Aun Weir, *Edição Comentada do Pistis Sophia* e H.P Blavatsky, *Comentários sobre o Pistis Sophia*, onde a parte inicial da obra, que trata do mito de Sophia, é analisada.

O que nos interessa no presente Trabalho são os diálogos de Jesus com seus discípulos, durante onze anos após a ressurreição. Nesse período, Maria Madalena ainda estava com eles e participava ativamente das reuniões com o Cristo ressuscitado, sendo a apóstola mais destacada na compreensão do *logos* ministrado pelo Mestre. Jesus desce do céu até o Monte das Oliveiras envolto em três vestes de luz e diz que vai transmitir aos discípulos todos os mistérios, do princípio até a plenitude (*Pleroma*) e do interior até o exterior.

Num dos diálogos do *Pistis Sophia*, Pedro reclama diretamente para Jesus: *Senhor, não permitas que essa mulher tome nosso lugar [ela] não deixa nenhum de nós falar, pois ela fala muitas vezes. [Será que a prefere a nós?].*" E Jesus respondeu a seus discípulos: "*... aquele no qual se agita a força do espírito lhe dando inteligência, adiante-se para falar [seja homem ou mulher].*" (MACHADO, s.d., p. 25). As admoestações de Pedro contra Madalena no *Pistis Sophia* nos lembra o dito 114 do Evangelho de Tomé onde Pedro pede que Jesus afaste Madalena do grupo sob a alegação de que as mulheres "*não são dignas da vida*".

Maria Madalena pode ser comparada com a representação simbólica da Sabedoria (*Sophia fiel)* que no *Pistis Sophia* é a consorte do Cristo. É ela a que melhor entende os ensinamentos esotéricos de Jesus. A que mais faz perguntas e a única, entre os discípulos presentes, que Jesus permite que responda por Ele a pergunta de outrem, no caso Salomé. É ela também quem mais interpreta as palavras do próprio Jesus. Tudo isso mostra que no mínimo, ela foi sua principal parceira espiritual na Terra. Quando faz sua primeira pergunta, o Mestre diz a seu respeito: "*Maria, tu és feliz; eu te ensinarei todos os mistérios que pertencem às regiões superiores, fala com sinceridade, tu cujo coração é superior ao de todos os teus irmãos, dirigido ao reino dos céus.*" (Ibid, p. 16). [Outra tradução: "*cujo coração está mais ligado que o de todos os teus irmãos ao reino dos céus.*" (PROENÇA, 2005, p. 644)]. Isso, é óbvio, se tornou muito difícil de ser aceito pela hierarquia masculina da Igreja. *O Pistis Sophia* e todos os demais livros gnósticos foram queimados ou destruídos de outra forma a partir do século IV, pelos autodenominados ortodoxos. Felizmente, alguém guardou uma cópia na necrópole de Tebas e hoje podemos acessar esse importante documento.

Não chegou até nossos dias um texto sequer de Valentino ou Marcião e muito menos de Simão, o Mago. O que conhecemos deles está nos trabalhos que foram escritos contra eles, pelos pais da Igreja, especialmente Ireneu de Lião, Hipólito e Epifânio, depois Tertuliano e Agostinho. Alguma coisa da literatura gnóstica só chegou diretamente até nós, porque no início do século IV, muitos cristãos gnósticos enterraram seus escritos nas areias do Egito e, a partir do século XVIII, eles começaram a vir à tona, culminando com a descoberta da biblioteca de Nag Hammadi, em 1945.

Nesses escritos, vemos uma outra Madalena e podemos então preencher a imensa lacuna deixada nos evangelhos canônicos, que nada falam dela até os acontecimentos da paixão (com exceção de *Lucas 8:2*), assim como nada falam após a ressurreição. Como é que de repente, alguém que não tem importância alguma pode surgir no centro dos acontecimentos mais dramáticos da vida do Salvador, e depois deles, sumir completamente? Os autores dos evangelhos oficiais, mesmo calando sobre a importância dessa mulher na vida de Jesus e no Conselho dos Doze, não puderam tirá-la do pé da Cruz, da Tumba sagrada e das cenas da ressurreição. Como não podiam dizer mais, deixaram um buraco na história. Quem leu com atenção os evangelhos, notou que falta algo: paira uma sombra sobre a relação anterior de Madalena com Jesus e os outros apóstolos. Essa sombra está sendo varrida pela descoberta de textos tão antigos quanto os evangelhos canônicos. Textos que seguindo a recomendação de *Jeremias 32:14* foram enterrados em vasos de barro no deserto e que ressurgiram nos tempos modernos, sem que tenham sofrido adulterações ao longo dos séculos, mostrando outras faces do nascedouro do Cristianismo na Palestina Romana, que nos foram negadas ao longo dos últimos dois mil anos!

O Discípulo Amado

Ao aprofundarmos nossos estudos sobre Maria Madalena, não poderíamos deixar de comentar as teses existentes sobre a identidade do Discípulo Amado. Há quatro candidatos principais disputando esse título:

Tiago, irmão do Senhor;
Lázaro de Betânia;
João, filho de Zebedeu e
Maria Madalena.

A identificação do Discípulo Amado é fundamental para a revelação da verdadeira liderança da Comunidade Joanina, a quem a tradição atribui a produção do 4º Evangelho e do Apocalipse. É também de vital importância para a identificação do terceiro *Coluna* da Igreja primitiva. Para efeito deste trabalho não vamos tratar da possibilidade de José de Arimatéia, lembrado por alguns estudiosos, pela falta de fundamentos maiores nas fontes afins.

O Discípulo Amado só é mencionado no Evangelho de João[93]. O autor de João não revela seu nome, só o identifica como o discípulo que Jesus mais amava. Fica claro, pela narrativa desse Evangelho, que ele vivia no meio dos doze e, pela lógica formal, deduz-se que era um deles[94]. A sequência de *João 21:7* mostra que o Discípulo Amado conhecia Jesus melhor que todos os outros. É ele quem reconhece o Cristo ressurreto na pescaria do mar de Tiberíades e diz a Pedro: "*É o Senhor*". Algum motivo muito forte impediu o redator do 4º Evangelho de revelar o nome do Discípulo Amado. Revelar mais esse mistério é tarefa do nosso tempo! Vamos a um resumo das principais teses que atualmente estão em discussão:

I - TIAGO - Para James Tabor (A DINASTIA DE JESUS, 2006), o Discípulo Amado é Tiago, irmão de Jesus logo abaixo d'Ele em idade. Tabor argumenta que depois do episódio de Jesus adolescente no Templo, não é mais citada a presença de José o que leva a crer que ele deve ter falecido quando os filhos ainda cresciam. Se seu irmão Cléofas se casou com Maria para proteger sua honra e manter a tradição dinástica, deve ter falecido também antes de Jesus tornar-se adulto. Prova disso é que, quando Jesus está na cruz (*Jo 19:26-27*) ele pede ao Discípulo Amado que cuide de sua mãe. Se o esposo de Maria ainda estivesse vivo, essa responsabilidade seria dele. Tiago como segundo mais velho da família, seria o mais indicado para essa tarefa. Para Tabor, ele era o Discípulo Amado. O Dito 12 do Evangelho de Tomé apóia essa tese do Dr. Tabor, ao mostrar a grande deferência que Jesus tinha por Tiago. Mas, tirando essa deferência, nenhuma outra fonte afirma que Tiago era o discípulo que Jesus mais amava. Tabor não apresenta nada de mais substancial para fundamentar sua tese. Há muito material sobre Tiago nos apócrifos e na literatura patrística. Ele é apresentado como um homem rigoroso no cumprimento da Lei Judaica o que não se coaduna com o lirismo e a meiguice daquele misterioso discípulo que "*se reclinara sobre o peito de Jesus*" *na última ceia* (*Jo 13:23-26 e 21:20*).

II - LÁZARO - Laurence Gardner (O LEGADO DE MADALENA, 2005) afirma que o Discípulo Amado é Lázaro, irmão de Marta e de Maria de Betânia (Madalena). Ele descarta Madalena por ela ser citada em duas cenas junto com o Discípulo Amado (*Jo 19:25-27*; *20:1-11*). Descarta João Marcos (São Marcos) por ele não estar na última ceia onde o Discípulo Amado se encontrava (*Jo 13:23-26*). Descarta Pedro que também aparece junto ao Discípulo Amado no túmulo vazio (*Jo 20:1-11*). Por fim, cita as

93. Evangelho de João. Dos canônicos é o que mais se aproxima da linguagem gnóstica. Não fosse por sua alta cristologia e pelas modificações feitas em sua versão original (escondendo o verdadeiro papel de Maria Madalena na sua elaboração), teria ficado fora do Cânon. É bastante diferenciado em relação aos três considerados sinópticos (semelhantes) e possui muitas informações inéditas em relação ao restante do Novo Testamento.

94. Em *João 13:23-26* é dito que o Discípulo Amado estava na Última Ceia. Como todos os evangelhos são unânimes em afirmar que lá só estavam os 12 apóstolos, é lógico afirmar que o Discípulo Amado era um dos doze.

duas únicas passagens do Novo Testamento que afirmam que Jesus amou especificamente alguém (colchete nosso):

> *"Ora, Jesus amava Marta, e a sua irmã e a Lázaro" (Jo 11:5).*
> *"Então disseram os judeus: Vede quanto o amava"* [a Lázaro]*" (Jo 11:36).*

Mas resta um problema na tese de Gardner. Ele mesmo reconhece que os evangelhos canônicos afirmam que na última ceia só estavam os doze apóstolos. O Discípulo Amado estava lá e Lázaro não era um dos doze. Gardner argumenta que a denominação "Lázaro" era um título abraâmico derivado de Eleazar. O seu nome verdadeiro seria Simão (o Zelote), um dos doze. A tese de Gardner é bem construída, mas ela tem um *calcanhar de Aquiles*. Ele não apresenta elementos suficientes que apontem que Lázaro de Betânia e Simão Zelote eram a mesma pessoa. Sem isso, sua teoria não se sustenta. Para Tabor, por exemplo, Simão Zelote, era um dos quatro irmãos de Jesus. Nos apócrifos não há nenhum suporte para tese de Lázaro como Discípulo Amado. Para complicar ainda mais essa tese, o evangelho de João diz que Judas ("traidor") era filho de Simão Iscariotes (*Jo 13:26*), que seria o mesmo Simão Zelote, apóstolo. Ora, não há indícios (canônicos ou apócrifos) que apontem Lázaro como idoso, pai de um apóstolo (Judas Iscariotes). Pelo contrário, no *Evangelho Secreto de Marcos*, há pistas de que Lázaro era jovem na época do ministério de Jesus.

III - JOÃO, FILHO DE ZEBEDEU

Em João *21:24* está escrito:

> *"Este é o discípulo que dá testemunho a respeito destas coisas e que as escreveu; e sabemos que seu testemunho é verdadeiro".*

Este verso vem depois da sequência *Jo 21:20-23* que trata do Discípulo Amado. Parece implícito, portanto, que ele trata do mesmo discípulo. Como o Evangelho de João é o único que fala do Discípulo Amado, a tradição concluiu que João, tido por Ireneu como autor do 4º evangelho seria o próprio Discípulo Amado. Para Ireneu, João escreveu o 4º evangelho em Éfeso. Inácio, bispo de Antioquia, em carta aos habitantes dessa cidade, por volta de 110 d.C., os cita como povo de Paulo e nada fala sobre João. A fragilidade do argumento de Ireneu e o temperamento explosivo de João (em contradição com o lirismo do 4º Evangelho e a maneira diferenciada como o Discípulo Amado é tratado no texto), somados ao silêncio de Papias e à falta de referências nos apócrifos sobre um amor especial de Jesus pelo filho mais novo de Zebedeu, descartam a possibilidade de ser ele o Discípulo Amado e, por extensão, de ser ele o autor do 4º Evangelho. O curioso é que o Evangelho de João não cita João como apóstolo. Há apenas uma referência aos *filhos de Zebedeu* na aparição de Jesus a sete discípulos no Mar de Tiberíades (*21:2*).

Isso é muito estranho: como o Evangelho de João não apresenta João? Isso só se justifica se o Evangelho em questão não for da autoria de João. Esconder o autor na identidade do anônimo Discípulo Amado só faz sentido se esse autor fosse uma mulher, o que não poderia passar para a posteridade, pois o testemunho de mulher de nada valia na Judéia do século I. Daí esconder a autoria na figura anônima do Discípulo Amado. O incrível é que os grandes mestres da pintura da Idade Média e do Renascimento retratavam João como uma figura feminina. Veja-se o exemplo da Última Ceia de Leonardo da Vinci e tantos outros quadros citados no final deste livro.

IV - MARIA MADALENA - Depois da descoberta dos documentos de Nag Hammadi e de outros códices antigos, Maria Madalena foi revelada como a *companheira* do Senhor e aquela que ele amava mais que a todos os outros discípulos. Mas seria ela o misterioso Discípulo Amado mencionado pelo Evangelho de João? A resposta a essa pergunta nos coloca diante do primeiro grande problema: tudo o que vimos até aqui indica que Madalena participava do Conselho dos Doze, mas isso não faz sentido, pois se ela participasse, o Conselho seria "dos Treze". Algo parece ter sido cuidadosamente escondido. Aqui subsiste um mistério que precisa ser desvendado.

O 4º Evangelho narra fatos que os outros não falam, como o casamento em Caná, a ressurreição de Lázaro e a explicação de que a unção em Betânia foi feita pela mesma mulher que havia ungido os pés de Jesus, conhecida como "a pecadora de *Lucas 7*", dentre outros. Isso denota que o autor do 4º Evangelho privava de grande intimidade com Jesus, pois narrou fatos ignorados pelos sinópticos. Recorrendo aos evangelhos apócrifos, essa intimidade pertencia explicitamente a Maria Madalena. Segundo esses textos, Madalena era a companheira do Senhor, cuja proximidade com ele despertava ciúmes nos outros apóstolos. Ainda segundo esses textos, depois de Madalena, temos Pedro e não João, entre os mais próximos do Salvador, como está claro nos Evangelhos de *Tomé*, *Felipe*, *Maria Madalena* e no *Pistis Sophia*.

Os evangelhos canônicos, embora procurem esconder determinados eventos, especialmente os ligados à participação das mulheres na gênese do Cristianismo, deixam sempre pistas importantes. A sequência narrada em *Jo 20:1-11* traz alguns detalhes reveladores. Madalena vai ao túmulo na madrugada de domingo e encontra a pedra removida. Corre e avisa Pedro e o outro discípulo. Eles vão até o túmulo e constatam que o mesmo se achava vazio. Depois, simplesmente retornam para casa. O verso 9 diz algo chocante: "*...não tinham compreendido as escrituras, que era necessário ressuscitar ele dentre os mortos*". Maria Madalena, porém, se mantém firme na entrada do túmulo, chorando, quando percebe a presença de dois anjos sentados onde o corpo de Jesus estivera, um à cabeceira e outro aos pés. Pedro que estivera lá dentro, nada percebeu, o que demonstra que Madalena era a mais sensitiva deles, pois viu os seres espirituais e conversou com eles. Depois ela se virou e viu o próprio Jesus no célebre episódio *Noli me tange-*

re[95] em que Jesus impede que Madalena o abrace porque ele ainda não havia subido para o Pai. Em seguida, Jesus manda que ela anuncie aos irmãos.

Nessa cena, só estão Madalena e Jesus. O detalhe dessa expressão *Noli me tangere* só foi escutado por ela. Esse episódio, por sua vez, só está narrado no 4º Evangelho, logo, somente ela poderia ser a autora ou a fonte.

Sobre autoria é bom lembrar que ser autor não significa ser necessariamente o redator, mas aquele que dá o testemunho. O que estamos afirmando é que, por todas as fontes disponíveis, Maria Madalena é a mais indicada para ter dado o testemunho que serviu de fonte para o 4º Evangelho. No apócrifo *O Diálogo do Salvador* ela é "*a mulher que compreendeu tudo completamente*" (NH-III,2). Ela era portadora do *logos* transmitido pelo Senhor. Por isso, era a única entre os apóstolos capaz de escrever ou, no mínimo, fornecer as notas para o 4º Evangelho. E pelos já citados evangelhos de Tomé, Felipe e Maria Madalena, ela é, sem dúvidas, o Discípulo Amado por Jesus.

Sabemos que o Discípulo Amado era um apóstolo. Hipólito (170-235), bispo de Roma e oponente do Papa Zeferino, foi um dos grandes combatentes das heresias nos primórdios do Cristianismo, ao lado de Ireneu e Epifânio. Se Ireneu é considerado o Pai da Ortodoxia, Hipólito com certeza é o tio. Ele escreveu um famoso comentário sobre o Cântico dos Cânticos, onde identifica Maria Madalena com a noiva do poema de Salomão. Para ele, o amor de Madalena pelo Cristo era espiritual e ele a chamou de "*Apóstola dos apóstolos*". Esse honroso título não foi dado por um mestre gnóstico, mas por Hipólito, no começo do século III.

Mas há ainda duas questões a serem respondidas: Por que a referência ao Discípulo Amado é sempre masculina? E por que há duas cenas em que o Discípulo Amado aparece junto com Maria Madalena nos evangelhos canônicos?

I. O Porquê da Referência Masculina ao Discípulo Amado

As sete referências ao Discípulo Amado no Evangelho de João[96] são masculinas. Como então dizer que esse discípulo era uma mulher? À primeira vista parece um problema insolúvel, sustentar que Maria Madalena era o discípulo amado por Jesus. E mais, se ela foi a autora do 4º Evangelho,

95. *Noli me tangere* significa *não me toque* ou *não me detenhas*. Em algumas traduções, *não me abrace*. Essa cena inspirou grandes obras de arte ao longo da história e aponta para uma forma não corpórea (espiritual) de Jesus ressurreto.

96. São as seguintes as citações diretas ao Discípulo Amado no Evangelho de *João: 13:23-26*; *19:25-27*; *20:1-11*; *21:7* e *21:20-23*. Há ainda nesse Evangelho duas outras passagens em que é citado um discípulo não identificado e que os estudiosos acreditam ser o Discípulo Amado: *1:35-40* e *18:15-16*. Na primeira, ele ainda não era discípulo e por isso não é identificado. Na segunda, só uma pessoa muito íntima de Jesus podia autorizar a entrada de Pedro, que havia sido barrado.

por que escondeu sua identidade na de um misterioso discípulo do sexo masculino?

Para tratar dessas questões, é preciso mergulhar nos costumes da sociedade judaica do século I. Jesus, mesmo sendo um Deus para os católicos ou um ser de elevadíssima estatura espiritual para outras correntes, não pôde mudar o modo de pensar de seus compatriotas. Essa mudança é obra de Deus Pai através de um dos seus principais pedagogos: o tempo!

Jesus não tinha preconceito em relação às mulheres. Ele conversava com elas, inclusive a sós (*Jo 4:1-29*). Permitia que mulheres não seguidoras dos costumes judaicos lhe tocassem (*Lc 7: 37-39*) e, como demonstram os canônicos e mais explicitamente os apócrifos, tinha mulheres no seu círculo mais íntimo de discípulos aos quais ensinava uma teologia mais elevada. *O Diálogo do Salvador*, o *Pistis Sophia e o Evangelho de Maria* são exemplos objetivos disso. Mas seus discípulos homens não pensavam assim. Pedro e outros apóstolos deixavam isso bem claro em suas intervenções hostis à participação de Maria Madalena na *Escola de Sabedoria* ministrada pelo Mestre.

Jesus sabia que não podia mudar, em um tempo tão curto, um costume secular de uma sociedade ainda atrasada moral e culturalmente, mas ensinou com seu exemplo. Sua prática era um espelho de sua doutrina e para seu Conselho ele explicou porque as mulheres tinham que se tornar homens, para entrar no reino dos céus. Essa colocação (claramente expressa no dito 114 do Evangelho de Tomé, que analisaremos mais amiúde na Conclusão), foi seguida na sua mais baixa interpretação pelos discípulos masculinos como sendo uma orientação para apagar a importância da mulher na origem da nova religião. E assim fizeram.

Segundo Raymond Brown (*op. cit., 1999),* a versão pré-canônica do Evangelho de João, produzida pela Comunidade Joanina de Éfeso sob o testemunho de Maria Madalena, continha a identificação dela como o Discípulo Amado e como fonte principal do texto. Brown afirma que houve um racha nessa comunidade. Uma corrente se aproximou da Igreja institucional (apostólica) e teria feito mudanças no seu Evangelho para ser aceita pela corrente que se afirmava como herdeira maior do legado de Cristo. Essas mudanças consistiram em esconder a autoria feminina do seu Evangelho e camuflar o fato de Madalena ser amada por Jesus, o que foi feito através da personalização masculina do Discípulo Amado. A outra corrente manteve sua fidelidade à Madalena e foi considerada herege, indo para o Cristianismo Gnóstico. É importante relembrar que vários fragmentos do Evangelho de João foram encontrados nas areias do Egito, junto com outros documentos gnósticos, o que mostra a ligação desse Evangelho com a primeira heresia (dissidência) do Cristianismo.

Camuflar, entretanto, não significa apagar. Quando se camufla, sempre se deixa pistas do objeto camuflado. E é isso que acontece constantemente no Novo Testamento. Os apócrifos são claros: havia um discípulo que Jesus amava mais que a todos os outros e esse discípulo era Maria Madalena. O Evangelho de João, ao tentar camuflar esse fato, escondendo Madalena na figura masculina de um misterioso discípulo, deixou a indicação precisa de que havia um discípulo diferenciado entre os doze. Para a ortodoxia, esse problema "foi resolvido" pragmaticamente, atribuindo a João Boanerges a condição de Discípulo Amado. No final do 4º Evangelho está implícito que o autor é o Discípulo Amado. E como Ireneu disse que o 4º Evangelho foi escrito por João Boanerges, ele seria o misterioso Discípulo Amado. Se os evangelhos gnósticos não tivessem sido descobertos, teríamos dificuldades de contestar essa tese, não por ela ser consistente, mas pela respeitabilidade do seu autor em contraste com a falta de outras fontes. Mas eles vieram à tona, foram traduzidos e nos trouxeram outras realidades.

A exegese bíblica apoiada nas afirmações explícitas das fontes apócrifas apontam Maria Madalena como o Discípulo Amado e como fonte do 4º Evangelho. Essa dupla condição da *companheira* de Jesus não foi apagada da Bíblia. Está apenas sutilmente escondida nas entrelinhas. Embora as referências ao Discípulo Amado sejam masculinas, seu comportamento é lânguido, apaixonado, feminino. "Ele" é o discípulo que *se reclina no peito de Jesus na última ceia*, o que não ficava bem para um homem da palestina do século I. Grandes mestres da pintura demonstraram ter conhecimento desse segredo e sempre retrataram "João" com um aspecto nitidamente feminino. Talvez algum texto do final do século I, que trate disso explicitamente, ainda esteja enterrado nas areias do Oriente Médio, mas só com os elementos já levantados, não dá para continuar aceitando o Discípulo Amado como um homem e, muito menos, um pescador de temperamento explosivo como João, *filho do Trovão*.

II. Por que Madalena e o Discípulo Amado Aparecem Juntos em Duas Situações?

O Mito de Eva era muito forte na sociedade judaica. Eva era a responsável pela queda do homem. Adão foi levado à desobediência pela pressão de uma mulher. As mulheres não tinham dignidade, pois elas eram reproduções da mãe do pecado, que fez com que a humanidade fosse expulsa do paraíso. Esse mito era tão enraizado na mente judaica que nem um ser da grandeza de Jesus foi capaz de o derrotar.

Quando os dissidentes da Comunidade Joanina se aproximaram do Cristianismo apostólico, eles já levaram seu evangelho modificado, escondendo que o líder fundador de sua comunidade (da qual participava João Boanerges, provável autor do Apocalipse) era uma mulher. As redações posteriores desse evangelho procuraram deixar isso bem escondido e aí inseriram as duas cenas em que Madalena aparece junto ao Discípulo Amado como se fossem duas pessoas distintas:

a) João 19:

> "(25) E junto à cruz estavam a mãe de Jesus, a irmã dela, Maria, mulher de Cléofas, e Maria Madalena."
>
> "(26) Vendo Jesus sua mãe e junto a ela o discípulo amado, disse: Mulher, eis aí teu filho."
>
> "(27) Depois, disse ao discípulo: Eis aí tua mãe. Dessa hora em diante o discípulo a levou para sua casa."

b) *João 20*:

> "(1) No primeiro dia da semana, Maria Madalena foi ao sepulcro de madrugada, sendo ainda escuro, e viu que a pedra estava revolvida".
>
> "(2) Então, correu e foi ter com Simão Pedro e com o outro discípulo, a quem Jesus amava, e disse-lhes: Tiraram do sepulcro o Senhor, e não sabemos onde o puseram."

As duas passagens possuem falhas estruturais, ou seja, deixam margem para diversas interpretações. Vejamos *João 19*: o verso *25* cita nominalmente as três pessoas que estão ao pé da cruz: Maria, mãe de Jesus; Maria, mulher de Cléofas e Maria Madalena. Não é dito aí que havia outra pessoa além das três mulheres citadas. O verso *26* diz que Jesus vendo sua mãe junto ao Discípulo Amado determina que ela adote como filho aquele discípulo. Ora, está implícito que o Discípulo Amado ou é Maria Mulher de Cléofas ou é Maria Madalena, as únicas pessoas que estavam com a mãe de Jesus ao pé do madeiro, segundo o verso *25*. A exegese aponta para Maria Madalena. João não é citado na cena e Maria de Cléofas é um personagem de difícil identificação (podendo ser uma outra designação para Maria mãe como vimos no capítulo *Irmãos e Irmãs de Jesus*) e sem nenhum respaldo canônico ou apócrifo para ser o misterioso discípulo do Senhor. O único problema é que está citado "Discípulo Amado" e não "Discípula Amada". Tirando isso, está claro que se trata de Maria Madalena. Jesus recomendou sua companheira aos cuidados de sua mãe e sua mãe aos cuidados de sua companheira!

Em João 20:1-2 as coisas não estão tão claras assim. Da maneira como o texto chegou até nós passa a impressão de que Madalena e o discípulo a quem Jesus amava, eram duas pessoas distintas. Mas a passagem também apresenta falhas estruturais. Parece ter sido acrescentada pra dificultar a revelação de que Madalena era o Discípulo Amado. Se essa identificação tivesse acontecido, com certeza esse evangelho não teria sido aceito pela Igreja Apostólica.

Já discutimos que o mito de Eva e outros costumes tiravam muito da dignidade da mulher palestina do século I. Para se ter uma ideia, o testemunho de mulheres nada valia nas cortes jurídicas judaicas. Se a mulher não podia dar um testemunho sobre uma briga de vizinhos, por exemplo, como poderia dar testemunho sobre a vida do Filho de Deus? É óbvio que Madalena jamais poderia ser identificada com o Discípulo Amado e, portanto, como autora ou fonte do 4º Evangelho. Se fosse, o mesmo seria totalmente desacreditado por ter sido fundado num testemunho feminino. A tradição diz que Madalena esteve em Éfeso, comunidade trabalhada por João Boanerges (segundo Ireneu) e por isso chamada Comunidade Joanina. Lá ela deu os elementos para o "proto-evangelho de João", passando informações que só ela tinha, dada sua condição de *companheira* do Senhor. Uma dissidência dessa comunidade modificou esse Evangelho, escondendo que suas informações procediam de uma mulher, o que foi aceito pela tradição desde os primórdios. Assim, o 4º Evangelho foi atribuído a João, que passou também a ser considerado o Discípulo Amado, sem nenhum respaldo nos canônicos e muito menos nos apócrifos.

E a identidade do terceiro *Coluna* da Igreja?

Reunimos, finalmente, as condições para esclarecer este último mistério. Por tudo que já apresentamos fica claro que o terceiro *Coluna* da Igreja, ao lado de Tiago irmão do Senhor e Simão Pedro, era Maria Madalena. **Os redatores dos quatro evangelhos a esconderam na personalidade de João** por vários motivos, dentre eles destacamos três: a) por um sentimento misógino que era institucionalizado na Palestina do século I; b) pela possibilidade de ambos terem vivido na mesma comunidade (Éfeso) após a ascensão do Senhor; c) principalmente, pela relação especial dela com Jesus.

Minhas pesquisas levaram-me a concluir que Maria Madalena era o discípulo amado por Jesus. Ela foi a fonte para o 4º Evangelho e era um dos três *Colunas* da Igreja, escolhida pelo Mestre ainda em vida, juntamente com Tiago Menor (irmão do Senhor) e Pedro, pelos seus conhecimentos e qualidades espirituais. Na Conclusão, vamos fundamentar essa Tese, da identificação masculina de Madalena, que partiu dos três motivos acima listados e de uma interpretação errônea dos ensinamentos esotéricos de Jesus, de que a mulher deveria se tornar um ANTHROPOS – ser humano integral – como o é o espírito puro, que guarda as duas naturezas (masculina e feminina, o rigor e a misericórdia, a força e a beleza) num só e único ser. Os discípulos "entenderam" que para a mulher ser uma evangelizadora, teria que, pelo menos, ser chamada de homem, sem o que o objeto da evangelização não teria credibilidade.

Já vimos trechos do Evangelho de Maria Madalena, na tradução coordenada por James M. Robinson, chefe do programa de publicação da Biblioteca Gnóstica de Nag Hammadi. Vamos citar agora dois desses trechos, na tradução direta do copta para o francês feita pelo filósofo Jean-Yves Leloup. O primeiro trecho é aquele que Jesus ressurreto dá as últimas instruções aos discípulos e parte:

> *"Os discípulos estavam em aflição; eles derramaram muitas lágrimas, dizendo: 'Como ir até os pagãos e anunciar o Evangelho do Reino do Filho do Homem? Eles não o pouparam, como eles nos poupariam?' Então, Maria se levantou, ela os beijou a todos e disse a seus irmãos: 'Não fiqueis pesarosos e indecisos, porque Sua graça vos acompanhará e vos protegerá: em vez disso* ***louvemos Sua grandeza. Porque Ele nos preparou. Ele nos convida a sermos plenamente Humanos*** *(Anthropos)."* (JEAN-YVES LELOUP, 1998, p.29).
>
> *Na tradução já citada de Robinson, temos: "***...Vamos louvar sua grandeza pois ele nos preparou e nos transformou em homens.***"* (grifos nossos).

A outra passagem se dá quando Levi defende Maria dos ataques de Pedro e André, dizendo:

> *"...Se o Mestre a tornou digna, quem és tu para rejeitá-la? Seguramente o Mestre a conhece muito bem... Ele a amou mais que a nós.* ***Arrependamo-nos, e nos tornemos o Ser Humano (Anthropos) em sua inteireza...****"*. (op.cit., p.39).
> *Segundo Robinson, temos: "***Vamos nos envergonhar e nos vestir do homem perfeito.***"* (grifos nossos).

Esse A*nthropos* foi interpretado – com intencionalidade pragmática – pelos discípulos homens, como sendo o sexo masculino da espécie humana. E não era isso. No aprendizado dos mistérios, por exemplo, a *fêmea* Madalena era muito mais *Anthropos* (Homem em sua inteireza) que os discípulos *machos* e por isso foi chamada de "*a mulher que compreendia tudo*".

Tudo indica que o nome de João Boanerges foi usado para substituir o de Maria Madalena nas quatro situações principais de sua [dela] contribuição ao Cristianismo: como <u>membro do Conselho do Doze</u>; como <u>Coluna da Igreja</u>; como <u>Discípulo Amado</u> e como <u>autor do 4º Evangelho</u>. Na época da redação dos textos do Novo Testamento, uma mulher não poderia ocupar nenhuma dessas quatro posições. Assim, de modo enviesado, ela foi tornada homem, quando o que Jesus queria é que ela fosse tornada *Anthropos*.

Vamos à **Conclusão** para rasgarmos de uma vez por todas o denso véu que até agora encobriu esses fatos, tão importantes para a compreensão da gênese do Cristianismo. Vamos entender porque a Madalena apóstola foi masculinizada pelo nome de João, ao mesmo tempo em que a Madalena mulher foi atirada em uma penitência milenar e a Madalena histórica, provavelmente, teve que se refugiar no sul da França para salvar "sua semente".

Conclusão

Meus estudos específicos atuais somados a tudo que acumulei sobre religiões nos últimos vinte anos, resultaram em uma nova e desconcertante conclusão sobre dois dos mais importantes personagens do Cristianismo primitivo: Maria Madalena e João Evangelista. O conjunto de argumentos expostos até aqui permitiu levantar hipóteses bastante plausíveis em concordância com outros estudiosos: Maria Madalena é a fonte do 4º Evangelho; é o Discípulo Amado; é a Apóstola dos apóstolos; é um dos *Colunas* da Igreja é integrante do Conselho dos Doze. A conclusão nova e desconcertante é que **Maria Madalena é aquela que em algumas passagens dos evangelhos canônicos, recebeu o nome de João Evangelista**, pela não aceitação por parte dos apóstolos homens que tivesse uma mulher no Conselho dos Doze. Esses apóstolos varões (e seus seguidores), tomaram como justificativa teológica (implícita) uma interpretação literal do dito 114 de Jesus, no final do Evangelho segundo Dídimo Judas Tomé, por mais absurdo que isso possa parecer.

Existiu um João, filho de Zebedeu, irmão mais novo de Tiago Maior, cuja adesão ao movimento de Jesus não se deu em nível de dirigente. Seu nome foi usado para "dar masculinidade" a uma discípula que se tornou importante demais para "continuar sendo mulher", de acordo com a visão dos homens da época, que só a aceitaram – com muitas reservas – enquanto Jesus esteve no meio deles, mas não puderam suportar a liderança dela sem a presença do Senhor.

Já vimos o que os evangelhos canônicos e apócrifos falam especificamente de João Evangelista e de Maria Madalena. Agora vejamos o que nos diz o mais emblemático dos escritos sobre as sentenças de Jesus – o Evangelho de Tomé – um conjunto de 114 ditos pronunciados pelo Mestre em forma de aforismos. Esse Evangelho faz parte da biblioteca gnóstica de

Nag Hammadi. Seu original grego é contemporâneo dos livros de Mateus, Marcos, Lucas e João. Ireneu, no século II, já atestava sua existência. Ele tem dezenas de passagens comuns com os evangelhos sinópticos e também com o Evangelho Q. Segundo alguns estudiosos, o Evangelho de Tomé seria uma parte de Q que chegou até os dias de hoje ou uma fonte similar que circulou paralelamente. Sua importância, em todo caso, é inestimável.

Essa obra – com um conteúdo nitidamente esotérico – esclarece que Jesus ensinou os mistérios maiores do Reino apenas para alguns iniciados, entre eles, Tomé e Maria Madalena. O último verso desse Evangelho nos deixa perplexos. Pedro mais uma vez está atacando Madalena e Cristo, novamente, parte em sua defesa. Pedro representa a consciência patriarcal dominante na época. Cristo representa o amor universal de Deus que não tem discriminação de gênero nem de espécie alguma. Mas era tão forte a recusa dos homens em aceitar uma mulher com posição de destaque na vida religiosa, que Jesus foi obrigado a propor um estratagema: **mudar a identidade de Madalena do feminino para o masculino**. Só assim a nova religião poderia ser aceita pela posteridade imediata, pois o preconceito não iria acabar tão cedo. Essa é a componente política da interpretação, que precisa ser complementada pela componente teológica. Mas vamos ao texto original de Tomé.

> **"Simão Pedro disse: Seja Maria afastada de nós, porque as mulheres não são dignas da vida. Respondeu Jesus: Eis que eu a guiarei, para que ela se torne homem, de modo a que também ela venha ser um espírito vivente, semelhante a vós homens. Porque toda mulher que se fizer homem entrará no Reino dos céus".** Evangelho de Tomé, o Dídimo,114[97].

É uma passagem difícil. A princípio parece que Jesus cai em grande contradição. Ele que nunca demonstrou qualquer tipo de preconceito contra as mulheres e, segundo outros apócrifos, sempre enfrentou Pedro por isso, agora diz que Madalena precisa virar homem para que possa entrar no Reino dos Céus. À primeira vista parece uma demonstração de machismo sem precedentes na história. Pode parecer também um dito de extremo sarcasmo como se o Mestre estivesse a debochar do patriarcalismo exacerbado do seu discípulo "*... para que ela se torne homem, de modo que também ela venha a ser um espírito vivente, semelhante a vós homens*". Embora o tom irônico tenha sido muito usado por Jesus, principalmente em suas batalhas contra os também conservadores fariseus, isso não prova que aqui Jesus estivesse radicalizando a arte de ironizar. Repito: trata-se de uma passagem difícil. Dependendo do *grau de cada um* a interpretação pode ser elevada ou catastrófica.

97. ROHDEN, Huberto. O *Quinto Evangelho: a mensagem do Cristo segundo Tomé*. São Paulo: Martin Claret, 1990. p.189.

Por *grau de cada um*[98], entendo o cabedal de conhecimentos científicos e experiências espirituais acumuladas por cada pessoa. Exemplo: um ser com conhecimento teórico e prático da Cabala Judaica, da Alquimia, da Gnose, dos sistemas religiosos orientais como o Taoísmo e os Mistérios Herméticos do Egito antigo, vai ter muito mais facilidade para interpretar esse dito de Jesus, que outro que disponha apenas das ferramentas sociológicas da luta moderna pela libertação da mulher na sociedade capitalista. Este último vai interpretar a afirmação de Jesus simplesmente como um preconceito machista e ainda vai se achar cheio de razão. Ele não tem noção da quantidade de coisas que não sabe.

A vertente secular de minha Tese é, em resumo, **que os fundadores da linha apostólica do Cristianismo entenderam que se uma mulher constasse do Conselho Dirigente da nova religião, esta perderia credibilidade[99]. Por isso, foi usado o nome de João Boanerges, um dos "filhos do trovão", para nomear o apóstolo que completaria o Conselho dos Doze. Na verdade, esse apóstolo era Maria Madalena.**

E a vertente teológica? Pela linha ortodoxa não extrairemos nada além de uma interpretação literal, que se traduz num absurdo completo. Pela linha gnóstica poderemos clarear nossa compreensão. Vamos, pois, buscar ajuda no mestre Huberto Rohden, que em sua obra "*O Quinto Evangelho: a mensagem do Cristo segundo Tomé*", nos fala com maestria dessa que é uma das mais complexas passagens dos ditos de Jesus que chegaram até nós.

> "Se Pedro propôs que a mulher fosse afastada dos homens, revelou espírito mesquinho, não aprovado pelo Mestre, que nunca revelou antifeminismo... Se a mulher e o homem ultrapassarem as suas funções biológicas e conscientizarem a sua realidade superior, ambos serão iguais."
>
> "Segundo o Gênesis, o primeiro anthropos (Adão) era macho-fêmea potencial, que, após o sono cósmico dos Elohim, se bifurcou em homem e mulher atuais... Mas se o ser humano atingir a

98. Abstraindo-se desse grau as questões relativas à evolução espiritual, que não trataremos aqui.

99. O Cristianismo nasceu das entranhas do Judaísmo. Como já comentamos nos capítulos que tratam dos *Manuscritos do Mar Morto* e das *Origens judaicas do Cristianismo*, vários dos textos encontrados na Caverna 1 de Qumran, mostram que o Cristianismo não é uma religião totalmente original. Ela nasceu na esteira de um movimento messiânico que vinha sendo cultivado pelo Judaísmo, com mais vigor a partir do século II a.C. O Judaísmo era uma religião totalmente patriarcal no que Jesus divergia fortemente, sempre encontrando forte resistência, inclusive no seu círculo mais íntimo, o Conselho dos Doze.

> plenitude de sua evolução, a atual procreação[100] animal culminará em creação hominal, e o atual "filho de mulher" passará a ser "filho do homem", como Jesus; o amor creador substituirá a libido procreadora; o produto desses amores humanos será o corpo perfeito, sem enfermidades nem morte compulsória, como no caso de Jesus, o 'Filho do Homem'."
> "E então haverá um novo céu e uma nova terra, e o reino de Deus será proclamado sobre a face da terra."
> "Com esta gloriosa visão de uma humanidade crística termina Didymos Thomas [Tomé] o seu Evangelho sobre Jesus, o Vivo."[101]

Jesus dizia: "*quem tiver ouvidos, ouça*" e isso serve para a interpretação gnóstica da passagem tão bem explanada pelo mestre Rohden. Para a interpretação secular, eu digo: *até quem não tem ouvidos, vê o que o Cristo nos disse no Evangelho segundo Tomé.* Os apóstolos não aceitavam que a posição de *koinonos*[102] propiciasse a Madalena a prevalência no Conselho Dirigente do movimento. Não por que ela tivesse dificuldade em entender os ensinamentos do Mestre[103]. Eles não aceitavam a prevalência dela porque ela era MULHER. E aí Jesus teve que dizer: *façamos dela um homem.* É obvio que Ele não estava indicando uma operação de mudança de sexo. No plano elevado, Ele indicava que ela fosse considerada SER HUMANO INTEGRAL (*Anthropos*). **No plano organizacional, apontava para que dessem um nome masculino a ela** e o nome escolhido foi João, irmão mais jovem de Tiago Maior, um discípulo que vivia próximo ao movimento e que poderia ser considerado um 13º apóstolo. Como Madalena era mulher, João ficou na lista dos Doze e ela foi excluída.

Desde que a sociedade deixou de ser matriarcal, nos longínquos tempos da pré-história, o domínio do *princípio masculino* foi se tornando cada vez mais brutal. E vejam que não é o domínio do homem em si, mas do *princípio masculino*. A história, apesar de todas as manipulações, nos guardou alguns casos célebres. Quem não lembra de *Joana D'arc*, a heroína

---

100. Cabe uma explicação para quem não conhece a obra de Huberto Rohden. O leitor deve ter notado que Rohden escreveu *procreação, creação, creador, procreadora*, sempre com "e" no lugar do "i" habitual. Sobre isso, ele sempre colocava uma advertência no início de seus livros sobre "a substituição da tradicional palavra latina *crear* pelo neologismo moderno *criar*". Ele dizia que essa troca "só é aceitável em nível de cultura primária" porque "dispensa o esforço mental – mas não é aceitável em nível de cultura superior porque deturpa o pensamento". Segundo ele "*Crear* é a manifestação da Essência em forma de existência – *criar* é a transição de uma existência para outra existência". Para deixar bem claro, ele dá o seguinte exemplo: "O poder infinito é o *creador* do Universo – um fazendeiro é *criador* de gado". Rohden termina sua advertência com uma observação deveras persistente. Diz ele que se escrevêssemos a conhecida Lei de Lavoisier com a expressão "*nada se cria*", ela resultaria totalmente falsa, já que só de gado há uma fabulosa criação em todos os países do mundo.

101. ROHDEN, Huberto. Op. Cit.. p.189-190.

102. ***Koinonos*** – Companheira no sentido de consorte. Ver explicação no capítulo *Maria Madalena, o Discípulo amado e....*

103. Segundo o *Pistis Sophia* ela [Maria Madalena] era quem melhor entendia os ensinamentos esotéricos de Jesus (ver *Evangelho de Valentino* in: PROENÇA, 2005).

francesa que, para defender a sua pátria, não podia fazê-lo como mulher e foi obrigada a se disfarçar de homem! Como esse, existem muitos outros exemplos, a maioria dos quais, soterrados sob toneladas de preconceitos. É importante destacar que a discriminação contra a mulher não era um ato característico apenas da sociedade judaica. Há estudos que indicam que a Academia fundada por Platão aproximadamente em 387 a.C. – a primeira escola de filosofia do mundo – admitia mulheres, desde que elas se vestissem de homens.

O Filho do Homem

No mesmo Evangelho de Tomé, no aforismo 22, vamos encontrar o seguinte episódio (grifo nosso):

> Jesus viu crianças de peito a mamarem. E ele disse a seus discípulos: Essas crianças de peito se parecem com aqueles que entraram no Reino. Perguntaram-lhe eles: se formos como esses pequenos entraremos no Reino? Respondeu-lhes Jesus: se reduzirdes dois a um, se fizerdes o interior como o exterior, e o exterior como o interior, se fizerdes o de cima como o de baixo, *se do masculino e do feminino fizerdes um*, de maneira que o masculino não seja mais masculino e o feminino não seja mais feminino – então entrareis no Reino. (*O Quinto Evangelho*, op. cit. p. 50).

O mestre Rohden interpreta essa passagem usando os mesmos princípios da "Sabedoria Univérsica". Ele explica que a criança "age por vacuidade" e o homem espiritual, por "avançada sapiência" que o leva à plenitude. Em ambos o espírito de Deus penetra, ao passo que o "homem unilateralmente erudito (em oposição à sabedoria *onilateral*) é quase sempre um homem cheio de complexos e complexidades", onde Deus não pode estar.

Quanto a "reduzir **dois** a **um**", o mestre Rohden lembra que tudo no universo é bi-polarizado. O homem é EGO e EU. "Quando o DOIS, sem deixar de ser DOIS, aparecer "como UM perfeitamente unificado", O HOMEM atingirá "as alturas do homem univérsico, do homem integral", aquele que poderá entrar no Reino. Esse "homem univérsico, integral" é o que Jesus chamava de O FILHO DO HOMEM. Ele está acima da divisão biológica dos sexos. Ele é filho do GÊNERO HUMANO, grau que pode ser atingido igualmente por *homens* e *mulheres*, como partes complementares que são da mesma humanidade.

Para compreendermos bem isso, partamos da premissa de que o homem é um misto de corpo e espírito, matéria e energia. A partir daí, devemos nos lembrar da afirmação de Paulo de que "*a carne e o sangue não podem herdar o reino de Deus, nem a corrupção herdar a incorrupção*"(*1Co 15:50*). Para o Reino só iremos em nossa verdadeira essência, que é espiritual. O próprio Jesus disse "*na ressurreição, nem casam, nem se dão em casamento; são, porém, como os anjos no céu*" (*Mt 22,30*). Paulo está dizendo que corpo físico não entra no reino de Deus. Jesus está dizendo que no estado espiritual nós não temos distinção sexual somos "*como os anjos no céu*". Eu estou dizendo, baseado em Paulo e Jesus que, em sua essência espiritual, o homem é UM, embora com duas naturezas em sua representação bio-psíquica. O espírito não tem sexo. O sexo foi criado para reprodução física das espécies.

No primeiro capítulo de Gênesis, que apresenta a primeira narrativa da criação, temos no verso 27 o seguinte: "*Criou Deus, o homem à sua imagem, à imagem de Deus o Criou; homem e mulher os criou*". Observem que esse versículo está dividido em três partes:

1 "*Criou Deus, o homem à sua imagem,*"
2 "*à imagem de Deus o criou;*"
3 "*homem e mulher os criou*".

Esse é um dos versículos mais interessantes da Bíblia. No item 1 temos: "*Deus criou o homem à sua imagem,*". O Homem aparece **no singular**, no sentido genérico. Em outras palavras o autor de Gênesis está dizendo: Deus criou o gênero humano, nesse primeiro momento, sem natureza sexual (o *Andrógeno* original). No item 2 o autor reafirma o item 1 e insiste no singular: "*...à imagem de Deus o criou*". Aí chama atenção a afirmação re-enfatizada "*à imagem de Deus...*" Por que essa insistência? – Para que fique bem claro que primeiro Deus criou o ESPÍRITO, a essência do homem, o *Anthropos*, pois só essa essência poderia ser a Sua imagem. Não acredito que hoje alguém possa sustentar que um corpo físico denso, cheio de limitações e fraquezas, possa ser a verdadeira "*imagem e semelhança de Deus*". Depois de criar a essência do homem à sua imagem, chegamos ao item 3: "*homem e mulher os criou*" ou seja, no plano terrestre e para a reprodução biológica o espírito do gênero humano foi encarnado em homem e mulher. Como já vimos, tudo no universo físico funciona através da dualidade, que está sempre em movimento buscando alcançar a unidade. O motivo dessa busca pela unidade é que a unidade é Deus – o *Uno que gera todos os versos*, nas palavras de Rohden.

Por tudo isso, deixar de ser masculino e feminino para se tornar apenas FILHO DO GÊNERO HUMANO, ou mais simplesmente, FILHO DO HOMEM, é uma antecipação terrena da forma espiritual pura que terá acesso ao Reino. Isso não é de forma alguma uma indicação para nos tornarmos andrógenos, no sentido físico da palavra e muito menos uma apologia homossexual. É algo que está colocado em outro nível. No *plano da Mente* é a unificação do EGO HUMANO com o EU DIVINO, sob a coordenação sublime do último. No *plano físico*, significa utilizarmos as duas naturezas que habitam no ser: a masculina e a feminina; o rigor e a misericórdia; o calor e a umidade; a força e a beleza – pois as duas naturezas vêm de Deus, embora muitos acreditem que Deus é apenas masculinidade. Se assim fosse, Ele seria incompleto e, portanto, não seria Deus!

Agora fica mais fácil entender o fim do dito 114 do *Evangelho de Tomé*: "*Porque toda mulher que se fizer homem entrará no Reino dos céus*". Ou seja, **toda mulher que se fizer completa, unificando seu *Ego* a seu *Eu* e utilizando as duas naturezas que habitam seu ser, sem deixar de ser mulher, se tornará GÊNERO HUMANO, ou "um ser hominal". Isso no plano da explicação gnóstica**. Já no plano secular/organizacional como já vimos, tiveram que dar a Maria Madalena um nome masculino e assim, em muitos episódios, ela passou à história evangélica como João. Consequência disso é que a face feminina da divindade ficou de fora da estrutura mítica do Cristianismo, uma vez que a outra mulher importante no processo, Maria Santíssima, foi tornada deusa por decreto canônico, com uma virgindade pós-parto criada por *Eusebius Hyeronimos* (São Jerônimo) com a qual nenhuma mulher real pode se identificar.

Restou Maria Madalena para representar a força do feminino humano em todo seu esplendor – inclusive físico –, na gênese da Igreja Cristã. **Provar que ela fazia parte do Conselho dos Doze** é, nas palavras de Margaret Starbird, *resgatar a face feminina de Deus*, numa estrutura religiosa altamente masculinizada. As descobertas neste campo apenas começaram. Acredito que não está longe o dia do seu resgate.

A Lista dos Doze para a Posteridade

Segundo estudiosos, o primeiro Evangelho escrito foi o de Marcos que seria um discípulo de Pedro. Este, que era política e religiosamente misógino, ao passar a Marcos a lista dos doze apóstolos, seguiu uma interpretação rebaixada dos elevados ensinamentos de Jesus e substituiu o nome de Maria Madalena pelo nome de João, filho de Zebedeu e assim, para a posteridade, o Conselho dos Doze ficou conhecido como um Conselho só de homens. Com Pedro – patriarcalista e principal opositor de Maria Madalena – por trás das informações que subsidiaram o Evangelho de Marcos, a Apóstola dos apóstolos só não foi totalmente apagada, porque as primeiras comunidades não aceitariam nenhum livro que não a citasse.

Há um aspecto intrigante na relação entre os três evangelhos sinópticos e o Evangelho de João: trata-se da lista dos apóstolos. Nos sinópticos, as listas dos doze são iguais e João de Zebedeu é sempre citado com destaque. No Evangelho de João a lista é menor e diferente. Nela não há apóstolos, só discípulos, e João não é citado nominalmente. Vejamos as listas.

Marcos *3:13-19*
Simão Pedro, Tiago, filho de Zebedeu e João seu irmão;
André, Felipe, Bartolomeu;
Mateus, Tomé, Tiago, filho de Alfeu;
{[Judas] Tadeu}, Simão o Zelote e Judas Isacriotes (o Sicário).

Mateus *10: 1-4*
Simão Pedro e André seu irmão, Tiago e João, filhos de Zebedeu;
Felipe, Bartolomeu, Tomé, Mateus;
Tiago, filho de Alfeu, {[Judas] Tadeu}, Simão o zelote e Judas Iscariotes.

Lucas *6:12-16*
Simão Pedro e André, Tiago e João;
Felipe, Bartolomeu, Mateus, Tomé;
Tiago, filho de Alfeu, Simão o Zelote, Judas [Tadeu] irmão de Tiago e Judas Iscariotes.

O Evangelho de João foi escrito entre 90 e 100 de nossa era. O redator já tinha conhecimento dos sinópticos ou pelo menos do Evangelho de Marcos, mas o tratamento dado pelo 4º Evangelho aos apóstolos é completamente diferente. Em *João 1:40-51*, estão os nomes de apenas quatro discípulos escolhidos por Jesus: André, Pedro, Felipe e Natanael. Este último não aparece nos sinópticos. O verso *1:40* revela que junto a André, que era discípulo de João Batista, estava outro discípulo (não nominado) também seguidor de Jesus. João cita, portanto, cinco discípulos: André, Pedro, Felipe, Natanael e um anônimo. Somente no final do Evangelho, mais precisamente no capítulo *21*, verso *2* é que João nos oferece outra lista de discípulos: "*Pedro, Tomé, o Dídimo, Natanael de Caná da Galiléia, os filhos de Zebedeu e mais dois dos seus discípulos*". Em relação à primeira lista, são acrescentados Tomé e os filhos de Zebedeu. Novamente aparecem discípulos sem nome, desta vez dois. Se considerarmos que o anônimo de *1:40* está entre os dois anônimos de *21:2*, teremos que para João, Jesus teve apenas oito discípulos em seu círculo mais íntimo (se incluirmos Natanael que não aparece nos sinópticos). Quem era o anônimo de *1:40*? Quem eram os dois anônimos de *21:2*? Seriam mulheres? O Discípulo Amado seria um deles? Qual o motivo do mistério uma vez que já existiam evangelhos com a lista dos doze circulando quando João foi escrito? O que o autor de João tentou esconder?

Os estudiosos concordam que se houve um evangelho escrito com base em informações de uma testemunha ocular do ministério de Jesus, esse evangelho foi o atribuído (por Irineu) a João. Se a versão desse evangelho que chegou até nós (alterada pela dissidência apostólica da Comunidade Joanina, segundo Brown) contém indicações de discípulos cujos nomes não são revelados **é porque havia mulheres no grupo ministerial do Se-**

nhor. Quanto ao número de discípulos em João – oito – isso aponta para a quebra do paradigma dos doze. Jesus tinha um grupo de seguidores bem maior que doze e pode ter tido um grupo central de comando variando entre oito (versão de João) e dezesseis, se acrescentarmos à lista sinóptica dos doze, os nomes de Maria Madalena, Marta, Lázaro e José de Arimatéia (se não contarmos o apoio de Nicodemos). O número doze é forte por vários motivos, dentre eles a influência pagã trazida pelo helenismo (doze signos do zodíaco, doze meses do ano, doze horas do dia etc), mas no caso da organização hierárquica do movimento de Jesus, a influência do doze vem da Comunidade da Aliança, de Qumran. Minha pesquisa aponta para um Conselho de Doze, com a presença de pelo menos uma mulher. Esse conselho liderava um grupo maior (**setenta,** segundo Clemente citado por Eusébio. CESARÉIA, 2000, p.72).

Mas é sintomático e perturbador o silêncio de Atos e das cartas de Paulo em relação a Madalena. O livro de Atos foi escrito por Lucas, amigo de Paulo, que disputava a liderança da Igreja com Tiago, irmão do Senhor. Tinha, portanto, fortes motivos para apagar da história a família do Mestre. Lucas, que chamou Madalena de portadora de sete demônios (*Lc 8:2*), é o único dos sinópticos que não cita os nomes dos irmãos de Jesus no episódio em que os de sua terra o rejeitaram (*Lc 4:22*). Ele também esconde o nome de Madalena quando fala das mulheres da Galiléia na cena da cruz (*Lc 23:49*). Há alguma coisa nessa postura que vai além patriarcalismo (machismo da época).

Se a teoria de *Baigent*, *Leigh*, *Lincoln* e *Starbird* tiver fundamento, que Madalena foi a esposa de Jesus e lhe deu dois filhos, garantindo a continuidade da linhagem de Davi, aí está mais um motivo para ela ter sumido da história do Cristianismo, após a saída de Jesus. Ela era uma ameaça, tanto para a liderança masculina do Apostolado, quanto para o Império Romano (a serpente, segundo Apocalipse) que queria eliminar fisicamente toda e qualquer linhagem real de suas províncias, que pudessem reivindicar tronos e promover rebeliões.

Os Manuscritos de Nag Hammadi, combinados com uma leitura atenta dos canônicos, não deixam dúvidas: Maria Madalena é o Discípulo Amado. Maria Madalena é liderança entre os apóstolos, e só poderia sê-lo integrando o Conselho dos Doze. Ela é dirigente de uma importante comunidade no nascedouro do Cristianismo (a comunidade Joanina). É autora ou pelo menos fonte do 4º Evangelho e é a *koinonos* (a consorte) de Jesus segundo o Evangelho de Felipe. Maria Madalena é a figura feminina que, na *Santa Ceia* de Leonardo da Vinci, está ao lado do Mestre e que a tradição diz ser João. Ela pode ser, enfim, o Santo Graal, o cálice onde foi depositado o *Sangréal* e que *segundo uma visão* da Revelação (Apocalipse) teve que fugir grávida para o deserto, para salvar a linhagem messiânica. Maria Madalena é a representação arquetípica da divina noiva que, independentemente de ter sido ou não casada com Jesus, fez d'Ele um ser humano completo, pela harmonização no cotidiano do seu Ministério, da relação masculino-feminino, pois Deus "*homem e mulher os criou*" (*Gn 1:27*).

Se Jesus foi casado formalmente com Maria Madalena ou se apenas gerou filhos com ela, isso não diminui em nada o seu conceito. Pelo contrário, aumenta a sua distinção justamente pela vivência da condição humana em toda sua plenitude. O amor entre um homem e uma mulher é uma das manifestações do amor de Deus, que se derrama sobre todo o universo de infinitas maneiras, desde o desabrochar de uma simples flor no campo até um terno beijo entre dois seres apaixonados. É a expressão de um poema sagrado como o Cântico dos Cânticos. Compara-se ao despojamento de um *Francisco de Assis* e à caridade de uma *Tereza de Calcutá*[104]. Tudo é amor, a começar por Deus, (*1Jo 4:8; 4:16*)!

De outro modo, se Jesus não foi casado – o que considero perfeitamente possível apesar dos costumes da época indicarem o contrário – isso também não altera seu conceito. Sabemos que a elevação espiritual de uma criatura de Deus pode fazê-la prescindir de relações carnais sem que com isso, ela deixe de expressar o amor universal. Em minha investigação não achei provas de que Jesus fosse casado. Também não encontrei provas de que ele nunca se casou, ou que não tenha gerado filhos. Ambas possibilidades são plausíveis. Entendo que no sentido elevado de sua missão (mensagem doutrinária) isso não é o mais importante. A importância dessa polêmica é para a discussão da linhagem: quem seriam, hoje, os herdeiros da Casa Real de Davi? Não é o foco deste Trabalho, mas do terceiro volume da trilogia. Essa busca continua.

Procurei passar ao leitor o maior volume possível de informações hoje trabalhadas por biblistas, filólogos, paleógrafos, arqueólogos e historiadores de um modo geral. Juntei a isso, minhas teses originais. Deixo a conclusão – quanto à relação entre Jesus e Madalena – a cargo do foro íntimo de cada um. Quando digo que ela pode ter sido o cálice onde foi depositado o *sangréal*, não restrinjo essa metáfora a uma questão meramente seminal. Refiro-me também ao sangue divino num sentido mais amplo, da sabedoria do Cristo fertilizando a Sophia. Mas insisto na Tese de que Maria Madalena foi integrante do Conselho dos Doze Apóstolos. Isso não está claro nos canônicos, embora neles se encontrem as pistas essenciais, mas está explícito nos apócrifos, principalmente no *Evangelho de Felipe*, no *Evangelho de Tomé*, na *Sophia de Jesus*, nos *Diálogos do Salvador*, no *Evangelho de Maria* e no *Pistis Sophia*.

Discordo do Docetismo. Para mim é fato que Jesus esteve na Terra encarnado como ser humano. Comeu, bebeu, vestiu-se, banhou-se, participou de festas, dormiu, caminhou, viajou, visitou amigos e personalidades, pregou nas sinagogas, casas, a céu aberto, no Templo e, o mais importan-

104. Tereza de Calcutá foi a representante do Código do Graal no século XX d.C. Quem tiver ouvidos, ouça.

te, deixou uma mensagem sublime, verdadeiramente divina, considerando que Deus é amor.

Jesus nunca disse que era o próprio Deus. Nem a alta cristologia do 4º Evangelho faz essa afirmação. Isso foi uma invenção da Igreja do século IV, sob os auspícios do imperador Constantino, que era o príncipe do mundo e, portanto, só poderia curvar-se diante de Jesus se Jesus fosse elevado à categoria de Deus. E assim foi feito, como já vimos detalhadamente quando tratamos do Concílio de Nicéia (325 d.C.). Nesse concílio, o bispo Ário foi considerado herege por dizer que Jesus havia sido criado por Deus e por isso não poderia ser o próprio Deus. Era apenas a criatura mais excelsa que Deus já criou. Constantino e os bispos reunidos em Nicéia fizeram – através de uma votação humana – Jesus igual a Deus. Sobre esse dogma fundaram a *Igreja Católica Apostólica Romana* que, de perseguida, passou à religião oficial do Império e logo depois começou a perseguir os dissidentes de sua nova ortodoxia. Em 386 d.C. o bispo de Ávila, Prisciliano, foi executado sob a acusação de heresia. Foi a primeira vítima da nova Igreja e seu sangue deu início a um verdadeiro rio vermelho que se tornou caudaloso durante a Inquisição.

O novo Cristianismo, estruturado a partir do Concílio de Nicéia, se instalou cheio de paradoxos, a começar pelo próprio nome da nova religião – *Igreja Católica Apostólica Romana*. A palavra *católica* quer dizer universal, ou seja, deveria ser uma religião para todos os povos. Mas foi colocado um termo restritivo – *Romana* – de Roma, cidade onde Jesus nunca pisou e onde muitos mártires cristãos foram sacrificados. Esse termo restritivo matou a pretensão de universalidade. Se o nome fosse só Igreja Católica, seria coerente, embora fosse muita pretensão uma religião se julgar universal. Ainda assim, tratava-se de uma pretensão legítima, na medida da crença dos seus membros de que aquele deveria ser o caminho para humanidade. A palavra *católica* representaria uma intencionalidade. Mas ao colocar Igreja *Católica Romana*, estavam claramente dizendo ao mundo de então que a Igreja era Universal, mas do Império Romano. Uma Igreja para cuidar das coisas do Reino dos Céus, mas pertencente a um reino específico de homens na Terra. Outro elemento restritivo, que geralmente passa despercebido é o termo '*Apostólica*'. Esse termo denota que a Igreja fez uma opção clara pela tradição apostólica de Pedro (com Paulo) e, portanto, pelo isolamento dos gnósticos, nazarenos e, especialmente, dos ***desposyni***[105] – os descendentes ou pelo menos parentes de Jesus – que congregavam tanto no Cristianismo Nazareno liderado por Tiago, irmão do Senhor, como no Cristianismo Gnóstico de Madalena e Tomé.

Em síntese, a *Igreja Católica Apostólica Romana* foi criada como uma Igreja que pretendia ser universal na intermediação das relações entre Deus

105. ***Desposyni***, palavra grega, usada nos primórdios do Cristianismo para designar os "herdeiros de Jesus". Com o tempo, passou a designar, de um modo mais geral, os parentes consanguíneos de Jesus, também descendentes da linhagem de Davi.

e os homens, mas sob o comando do Império Romano que tinha a mesma pretensão de universalidade no âmbito secular. Não pode haver uma igreja que seja universal e romana ao mesmo tempo. O resultado desse paradoxo foi um conjunto de cismas que perduram até hoje. A nível interno da religião em si, a nova Igreja, como já foi dito, fez uma opção pelo Cristianismo *Pedro-Paulino* em detrimento do Cristianismo Nazareno e do Gnóstico. Tirou de cena os descendentes e/ou parentes de Jesus, com tamanha competência que hoje poucas organizações secretas sabem onde estão os ***desposyni***. Mesmo se a hipótese de que Jesus não deixou herdeiros diretos estiver correta, ele teve quatro irmãos e pelo menos duas irmãs e não é possível que todos fossem celibatários. A linhagem de Davi continuou, mas foi apagada da história do Cristianismo pelos novos líderes da Igreja, que assumiram a partir da "conversão" de Constantino, em estreita colaboração com esse tardio e híbrido "apóstolo" do movimento cristão.

Constantino praticou outros paradoxos que marcaram a história das religiões. Um deles é bem interessante. Ele não disse que era Deus, mas se achava mais importante que o Próprio, uma vez que considerava que Jesus (=Deus), havia fracassado em levar sua religião ao mundo e ele, Constantino, havia conseguido. Constantino foi uma figura ímpar. Adepto do culto pagão ao *Sol Invictus*, só se batizou no Cristianismo no leito de morte e, por mais paradoxal que pareça, chamou um bispo ariano para realizar o sacramento. Entretanto, mesmo tendo feito do Cristianismo uma religião híbrida com o culto do *Sol Invictus*, Constantino, o Grande, foi de fundamental importância para que a religião fundada em nome do Cristo se espalhasse pelo mundo. Ele deu à nova religião as características do Estado Imperial: centralidade de comando e ramificações subalternas em todas as nações. Mas havia uma dificuldade: as religiões no Império eram todas centradas em deuses e esses deuses tinham representação física. Havia estátuas dessas divindades nos templos pagãos de todo o mundo conhecido. Surgiram duas questões importantes: a primeira é que a nova religião não poderia ser construída em torno de um simples profeta judeu. A segunda é que o Deus desse profeta judeu era invisível, sem existência histórica e com um nome impronunciável (YHWH). Esses dois problemas foram resolvidos com uma só cajadada: através da já citada votação que decretou a divindade de Jesus. Com Jesus igual a Deus, a nova religião tinha o seu Deus e não apenas um profeta e esse Deus, se não era de barro como outros tantos da tradição pagã, pelo menos havia existido em carne e osso, sendo mais fácil de assimilar que o Deus transcendente dos Judeus. Assim se edificou o dogma da divindade de Jesus, motor principal da expansão do Cristianismo.

"E a palavra que estais ouvindo não é minha, mas do Pai, que me enviou." (Jo 14:24)

E hoje? Os devotos só devem amar e louvar a Jesus se considerarem que ele é o próprio Deus? Por que não amá-lo e louvá-lo apenas como enviado de Deus? Vejamos o que está escrito em *João 17:3*: "*E a vida eterna é esta: que te conheçam a ti, o único Deus verdadeiro, e a Jesus Cristo, a quem enviaste.*" Um pouco à frente nesse mesmo capítulo, no verso *21*, Jesus nos diz: "*a fim de que todos sejam um; e como és tu, ó Pai, em mim e eu em ti, também sejam eles em nós; para que o mundo creia que tu me enviaste.*" Essa frase, pelo seu elevado conteúdo gnóstico diz tudo, mas, infelizmente, a capacidade mística do Cristianismo foi se perdendo ao longo do tempo, em meio a uma luta renhida pelo poder secular. Consequência: poucos são os que hoje "*têm ouvidos para ouvir*" um ensinamento dessa magnitude. O mesmo que também foi anunciado por Buda, Lao-Tsé e Krishna dentre outros grandes mestres que Deus enviou para os vários pontos do planeta ao longo dos séculos para a pregação do amor e a revelação da possibilidade de comunhão com o Divino.

O segredo da Unidade e a Recuperação do Feminino

Apesar de todas as crises, há uma luz brilhando nos dias de hoje. Uma luz que vem do coração de homens e mulheres que estão buscando um *novo* caminho espiritual, na *velha* fonte que é o contato direto com a mensagem original do Cristo. Um novo caminho que leve à tão almejada "*unidade mística com o Pai*" – segredo guardado com reverência no "*Santo dos Santos*" de todas as grandes religiões, de onde tem saído para ser revelado para a humanidade pela boca dos enviados do Deus único. Na contramão desse movimento divino, estão muitos dos autonomeados representantes de Deus na Terra, que nunca passaram pela experiência transcendente da "*comunhão com o Amado*" (nas palavras de Krishnamurti) e, portanto, nunca puderam entender a afirmação de Jesus: "*Eu e o Pai somos um*" (*Jo 10:30*). Por não entenderem a grandeza dessa frase, caçam como hereges as pessoas que buscam, como Jesus, se tornar "*um com o Pai*".

Recuperar o papel de Maria Madalena na origem do Cristianismo é recuperar, para o Cristianismo, a ordem do universo que se assenta na relação dialética dos opostos – quente/frio; claro/escuro; vida/morte; em cima/em baixo; positivo/negativo; yin/yang; homem/mulher. Madalena é a parte feminina da humanidade que foi alijada da Igreja por séculos e séculos. Exemplos? Até hoje a mulher não pode celebrar uma missa e na maioria das congregações evangélicas, não pode exercer o cargo de Pastor. É como se pela condição de gênero, fosse automaticamente inferior ao homem. Madalena se tornou santa, é verdade, mas apenas para lembrar à humanidade que ela foi uma "grande pecadora" e que somente pelo arrependimento e pela penitência, chegou à santidade. Que grande pecado era esse? O pecado geralmente atribuído à mulher é de natureza sexual. Estranhamente – apesar do sexo não ser praticado por uma única pessoa – somente a mulher, ao longo dos séculos, foi considerada pecadora sexual.

Contra a Mulher

Para se ter uma ideia de como os pais da Igreja abominavam o sexo, Orígenes de Alexandria (184-254) castrou-se ainda na juventude, para tornar-se puro e alcançar a santidade. Santo Agostinho (354-430), que em suas *Confissões* deixa claro que experimentou todo tipo de luxúria com as mulheres, na idade madura passou a repudiar todo e qualquer tipo de prazer carnal. Em 1486, dominicanos alemães escreveram o doentio livro o "*Martelo das Bruxas*", onde a mulher é apontada como responsável por toda perversão do mundo. Incorrigíveis e enganadoras elas eram "*belas de se ver, contaminadoras se tocadas e mortais como companheiras... toda bruxaria deriva da luxúria carnal, que na mulher é insaciável*"[106]. Ao longo dos séculos foram construindo a tese de que a mulher é culpada por ser ela a sedutora, que tira o homem do bom caminho. É como se o homem fosse um ser ingênuo, sem autocontrole e a mulher um demônio com poderes para dominá-lo. Para essas concepções psicopáticas é como se o corpo – templo do espírito – fosse unicamente o lugar do pecado e da vergonha, não podendo, jamais, ser instrumento de manifestação do amor sublime no plano físico. Mas alguém poderia dizer – prostituição não é amor sublime – e eu digo: Maria Madalena não era prostitua, era uma seguidora de Jesus. Hoje a própria Igreja já reconhece isso.

Madalena foi *deletada* do Novo Testamento após os eventos da crucificação. Os evangelhos que a mostram atuante após a ressurreição foram proibidos e destruídos depois que os chamados pais da igreja lançaram suas cruzadas contra as heresias. Felizmente alguns foram enterrados e chegaram até nós.

Temos exemplos desse tipo de ação até na história recente da humanidade. Quem não lembra de Stalin tentando apagar Trotski dos registros da revolução russa, inclusive manipulando fotos de manifestações públicas? Os autores de Atos e das Epístolas tentaram apagar Madalena da história simplesmente ignorando-a, e se escreveram alguma coisa sobre ela, não chegou até nossos dias. Sabemos que existe a possibilidade real de alteração intencional das cópias dos primeiros escritos cristãos. Só como exemplo, ainda persiste hoje a polêmica se o chamado Evangelho Secreto de Marcos foi apagado por ordem de Clemente de Alexandria. O que se destaca é que nos 22 livros do Novo Testamento, tirando-se os quatro evangelhos e uma referência cifrada no livro de Apocalipse, não se encontre uma linha sobre

---

106. Kramer e Sprenger, *Malleus Maleficarum* (Martelo das Bruxas), Parte 1, pergunta 6 (p. 41-48) citado em BAIGENT, Michael. *Os Manuscritos de Jesus*. Rio de Janeiro: Nova Fronteira, 2006, p. 103.

Maria Madalena, nem dizendo que ela morreu ou fugiu do país. Pode ter sido pelos costumes da época e pela disputa do comando da Igreja nascente. Pode ter sido para proteger a linhagem de Jesus, se ela realmente foi sua mulher e teve filhos dele. Não podemos saber. O fato é que há um inexplicável vazio sobre Madalena nesses primeiros escritos cristãos oficializados pela hierarquia.

Segundo alguns estudiosos, Maria Madalena é citada – além dos Evangelhos – apenas em Apocalipse, um livro atribuído à comunidade Joanina da qual ela foi líder, o mais emblemático de toda a Bíblia. Para Laurence Gardener todo o capítulo *12* de Apocalipse – que significa Revelação e não catástrofe – se refere à Maria Madalena fugindo grávida da facção patriarcal-apostólica nos primórdios do Cristianismo e do próprio Império Romano que como um dragão e serpente queriam matar sua prole.

> Considerando a visão de João sobre a fuga de Madalena para o exílio, é apropriado reconhecer que, antes de discutir a perseguição imperial de "suas sementes, que guardavam os mandamentos de Deus e tinham o testemunho de Jesus Cristo" (*Ap. 12:17*), ele relata que ela estava grávida quando fugiu: "E estando grávida, gritava com as dores do parto, sofrendo tormentos para dar a luz". (*Ap 12:2*)
> De vez em quando, teólogos sugerem que essa visão da Revelação talvez *refira-se* (*sic*) a Maria, mãe de Jesus (em vez de Madalena). Contudo, a resposta oficial da Igreja é que seria impossível aplicá-la à mãe de Jesus porque ela nunca "sofreu no parto". O *Gênesis 3:16* relata que as dores do parto eram uma punição de Deus por Eva ter pecado. Consequentemente os bispos confirmam que a mulher da Revelação "deva ser uma pecadora". A fuga de Madalena grávida para o deserto foi pintada por vários artistas, tais como o italiano do século XVII Giovanni Lanfranco.[107]

Vejamos o que nos diz o capítulo *12* de Apocalipse, versos de *1* a *6*:

> Apareceu no céu um grande sinal; uma mulher vestida como o sol, tendo a lua debaixo dos pés, e sobre a cabeça uma coroa de doze estrelas. Estava grávida e gritava, entre as dores do parto, atormentada para dar à luz. Apareceu então, outro sinal no céu: um grande Dragão, cor de fogo. Tinha sete cabeças e dez chifres. Sobre as cabeças sete diademas. Com a cauda ele varria a terça parte das estrelas do céu, jogando-as sobre a terra. O Dragão colocou-se diante da mulher que es-

---

107. GARDNER, Laurence. *O Legado de Madalena: a conspiração da linhagem de Jesus e Maria: revelações sobre o Código da Vinci*. São Paulo: Madras, 2005. p. 40.

> tava para dar a luz, pronto para lhe devorar o filho, logo que ele nascesse. Nasceu o filho da mulher. Era menino homem. Nasceu para governar todas as nações com cetro de ferro. Mas o filho foi levado para junto de Deus e de seu trono. A mulher fugiu para o deserto. Deus lhe tinha preparado aí um lugar onde fosse alimentada por mil duzentos e sessenta dias. (*Ap 12:1-6*).

Depois, os versos de *7* a *12* tratam de uma batalha no céu entre Miguel e seus anjos contra o Dragão e seus anjos. O Dragão e os seus foram derrotados e aí acontece algo estranho. Os anjos de Miguel comemoram com festa a expulsão do Dragão do céu, só que ele foi expulso para a Terra. O verso *12* diz: "*Mas ai da terra e do mar porque o Diabo desceu para o meio de vocês. Ele está com grande furor, sabendo que lhe resta pouco tempo*". É estranho porque é como se os anjos de Miguel estivessem dizendo: "puxa, expulsamos os demônios. Eles não estão mais aqui no Céu. Foram para a Terra. Vamos comemorar". Mas deixemos essa festa no céu de lado e voltemos à história da mulher grávida, que é retomada a partir do versículo *13* até o *17*:

> Quando viu que tinha sido expulso para a terra, o dragão começou a perseguir a mulher, aquela que tinha dado à luz um menino homem. Mas a mulher recebeu as duas asas da grande águia, e voou para o deserto, para um lugar bem longe da serpente. Aí a mulher é alimentada por um tempo, dois tempos e meio tempo. A serpente não desistiu: vomitou um rio de água atrás da mulher, para que ela se afogasse... o Dragão começou então a atacar o resto dos filhos dela, os que obedecem aos mandamentos de Deus e mantêm o testemunho de Jesus. (*Ap. 12:13-17*).

Para Gardner, esta segunda parte do capítulo *12*, refere-se à perseguição do Império Romano aos descendentes de Jesus e Madalena. Tratase de uma interpretação original e polêmica para esta passagem difícil do Apocalipse, mas que tem o mérito de introduzir uma discussão sobre o que aconteceu com Madalena após a saída de cena do Mestre Jesus. Primeiro, ela teria sido perseguida pelos que assumiram a liderança do movimento cristão. Depois, "seus filhos" que algumas traduções chamam "sua semente" (seus descendentes) passaram a ser perseguidos pela serpente – O Império Romano – que lá na frente iria se unir aos líderes da tradição apostólica. Império e Igreja Apóstolica, uma vez juntos, afastaram de vez os ***desposyni*** da história da religião, "enterrando" com eles as manifestações e escritos do *gnosticismo cristão* que ainda circulavam pelo Mediterrâneo no século IV d.C. A partir do século V, consolidou-se a vitória da Igreja Romana sobre o Cristianismo Nazareno e o Movimento Gnóstico. Nunca mais se ouviu falar nos descendentes da família de Jesus. Nunca mais se viu um texto original de um mestre gnóstico. [Mas ambos ainda existem].

MARIA MADALENA RESGATADA

Maria Madalena, a pecadora, a arrependida, a penitente, a endemoniada, a exorcizada, a *Iluminata*, a *Iluminatrix*, a *Sophia* do Salvador, a consorte do Senhor, a *mulher que entendia tudo*, a apóstola dos apóstolos, a dama da unção, a seguidora fiel, a primeira testemunha do espírito de Cristo vivo após a crucificação do seu corpo físico.

Maria Madalena, de todos os títulos, seja bem vinda ao século XXI. Você que viveu com Jesus na Era de Peixes, venha agora, pela porta da frente, para a Era de Aquário, quando o mundo começa a entender que ser mulher, pensar como mulher e amar como mulher, não é pecado. A mulher, tanto quanto o homem, pode pregar, pode profetizar, pode possuir a gnose, pode ser portadora da *Sophia* e você, entre todos os apóstolos, foi a que melhor entendeu a mensagem mística do Mestre. O século XXI ainda não sabe com segurança seu estado civil, mas não tem dúvidas que você foi a companheira de Jesus.

Seja bem-vinda Miriam de Magdala, Torre do Rebanho dos Templários. Seja bem- vinda, ainda que **na identidade cifrada do discípulo João**, sempre retratado pelos grandes mestres como uma figura feminina emotivamente ligada a Jesus como se esses mestres estivessem a nos dizer que conheciam o segredo de sua identidade secreta[108]. A tradição de algum modo sempre esteve certa: o Discípulo Amado "era mesmo João". Só que João foi o nome masculino dado a você, Maria Madalena, para esconder a liderança da mulher na Igreja nascente.

Seja bem-vinda ao século XXI, Santa Maria Madalena. Sua restauração aproximará ainda mais o Mestre Jesus da humanidade da Terra e será remédio para varrer da psiquê humana a culpa por um suposto "Pecado Original". Sua restauração fará todos os povos recitarem o Cântico dos Cânticos sem o constrangimento interior de acharem que, por cantarem o amor, estão perdendo a conexão com a divindade. Esperando para saudá-la

108. A relação de pinturas a seguir mostra um João feminino, muito próximo a Jesus (existem muitos outros quadros com essas características em toda a iconografia cristã): as duas "A Última Ceia" de Domenico Ghirlandaio (1470 e 1480); "A Última Ceia" de Paolo Veronese (1528-88); "A Última Ceia" de James J. Tissot (1890); "Eucaristia da Última Ceia" de Fra Angélico (1442), onde Jesus aparece diretamente ofertando a eucaristia para Maria Madalena, que está à mesa, do lado oposto a Jesus, junto com outros sete apóstolos, enquanto uma outra mulher, que parece ser a representação de Nossa Senhora, está ajoelhada em posição de oração, fora da mesa, em oposição a outros quatro discípulos que também de joelhos e fora da mesa completam o Colégio dos Doze; "A Última Ceia" de Hans Holbein the Younger (1525); "A Última Ceia" de Jean-Baptiste de Champaigne (1631-81); "A Última Ceia" (versão do original de Leonardo) de Philippe de Champaigne (1648) e "A Última Ceia de A Grande Paixão" (entalhe de madeira) de Albrecht Dürer (1471-1528), onde um João imberbe, com aparência feminina, aparece no colo de Jesus com o peito abraçado pelo braço direito do Mestre. O detalhe "destoante" dessa obra é que nela constam 13 apóstolos.

estarão as *Doutoras da Igreja*, Santa Catarina de Siena, Santa Tereza d'Ávila, Santa Terezinha de Lisieux, juntamente com todas as santas e leigas de todos os tempos e todos os homens de boa vontade.

O universo é formado por energia e matéria. Einstein demonstrou que energia e matéria são duas faces da mesma moeda ($E = mc^2$), ou seja, que matéria é simplesmente energia condensada e que energia [E] é matéria [m] "viajando" à velocidade da luz ao quadrado [c^2] que é $(300.000)^2$ km/s [90 bilhões de quilômetros por segundo]! Podemos dizer que o Criador é energia e seu pensamento (parte de si) quando condensado gerou o universo físico. Assim, o mundo físico é, não apenas criação, mas uma parte de Deus. O homem foi criado à imagem e semelhança do Criador – com espírito [energia] e corpo [matéria] – logo, o corpo humano faz parte da obra de Deus! Desse modo, viver plenamente a humanidade não é ato abominável como pregava o dualismo ascético! O amor, para ser completo, deverá ser não apenas "platônico" mas físico também. Condenar o amor físico é dizer que Deus errou quando determinou que o nascimento de novos seres humanos viesse da prática desse tipo de amor! O que é condenável são os excessos e a banalização. Maria Madalena foi condenada porque sua presença na vida de Jesus deixou nas entrelinhas da história uma tênue possibilidade do Cristo ter amado uma mulher o que, para muitas mentes, seria a negação de sua divindade[109].

A humanidade terrestre vem amadurecendo sob duras penas. E há dois mil anos está se preparando para receber com todas as honras a grande Apóstola do Mestre Nazareno. Os últimos véus estão sendo rasgados e você, Maria Madalena, será finalmente reconhecida como:

a) integrante do Conselho dos Doze[110];

b) o discípulo que Jesus mais amava;

c) um dos três *Colunas* da Igreja primeva;

d) a Apóstola dos apóstolos;

e) autora das notas originais do 4º Evangelho.

Depois desse reconhecimento tardio, só restará a confirmação do título mais importante:

f) mãe da linhagem do Graal. [*E aí haverá paz para os filhos da viúva*].

"Quem tiver ouvidos, ouça!"

Imperatriz-MA, 20/11/2007

---

109. Para outras mentes, seria justamente o contrário: a confirmação da divindade de Jesus, pelo exercício pleno de suas funções de imagem e semelhança de Deus, na unificação dos opostos (*espírito* e *matéria)*, ambos substâncias da mesma natureza, diferenciadas apenas pelo nível vibratório (c^2), mas oriundas igualmente do Altíssimo (o Todo), que é a unidade primordial e final – a vibração e a quietude; o *Alfa* e o *Omega*!

110. Os indicadores que dispomos hoje apontam para treze pessoas entre discípulos mais próximos de Jesus: os 12 apóstolos homens listados nos evangelhos sinópticos e Maria Madalena. O que nossa pesquisa mostra com clareza é que se considerarmos apenas doze como manda a tradição, Maria Madalena estaria entre eles e um dos homens (João) teria que ser deslocado para o grupo "dos setenta" citado por Clemente. Na prática aconteceu a exclusão de Madalena e a oficialização de um Conselho unanimemente masculino, que nega toda a postura revolucionária de Jesus em relação às mulheres.

Bibliografia

AGOSTINHO, Santo. **Confissões**. Tradução: Maria Luiza Jardim Amarante. São Paulo: Paulus, 2002. (Clássicos de Bolso).

ALBERIGO, Giuseppe (Org.). **Histórias dos Concílios Ecumênicos**. Tradução: José Maria de Almeida. São Paulo: Paulus, 1995.

ALLAN, Tony. **O livro de Ouro das Profecias: quatro mil anos de previsões, profetas e visionários**. Tradução: Ana Quintana. Rio de Janeiro: Ediouro, 2004.

AQUILINA, Mike. **O Código Graal: toda a verdade sobre o cálice sagrado**. Tradução: Carlota Alice de Moura. São Paulo: Editora Planeta do Brasil, 2006.

AQUINO, Santo Tomás de. **Tomás de Aquino: o ente e a essência; súmula contra os gentios; compêndio de teologia; textos da Suma Teológica**. Tradução: Luis João Braúna e Alexandre Correia. São Paulo: Nova Cultural, 2000. (Os Pensadores).

ARANTES, Hércio M. C. **Mediunidade na Bíblia: telas famosas sob a visão espírita**. Araras-SP: IDE, 2006.

ARIAS, Juan. **Jesus, esse grande desconhecido**. Tradução: Rubia Prates Goldoni. Rio de Janeiro: Objetiva, 2001.

______. **A Bíblia e seus segredos**. Tradução: Olga Savary. Rio de Janeiro: Objetiva, 2004.

______. **Madalena: o último tabu do cristianismo**. Tradução: Olga Savary. Rio de Janeiro: Objetiva, 2006.

ARISTÓTELES. **Aristóteles**. Tradução: Baby Abrão e Therezinha Monteiro Deutsch. São Paulo: Nova Cultural, 2000. (Os Pensadores).

ARMSTRONG, Karen. **Em nome de Deus: o fundamentalismo no judaísmo, no cristianismo e no islamismo**. Tradução: Hildegard Feist. São Paulo: Companhia das Letras, 2001.

BAIGENT, Michael; LEIGH, Richard; LINCOLN, Henry. **O Santo Graal e a linhagem Sagrada**. Tradução: Nadir Ferrari. Rio de Janeiro: Nova Fronteira, 1993.

_____. **A Herança Messiânica**. Tradução: Maria Luiza Borges. Rio de Janeiro: Nova Fronteira, 1994.

BAIGENT, Michael; LEIGH, Richard. **O Templo e a Loja**. Tradução: Sérgio M. Cerena. São Paulo: Madras, 2005.

BAIGENT, Michael. **Os Manuscritos de Jesus: revelando o maior segredo da história**. Tradução: Regina Lyra. Rio de Janeiro: Nova Fronteira, 2006.

BAKER, Mark W. **Jesus, o maior Psicólogo que já existiu. Tradução**: Claudia Gerpe Duarte. Rio de Janeiro: Sextante, 2005.

BASCHERA, Renzo. **Explicando o Santo Sudário**. Tradução: Djalma J. Junqueira. Rio de Janeiro: Ediouro, 2004.

BENITEZ, J.J. **O Enviado: a história de Jesus de Nazaré recontada com base nas investigações científicas realizadas pelos próprios técnicos da NASA no Santo Sudário**. Tradução: Elizabeth Soares. 9. ed. Rio de Janeiro: Record, 1995.

BERG, Yehuda. **O poder da cabala: segredos do universo e princípios da vida**. Tradução: Samuel Lemie. Rio de Janeiro: Imago, 2001.

BERGER, Klaus. **Para que Jesus morreu na cruz**. São Paulo: Edições Loyola, 2005.

BLOOM, Harold. **Jesus e Javé: os nomes divinos**. Tradução: José Roberto O'Shea. Rio de Janeiro: Objetiva, 2006.

BOCK, Darrel L. **Os Evangelhos Perdidos: a verdade por trás dos textos que não entraram na Bíblia**. Tradução: Emirson Justino. Rio de Janeiro: Thomas nelson, 2007

BOER, Esther de. **Maria Madalena: discípula, apóstola e mulher**. Tradução: Lígia Capobianco. São Paulo: Madras, 1999.

BOGADO, Ana Patrícia Chagas. **Maria Madalena: o feminino na luz e na sombra**. Rio de Janeiro: Lucerna, 2005.

BORG, Marcus J.; CROSSAN, John Dominic. **A Última Semana: um relato detalhado dos dias finais de Jesus**. Tradução: Alves Calado. Rio de Janeiro: Nova Fronteira, 2007.

BRASILEIRO, Emídio Silva Falcão (Org). **O Livro dos Evangelhos: os Evangelhos de Jesus Cristo segundo Mateus, Marcos, Lucas e João**. Tradução: Emídio Silva Falcão Brasileiro. São Paulo: Lúmen Editorial, 2000.

BROWN, Raymond Edward. **A Comuidade do Discípulo Amado**. Tradução: Euclides Carneiro da Silva. São Paulo: Paulus, 1999. (Nova Coleção Bíblica).

BRUNNER-TRAUT, Emma (Org.). **Os Fundadores das Grandes Religiões: Akhenaton, Zaratustra, Moisés, Jesus, Mani, Maomé, Buda, Confúcio, Lao-Tse**. Tradução: Ivo Martinazzo. Petrópolis: Vozes, 1999.

BURMAN, Edward. **Templários: os cavaleiros de Deus**. Tradução Paula Rosas. 5. ed. Rio de Janeiro: Nova Era, 2005.

BURSTEIN, Dan (Org.). **Os Segredos do Código: o mais completo e bem pesquisado guia para entender as fascinantes questões levantadas pelo livro o *Código Da Vinci***. Tradução: Carlos Irineu da Costa, Cláudio Figueiredo, Pedro Jorgense Jr. Rio de Janeiro: Sextante, 2004.

BURSTEIN, Dan; KEIJZER, Arne (Org.). **A verdadeira história de Maria Madalena**. Tradução: Alexandre Martins e Marcos José da Cunha. Rio de Janeiro: Ediouro, 2006.

CAGIGAL, Carlos; ROS, Alfredo. **O Graal secreto dos Merovíngios: a sobrevivência do Sangue Real**. Tradução: Sílvia Spada. São Paulo: Madras, 2007.

CALDWELL, Taylor. **O grande amigo de Deus: a história de São Paulo.** Tradução: Octavio Alves Velho e José Sanz. 19. ed. Rio de Janeiro: Record, 2002.

______. **Médico de Homens e de Almas: a história de São Lucas**. Tradução: Aydano Arruda. 36. ed. Rio de Janeiro: Record, 2004.

CAMACHO, Santiago. **Biografia não Autorizada do Vaticano: nazismo, finanças secretas, máfia, diplomacia oculta e crimes na Santa Sé**. Tradução: Magda Lopes. São Paulo: Planeta, 2006.

CAPRA, Fritjof. **O Tao da Física: um paralelo entre a física moderna e o misticismo oriental**. Tradução: José Fernandes Dias. 22. ed. São Paulo: Cultrix, 2000.

______. **O Ponto de Mutação**. Tradução: Álvaro Cabral. 22. ed. São Paulo: Cultrix, 2001.

______. **A Teia da Vida: uma nova compreensão científica dos sistemas vivos**. 6. ed. São Paulo: Cultrix, 2001.

CARTER, Joseph. **Os Evangelhos Apócrifos**. Tradução: Vani Inge Burg. São Paulo: Editora Isis, 2003.

CESARÉIA, Eusébio de. **História Eclesiástica**.Tradução: Monjas Beneditinas do Mosteiro de Maria Mãe de Cristo. São Paulo: Paulus, 2000. (Patrística).

CHOOPRA, Deepak. **Como Conhecer Deus: a jornada ao mistério dos mistérios**. Tradução: Geni Hirata. Rio de Janeiro: Rocco, 2001.

CONOLLY, Sean. **A Vida e a Obra de Leonardo da Vinci**. Tradução: Caroline Kazue Ramos Furukawa. São Paulo: Madras, 2006.

COSTA, Wagner Veneziani (Editor). **Anotações da Vinci por ele mesmo**. Tradução: Marcos Malvezzi Leal e Martha Malvezzi Leal. São Paulo: Madras, 2004.

COTTERELL, Maurice. **Jesus, Rei Arthur e a Jornada do Graal**. Tradução: Bianca Barsotti Cassina. São Paulo: Madras, 2007.

COUTO, Sérgio Pereira. **A Verdade sobre o Código Da Vinci**. São Paulo: Universo dos Livros, 2006.

_____. **Evangelho de Judas e outros mistérios**. São Paulo: Universo dos Livros, 2007.

COX, Simon. **Decifrando o Código Da Vinci: os fatos por trás da ficção**. Tradução: Claudia Gerpe Duarte. Rio de Janeiro: Bertrand Brasil, 2004.

CRISTO, Jesus (Autoria atribuída ao espírito de). **Vida de Jesus Ditada por ele Mesmo** (obra mediúnica recebida originalmente em francês no século XIX, traduzida para o italiano pelo capitão Ernesto Volpi e do italiano para o espanhol pelo doutor Ovídio Rebaudi). Tradução: Sebastião Caramuru. 10. ed. Rio de Janeiro: Freitas Bastos, 1995.

CROSSAN, John Dominic. **O Jesus Histórico: a vida de um camponês judeu do Mediterrâneo**. Tradução: André Cardoso. Rio de Janeiro: Imago, 1994. (Bereshit).

_____. **Jesus: uma biografia revolucionária**. Tradução: Júlio Castañon Guimarães. Rio de Janeiro: Imago, 1995.

DÄNIKEN, Erich Von. **O Retorno dos Deuses: evidências de visitas extraterrestres.** Tradução: June Camargo. São Paulo: Makron Books, 2000.

_____. **A Chegada dos Deuses: a revelação dos pontos da aterrissagem dos alienígenas em Nazca**. Tradução: Claudia Gerpe Duarte. Rio de Janeiro: Nova Era, 2003.

_____. **Sim, Deuses eram Astronautas: novas interpretações sobre antigos legados**. Tradução: Helena Gaidano. Rio de Janeiro: Nova Era, 2004.

DAVID, Bodanis. **$E=MC^2$: uma biografia da equação mais famosa do mundo e o que ela significa**. Tradução: Vera de Paula Assis. Rio de Janeiro: Ediouro, 2001.

DIETZFELBINGER, Konrad (Introd.). **O Livro Secreto de João**. Tradução: Lectorium Rosicrucianum. Jarinu-SP: Rosacruz, 2006. (Série Cristal, 4).

DOUCET, Friedrich W. **O Livro de Ouro das Ciências Ocultas: magia, alquimia e ocultismo**. Tradução: Maria Madalena Würth Teixeira. Rio de Janeiro: Ediouro, 2001.

DRONSNIN, Michael. **O Código da Bíblia I: as profecias ocultas no Antigo Testamento**. Tradução: Merle Scoss. São Paulo: Cultrix, 1997.

_____. **O Código da Bíblia II: contagem regressiva**. Tradução: Merle Scoss. São Paulo: Cultrix, 2002.

DUQUESNE, Jacques. **Jesus: a verdadeira história**. Tradução: Daniel Piza. 3. ed. São Paulo: Geração editorial, 2005.

EHRMAN, Bart D. **O que Jesus disse? O que Jesus não disse?: quem mudou a bíblia e por quê**. Tradução: Marcos Marcionilo. São Paulo: Prestígio, 2006.

ELLIS, Ralph. **As Chaves de Salomão, o Falcão de Sabá: a redescoberta das tumbas do rei Davi, rei Salomão, de Hiram Habif e da rainha de Sabá**. Tradução: Ana Carolina Trevisan. São Paulo: Madras, 2004.

FANTHORPE, Patrícia; FANTHORPE, Lionel. **O Tesouro Misterioso de Rennes-le-Château**. Tradução: Getúlio Elias Schanoski Jr. São Paulo: Madras, 2006.

FARIA, Jacir de Freitas. **O Outro Pedro e a Outra Madalena Segundo os Apócrifos: uma leitura de gênero**. Petrópolis: Vozes, 2004.

FEATHER, Robert. **O Mistério do Pergaminho de Cobre de Qumran: o registro dos essênios do tesouro de Akhenaton**. Tradução: Getúlio Elias Schanoski Jr. São Paulo: Madras, 2006.

GALILEI, Galileu. **Galileu Galilei**. Tradução: Helena Barraco. São Paulo: Nova Cultural, 2000. (Os Pensadores).

GARDNER, Laurence. **A linhagem do Santo Graal: a descendência oculta de Jesus revelada**. Tradução: Marcos Malvezzi Leal. São Paulo: Madras, 2004.

_____. **Os segredos perdidos da arca sagrada: revelações surpreendentes sobre o incrível poder do ouro**. Tradução: Júlia Vidili. São Paulo: Madras, 2004.

_____. **O Legado de Madalena: a conspiração da linhagem de Jesus e Maria: revelações sobre o Código Da Vinci**. Tradução: Elaine Alves Trindade. São Paulo: Madras, 2005.

GILBERT, Pierre. **Como a Bíblia foi escrita: introdução ao Antigo e ao Novo Testamento**. Tradução: Maria Beatriz Rabello Rangel. 2. ed. São Paulo: Paulinas, 2000. (Estudos Bíblicos).

GOMES, Morgana. **A Vida e o Pensamento de Leonardo Da Vinci**. São Paulo: Minuano, [19--]. (Iluminados da Humanidade).

HALLAM, Elizabeth. **O Livro de Ouro dos Deuses e Deusas**. Tradução: Vânia de Castro. São Paulo: Ediouro, 2002.

HASKINS, Susan. **Mary Magdalene: myth and metaphor**. London: Pimlico Edition, 2005. (c1993).

HAWKING, Stephen William. **Uma breve história do tempo: do big bang aos buracos negros**. Tradução: Maria Helena Torres. Rio de Janeiro: Rocco, 1988.

_____. **O Universo numa Casca de Noz**. Tradução: Ivo Koritowski. 5. ed. São Paulo: Arx, 2002.

HELLERN, Victor; NOTAKER, Henry; GAARDER, Jostein. **O Livro das Religiões**. Tradução: Isa Maria Lando. São Paulo: Companhia das Letras, 2000.

HITCOCOK, Susan Tyler; ESPÓSITO, John L. **História das Religiões: onde vive Deus e caminham os peregrinos**. São Paulo: Editora Abril, 2005.

IRVIN, Dali. **História do Movimento Cristão Mundial**. São Paulo: Paulus, 2004.

JAMES, Peter; THORPE, Nick. **O Livro de Ouro dos Mistérios da Antiguidade**. Tradução: Laura Alves e Aurélio Rebello. Rio de Janeiro: Ediouro, 2001.

JOHNSON, Paul. **História do Cristianismo**. Rio de Janeiro: Imago, 2001.

JOSEFO, Flávio. **História dos Hebreus: I. Antiguidades Judaicas; II. Guerra dos Judeus contra os Romanos**. 8.ed. Rio de Janeiro: Casa Publicadora das Assembléias de Deus, 2004.

JUNG, C. G. **Estudos Alquímicos**. Tradução: Dona Mariana R. Ferreira da Silva e Maria Luiza Appy. Petrópolis-RJ: Vozes, 2002.

KASSER, Rodolphe; MEYER, Marvin; WURST, Gregor (Editores). **O Evangelho de Judas**. Tradução: Ana Ban. São Paulo: Prestígio, 2006.

KNIGHT, Christopher; LOMAS, Robert. **A Chave de Hiram: faraós, franco-maçons e a descoberta dos manuscritos secretos de Jesus**. Tradução: Z. Rodrix. São Paulo: Landmark, 2002.

KRISHNA, Senhor. **Bhagavad Gita**. Tradução e notas: Huberto Rohden. São Paulo: Martin Claret, 2002.

KUHN, Alvin Boyd. **Um Renascimento para o Cristianismo**. Tradução: Rodrigo Alva. Rio de Janeiro: Nova Era, 2006.

KUNG, Hans. **Igreja Católica**. Rio de Janeiro: Objetiva, 2002.

KYOKAI, Bukkyuo Dendo. **A Doutrina de Buda: Siddharta Gautama**. Tradução: Jorge Anzai. São Paulo: Martin Claret, 2003. (Obra-prima de cada autor).

LEE, Smolin. **Três caminhos para a gravidade quântica**. Tradução: Walter Junqueira Maciel. Rio de Janeiro: Rocco, 2002.

LELOUP, Jean-Yves (Tradução e comentários). **O Evangelho de Tomé**. Tradução brasileira: Guilherme João de Freitas Texeira. Petrópolis: Vozes, 1997. (UNIPAZ).

_____. **O Evangelho de Maria: Mirian de Mágdala**. Tradução brasileira: Lise Mary Alves de Lima. 2. ed. Petrópolis: Vozes, 1998. (UNIPAZ).

_____. **O Evangelho de João**. Tradução brasileira: João de Freitas Texeira. Petrópolis: Vozes, 2000. (UNIPAZ).

_____. **O Evangelho de Felipe**. Tradução brasileira: João Batista Kreuch. Petrópolis: Vozes, 2006. (UNIPAZ).

LEVI. Eliphas. **A Chave dos Grandes Mistérios**. Tradução: Madalen de Merkouloff. São Paulo: Editora Três, [19--]. (Coleção Planeta).

LIÃO, Ireneu de. **Contra as Heresias: denúncia e refutação da falsa gnose**. Tradução: Lourenço Costa. 2. ed. São Paulo: Paulus, 1995. (Patrística).

LUNN, Martin. **Revelando o Código Da Vinci**. Tradução: Milena Soares Carvalho. São Paulo: Madras, 2004.

LUTYENS, Mary. **Krishnamurti: os anos do despertar**. Tradução: Octávio Mendes Cajado. São Paulo: Cultrix, [19--].

MACHADO, Regina (Coord.). **Pistis Sophia: o livro da fiel sabedoria**. [*Sine Loco*]: Editora RM, [19--].

MACK, Burton L. **O Evangelho Perdido: o livro de Q e as origens cristãs**. Tradução: Sergio Alcides. Rio de Janeiro: Imago, 1994. (Bereshit).

MAINVILLE, Odete. **A Bíblia à Luz da História: guia de exegese histórico-crítica**. Tradução: Magno Vilela. São Paulo: Paulinas, 1999. (Bíblia e História).

MARTELLO, Oscar. **Os Pergaminhos do Mar Morto: o grande achado arqueólogo do século XX**. Tradução: Ciro Aquino. São Paulo: Editora Planeta do Brasil, 2005. (As grandes perguntas da história).

MATOS, Henrique Cristiano José. **Introdução à História da Igreja**. 5. ed. Belo Horizonte: O Lutador, 1997.

MAZAR, Amihai. **Arqueologia na terra da Bíblia: 10.000 - 586 a.C.** Tradução: Ricardo Gouveia. São Paulo: Paulinas, 2003. (Coleção Bíblia e Arqueologia).

McDOWELL, Josh. **Mais que um Carpinteiro**. Tradução: Myrian Talitha Lins. 5. ed. Belo Horizonte: Betania, 1989.

McDOWELL, Josh. (Compilador). **Evidência que exige um veredito: evidêcias históricas da fé cristã**. Tradução: Márcio Rdondo. 2. ed. São Paulo: Editora Candeia, 1996.

MEIER, John P. **Um Judeu Marginal: repensando o Jesus histórico**. Tradução: Laura Rumchisky. Rio de Janeiro: Imago, 1992.

_____. **Um Judeu Marginal: repensando o Jesus histórico.** Volume 2, livro II. Tradução: Laura Rumchinsky. Rio de Janeiro: Imago, 1997.

MEYER, Marvin. **O Evangelho de Tomé**. Rio de Janeiro: Imago, 1993.

MIEN, Aleksandr. **Jesus, Mestre de Nazaré: a história que desafiou 2000 anos**. Tradução: Irani Bezerra da Silva. Vargem Grande Paulista: Cidade Nova, 1998.

MORAIS, Vamberto. **A primeira comunidade cristã e a religião do futuro**. São Paulo: IBRASA, 1992.

MORO, Fernanda Camargo. **Arqueologia de Madalena: uma busca histórica da companheira de Jesus**. Rio de Janeiro: Record, 2004.

NAVARRO, Julia. **A Irmandade do Santo Sudário**. Tradução: Rubia Prates Gooldoni. Rio de Janeiro: Ediouro, 2004.

NIETZSCHE, Friedrich W. **O Anticristo: maldição do cristianismo**. Tradução: Mario Fondelli. Rio de Janeiro: Edição Integral, 1996. (Clássicos Econômicos Newton).

OKADA, Mokiti. **Os novos tempos**. São Paulo: Igreja Messiânica Mundial, s.d.

O LIVRO DE MÓRMON: outro testamento de Jesus Cristo. Salt Lake City: Igreja de Jesus Cristo dos Santos dos Últimos Dias, 1995.

O SIGNIFICADO DOS VERSÍCULOS DO ALCORÃO SAGRADO. Tradução: Samir El Hayer. 11. ed. São Paulo: Marsa M Editora Jornalística LTDA, 2001.

OSHO. **Desvendando Mistérios: chacras, kundalini, os sete corpos e outros temas esotéricos**. Tradução: Leonardo Freire. São Paulo: Alaúde Editorial, 2006.

OSMAN, Ahmed. **Moisés e Akhenaton: a história secreta do Egito no tempo do êxodo**. Tradução: Caroline Kazuze Ramos Furukawa. São Paulo: Madras, 2002.

PAGELS, Elaine. **Além de Toda a Crença: o evangelho desconhecido de Tomé**. Tradução: Manuel Paulo Ferreira. Rio de Janeiro: Objetiva, 2004.

_____. **Os Evangelhos Gnósticos**. Tradução: Marisa Motta. Rio de Janeiro: Objetiva, 2006.

PARANHOS, Roger Bottini. **Akhenaton: a revolução espiritual do antigo Egito**. 1. ed. Limeira-SP: Editora do Conhecimento, 2002.

PAUL, André. **Os Manuscritos do Mar Morto**. Tradução: Jorge Pinheiro. Lisboa: Instituto Piaget, 2006. (Crença e Razão).

PELLEGRINO, Charles; JAOBOVICI, Simcha. **A Tumba da Família de Jesus: a descoberta, a investigação e as provas que podem mudar a história**. Tradução: Artur Neves Teixeira. São Paulo: Editora Planeta do Brasil, 2007.

PEREIRA, Fernando C. N. **A Bíblia e os Discos Voadores: a missão dos astronautas extraterrenos**. [*sine loco*]: Ed. Tecnoprint Ltda, 1984.

PERRY, Paul. **Jesus no Egito: a viagem da Sagrada Família**. Tradução: Ângela Machado. Rio de Janeiro: Nova Era, 2006.

PICKNETT, Lynn; PRINCE, Clive. **As Revelações dos Templários: os guardiões secretos da verdadeira identidade de Cristo**. Tradução: Adriano José Sandoval. 1. ed. São Paulo: Editora Planeta do Brasil, 2006.

_____. **Os Guardiões da linhagem de Cristo**. Tradução: Celina Falck-Cook. Rio de Janeiro: Record, 2007.

PIÑERO, Antonio. **O outro Jesus segundo os Evangelhos Apócrifos**. Tradução: Silva Rojo Santamaria. São Paulo: Mercuryo, 2002.

PROENÇA, Eduardo de (Org.). **Apócrifos e Pseudo-epígrafos da Bíblia**. Tradução: Cláudio J. A. Rodrigues. São Paulo: Fonte Editorial Ltda, c2005.

PROPHET, Elizabeth, Clare. **Os anos Ocultos de Jesus: onde esteve o Homem de Nazaré entre 12 e 30 anos? A jornada iniciática de Jesus ao Oriente...** Tradução: Maria Célia de Medeiros Castro. 8. ed. Rio de Janeiro: Nova Era, 2001.

RALLS, Karen. **Os Templários e o Graal**. Tradução: Paulo Soares e Cynthia Cortes. Rio de Janeiro: Record, 2004.

READ, Piers Paul. **Os Templários**. Tradução: Marcos José da Cunha. Rio de Janeiro: Imago, 2001.

REICKE, Bo Ivar. **História do Tempo do Novo Testamento: o mundo bíblico de 500 a.C. até 100 d.C.** Tradução: João Anibal e Edwino Royer. São Paulo: Paulus, 1996. (Nova Coleção Bíblica).

RENAN, Ernest. **Vida de Jesus**. Tradução: Eliana Maria de A. Martins. São Paulo: Martin Claret, 2003.

ROBINSON, James M. **A Biblioteca de Nag Hammadi**. Tradução: Teodoro Lorent. São Paulo: Madras, 2006.

ROGERSON, John Willian. **O Livro de Ouro da Bíblia**. Rio de Janeiro: Ediouro, 2002.

ROHDEN, Huberto (Tradução e notas). **A Mensagem Viva do Cristo**. 9. ed. São Paulo: Martin Claret, [19--].

_____. **O Quinto Evangelho: a mensagem do Cristo segundo Tomé.** 6. ed. São Paulo: Martin Claret, 1990.

ROHDEN, Huberto. **O Drama Milenar de Cristo e do Anti-Cristo**. São Paulo: Martin Claret, 1990.

_____. **A Sabedoria das Parábolas**. São Paulo: Martin Claret, 2005.

ROTMAN, Flávio. **Amém: o povo judeu fez um pacto com Deus**. Belo Horizonte: Editora Leitura, 2006.

SCHNEIDER, Theodor. **Manual de Teologia Dogmática**. Petrópolis-RJ: Vozes, 2000.

SHANKS, Hershel (Org.). **Para Compreender os Manuscritos do Mar Morto: uma coletânea de ensaios da *Biblical Archaeology Review***. Tradução: Laura Rumchinsky. Rio de Janeiro: Imago, 1993.

SICRE, José Luis. **Os Profetas**. Tradução: José Afonso Beraldin da Silva. São Paulo: Paulinas, 1998. (Coleção Resenha Bíblica).

SILVA, Severino Celestino. **Analisando as Traduções Bíblicas: refletindo a essência da mensagem bíblica**. 2. ed. João Pessoa: Núcleo Espírita Bom Samaritano, 2000.

SINCLAIR, Andrew. **Pergaminho Secreto**. Tradução: Cláudio Blanc. São Paulo: Madras, 2006.

SMITH, Plínio Junqueira (Org). **Dez Provas da Existência de Deus**. Tradução: Plínio Junqueira Smith. São Paulo: Alameda, 2006.

STARBIRD, Margaret. **Maria Madalena e o Santo Graal: a mulher do vaso de alabastro**. Tradução: Simone Lemberg Reisner. Rio de Janeiro: Sextante, 2004.

_____. **Maria Madalena, a noiva no exílio**. Tradução: Rosane Albert. São Paulo: Cultrix, 2006.

TABOR, James D. **A Dinastia de Jesus: a história secreta das origens do cristianismo**. Tradução: Ganesha Consultoria. Rio de Janeiro: Ediouro, 2006.

TÁCITO. **The Annals of Imperial Rome**. Tradução de Robert Graves. Londres: Harmondsworth, 1979.

TANIGUCHI, Masaharu. **Sutras Sagradas**. São Paulo: Seicho-no-ie do Brasil, 1997.

TEMPLE, Robert K. G. **O Mistério de Sirius: Novas Evidências Científicas com Contatos Alienígenas há 5 mil anos**. Tradução: Silvia Mariângela Apada. São Paulo: Madras, 2005.

THIEDE, Carsten Peter; D'ANCONA, Matthew. **Testemunha Ocular de Jesus: novas provas em manuscrito sobre a origem dos evangelhos**. Tradução: Laura Rumchinsky. Rio de Janeiro: Imago, 1996.

THIERING, Bárbara. **Jesus The Man: decoding the real story of Jesus and Mary Magdalene**. New York: Atria Books, 2006.

TOROPOV, Brandon. **O Guia Completo das Religiões do Mundo**. Tradução: Martha Malvezzi Leal. São Paulo: Madras, 2006.

TRICCA, Maria Helena de Oliveira (Org.). **Apócrifos II: os proscritos da Bíblia**. Tradução: Maria Helena de Oliveira Tricca e Júlia Bárány. São Paulo: Mercuryo, 1992.

_____. **Apócrifos III: os proscritos da Bíblia**. Tradução: Maria Helena de Oliveira. São Paulo: Mercuryo, 1995.

_____. **Apócrifos IV: os proscritos da Bíblia**. Tradução: Maria Helena de Oliveira Tricca e Júlia Bárány. São Paulo: Mercuryo, 2001.

TSE, Lao. **Tao Te King: o livro que revela Deus**. Tradução e notas: Huberto Rohden. São Paulo: Martin Claret, 1982.

UBALDI, Pietro. **A Grande Síntese: síntese e solução dos problemas da ciência e do espírito**. Tradução: Carlos Torres Pastorino e Pasulo Vieira da Silva. 16. ed. (*sine loco*): Fundação Pietro Ubaldi, 1998.

VARAZZE, Jacopo. **Legenda Áurea: vidas de santos**. Tradução e notas: Hilário Franco Jr. São Paulo: Companhia das Letras, 2003.

VERMES, Geza. **Os Manuscritos do Mar Morto**. Tradução: Júlia Bárány e Maria Helena de Oliveira Tricca. 4. ed. São Paulo: Mercuryo, 2005.

_____. **O Autêntico Evangelho de Jesus**. Tradução: Renato Aguiar. Rio de Janeiro: Record, 2006.

WEISS, Brian. **Muitas Vidas, Muitos Mestres**. Tradução: Talita M. Rodrigues. Rio de Janeiro: Sextante, 1998.

_____. **Muitas Vidas, uma só Alma**. Tradução: Clara Carvalho. Rio de Janeiro: Sextante, 2005.

_____. **A cura através da Terapia de Vidas Passadas**. Tradução de Andréia Jakobsson, Gilson B. Soares e Regina M. Da Veiga Pereira. Rio de Janeiro: Sextante, 2007.

WELBORN, Amy. **Decodificando Da Vinci: os fatos por trás da ficção de o Código Da Vinci**. São Paulo: Cultrix, 2004.

_____. **Decodificando Maria Madalena: a verdade, as lendas e as mentiras.** Tradução: Rosane Albert. São Paulo: Cultrix, 2006.

WELLS, C.R.P. **Um Extraterrestre na Galiléia**. São Paulo: Madras, 1999.

WERNECK, Francisco Klors. **Jesus dos 13 aos 30 anos**. 16. ed. Rio de Janeiro: Eco, [19--].

WITHERINGTON III, Bem. **O Fim do Conflito: Jesus, Maria Madalena e o Código Da Vinci**. Tradução: Vinícius Medeiros Caldevilla. São Paulo: Editora Landscape, 2006.

YOUNG, John K. **Locais Sagrados dos Cavaleiros Templários**. Tradução: Martha Malvezzi Leal. São Paulo: Madras, 2005.

ZURDO, Davi. **O Último Segredo de Da Vinci: o enigma do santo sudário**. Tradução: Sandra Garcia Cortes. Osasco-SP: Novo Século, 2005.

Obs.: As Referências Bíblicas foram tiradas das seguintes traduções: **Bíblia de Estudo de Genebra**; **Bíblia de Estudo Almeida**; **Bíblia de Jerusalém**; **Bíblia Sagrada: edição pastoral catequética** e **Bíblia Sagrada Edelbra** – comparadas com a transliretação do orignal grego para caracteres latinos.